MATHEMATIKUS 2

Lehrerband

von Jens Holger Lorenz

Das Schulbuch MATHEMATIKUS wird
herausgegeben von
Jens Holger Lorenz
und
erarbeitet von
Klaus-Peter Eichler
Herta Jansen
Jens Holger Lorenz
Angelika Röttger

westermann

Inhalt

Bildquellennachweis
Druwe/Polastri, Braunschweig-Weddel: Fotos von Zeichengeräten S. 16

Dieser Lehrerband gehört zum Schulbuch **Mathematikus 2**;
Best.-Nr. 121772.

Zu diesem Schulbuch gibt es:
– einen zweiteiligen **Übungsteil** (240 Seiten); Best.-Nr. 121272
– die Mathematikus-**CD-ROM**, 2. Schuljahr; Best.-Nr. 362012.

Unsere Geoschablone erhalten Sie im Zehnerpack unter der Best.-Nr. 121200.

Zum strukturierten Legen und geometrischen Bauen empfehlen wir
Holzwürfel, Kantenlänge 2 cm, im Beutel zu 25 Stück; Best.-Nr. 111486.

1. Auflage   Druck   4   3   2
Herstellungsjahr   2005 2004 2003 2002
Alle Drucke dieser Auflage können im Unterricht
parallel verwendet werden.

© Westermann Schulbuchverlag GmbH, Braunschweig 2000
www.westermann.de

Verlagslektorat: Viola Weißig
Herstellung: Hannelore Ohlrogge
Druck und Bindung: westermann druck GmbH, Braunschweig

ISBN 3-14-**191772**-8

1 Die didaktische Konzeption des Unterrichtswerks MATHEMATIKUS in Stichworten

Die Grundideen des MATHEMATIKUS sind im Lehrerband zur 1. Klasse bereits ausführlich dargelegt. An dieser Stelle sollen einige Punkte, die uns sehr am Herzen liegen, noch einmal benannt werden.

1.1 Entdeckendes und soziales Lernen

Lernen ist ein individueller Vorgang, der nur in kleinen Teilen von der Lehrperson gesteuert werden kann. Es ist ein konstruktiver Prozess, in dem Schülerinnen und Schüler auf der Basis bereits vorhandenen Wissens Bedeutungen und Begriffe entwickeln. Auch wenn Unterricht in der Klasse stattfindet und viele Kinder gleichzeitig dem Unterrichtsverlauf folgen, so ist doch das, was in den Köpfen entsteht, sehr unterschiedlich. Das individuelle Vorwissen und die Denkweisen des einzelnen Kindes bestimmen das Lernen. In diesem Sinne werden die wesentlichen mathematischen Begriffe von jedem Schüler und jeder Schülerin auf der Grundlage eigener oder beobachteter Handlungen neu entdeckt, rekonstruiert.

Das soziale Moment ist Anregung, eigene Problemlösewege mit anderen zu vergleichen und zu bewerten. Gemeinsam entdecken die Schülerinnen und Schüler die Kernideen der Arithmetik, der Geometrie und des Sachrechnens und wenden diese in Projekten an. Der Austausch von Ideen und Perspektiven fördert nicht nur das Argumentieren als allgemeines Lernziel, sondern auch die soziale Fähigkeit, zuzuhören, fremde Ideen zu analysieren und zu bewerten. Diese aktive Auseinandersetzung mit dem Lerngegenstand fördert das Lernen in höherem Maße als passive Rezeption des Unterrichts.

1.2 Fehler sind produktiv

Dass beim Problemlösen Fehler gemacht werden ist selbstverständlich. Sie sind aber für den Lernprozess produktiv dann, wenn der Schüler Gelegenheit erhält, sich aktiv mit diesen Fehlern, das heißt seinem eigenen Denkprozess, auseinander zu setzen. Nichts ist für das Verstehen von Zahlbeziehungen und Begriffen förderlicher als „Aha-Erlebnisse", plötzliche Einsichten, die sich ergeben, wenn das eigene Denken als fehlerhaft erkannt wird und korrigiert werden kann. Aber auch dies sind eben individuelle Konstruktionen, die sich nicht dadurch einstellen, dass die Lehrperson etwas als falsch und anderes als richtig benennt.

Zum anderen ist moderner Unterricht diagnostisch-beobachtend, nicht instruierend-eingreifend. Aus diesem Grund sind Fehler für Lehrerinnen und Lehrer wichtige Informationsquellen, die zu nutzen sind. Auch wenn gerade Mathematikunterricht eine lange Tradition hat, Fehler möglichst nicht zuzulassen und begangene Fehler auszumerzen, so ist heute eine Zurückhaltung angebracht. Korrekturen durch Mitschüler in einer argumentativen Auseinandersetzung bewirken für den Lernfortschritt mehr als eine Lehrererklärung, die aufgrund der Autorität unhinterfragt angenommen, aber nicht unbedingt (meist selten) verstanden wird.

1.3 Die Wichtigkeit eigener Konstruktionen und der leere Zahlenstrahl

Aus dem Vorangegangenen wird deutlich, dass Lernen ein individueller Prozess ist, der auf eigenen Sinnkonstruktionen beruht. Dies bedeutet für den Unterricht, dass nicht passives, rezeptives Aufnehmen des Lernstoffes wirksam sein kann, sondern aktives Entwickeln durch die einzelne Schülerin bzw. den Schüler.

Im Mathematikunterricht wird eine Fülle von Veranschaulichungsmitteln verwendet, die bewirken sollen, dass aus den Handlungen im Kopf des Kindes die

Hier und im Folgenden sind bei Formulierungen wie „der Schüler", „der Lehrer" oder „die Lehrerin", immer die weibliche und die männliche Form zusammen gemeint, auch wenn häufig aus Gründen der besseren Lesbarkeit nur ein Genus verwendet wird.

Zahlbeziehungen und -operationen entstehen. Nun ist die Handlung mit dem Veranschaulichungsmaterial eines, die Entstehung des Begriffs als geistigem Akt etwas anderes. Zwar kann zwischen beiden ein Zusammenhang bestehen, aber ein direktes „Aus-der-Hand-in-den-Kopf" gibt es nicht. Auch längeres Hantieren mit dem Material, welchem auch immer, bewirkt nicht automatisch, dass in der Vorstellung des Kindes die Begriffe entstehen. Wesentlich ist die eigene Konstruktion, die mit Hilfe des Materials gelingen soll. Und diese Konstruktionen sind anzuregen.

Der leere Zahlenstrahl verlangt von den Schülern, dass sie diese Konstruktionen selbst vornehmen, die Zahlbeziehungen zuerst in der Anschauung entwickeln und diese dann frei darstellen. Der leere Zahlenstrahl ist ein diagnostisches Mittel in der Hand der Lehrperson, die ablesen kann, welche Strategien ein Kind verwendet, welche kraftvollen oder weniger günstigen Lösungswege beschritten werden und wie sich diese im Laufe des Schuljahres verändern. Auch richtige Lösungen können sich in ihren Wegen unterscheiden, wie diese Beispiele aus Erprobungsklassen zeigen:

Aber nicht nur an „leichten" Aufgaben entwickeln die Schüler geeignete, wenn auch individuelle Strategien, sondern erproben diese auch an komplexen Problemen, die durchaus den vertrauten Zahlenraum übersteigen können.

$456 + 367 = \underline{823}$

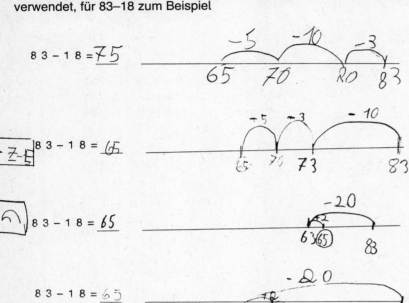

Auch für die Subtraktion werden sowohl in der Vorstellung als auch in der Darstellung des Rechenweges von den Schülern unterschiedliche Strategien verwendet, für 83–18 zum Beispiel

$83 - 18 = \underline{75}$

$83 - 18 = \underline{65}$

$83 - 18 = \underline{65}$

$83 - 18 = \underline{65}$

$83 - 18 = \underline{65}$

$83 - 18 = \underline{65}$

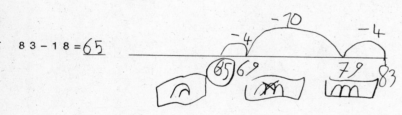

und für 94–87

$94 - 87 = \underline{7}$

$94 - 87 = \underline{7}$

$94 - 87 = \underline{7}$

5

so dass sie sich schließlich auch an ganz schwierige Aufgaben heranwagen:

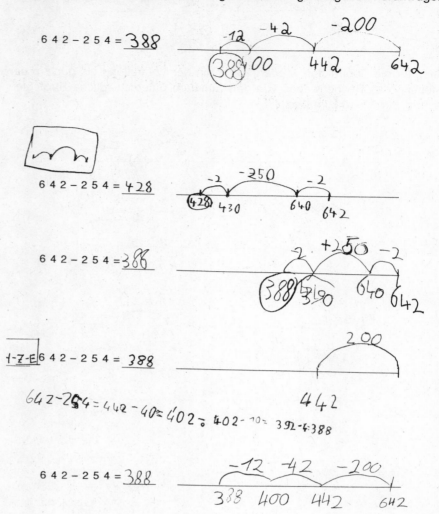

1.4 Die Entwicklung flexibler Rechenstrategien und des Zahlensinns

Im Alltagsleben und dabei insbesondere in vielen beruflichen Bereichen werden die vier Grundrechnungsarten zunehmend von Taschenrechnern und Computern übernommen. Hingegen stehen flexible, den Zahlen angepasste Rechenstrategien im Vordergrund und die Entwicklung des Zahlensinns. Erwachsene rechnen die Aufgaben 82−4, 82−78 und 82−29 auf sehr verschiedene Weise. Sie passen ihre Strategie den Zahlen an, auch wenn dies sehr schnell und damit meist unbewusst abläuft.

So werden die meisten Erwachsenen die Aufgabe 82−4 durch Abziehen/ Wegnehmen/Rückwärtsgehen am vorgestellten Zahlenstrahl berechnen, die Aufgabe 82−78 hingegen durch Ergänzen/Vorwärtsgehen, 82−29 wiederum durch eine von vielen möglichen Strategien wie 82−30+1 oder 82−20−9 oder Varianten hiervon.

Im Unterricht müssen daher die Strategien von den Kindern intensiv erprobt und individuell bewertet werden. Dies führt dazu, dass verschiedene Kinder bei einer Aufgabe unterschiedliche Lösungswege beschreiten. Aber diese verschiedenen Lösungsmöglichkeiten auszutauschen, den anderen zu erklären und zu diskutieren stellt den eigentlichen Unterrichtsgegenstand dar.

Die im MATHEMATIKUS behandelten arithmetischen Strategien sind im Wesentlichen Kopfrechenstrategien. Sie zielen nicht auf ein vorschnelles schriftliches Rechnen, denn dieses soll als Verkürzung entdeckt beziehungsweise aus den Kopfrechenverfahren entwickelt werden. Für die Addition werden vom Schulbuch her folgende Strategien angeboten:

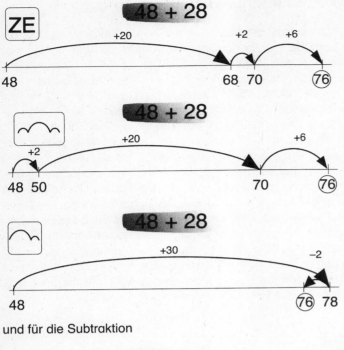

und für die Subtraktion

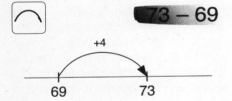

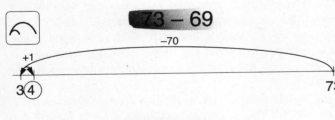

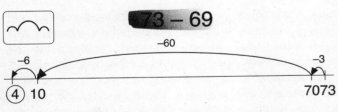

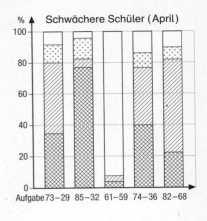

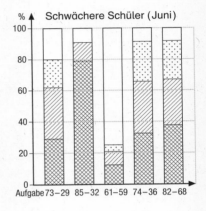

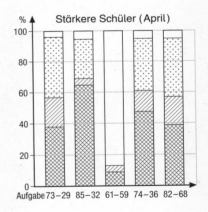

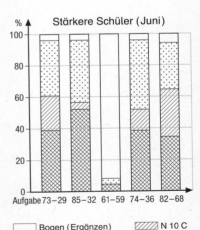

Auf die Strategie „Zehner zu Zehnern, Einer zu Einern" wurde bewusst verzichtet, da sie
– das kindliche Gedächtnis in hohem Maße strapaziert und diese Überforderung häufig in Fehlern mündet,
– zu typischen Fehlern bei der Subtraktion führt:
$82 - 29 \rightarrow$
$80 - 20 = 60$,
$2 - 9 = 7 \rightarrow$
$82 - 29 = 67$.
Tatsächlich zeigten sich in holländischen Klassen, in denen der leere Zahlenstrahl verwendet wurde, naturgemäß Unterschiede zwischen guten und weniger leistungsstarken

Schülern, aber auch, und dies scheint uns bedeutsam, eine Entwicklung und Veränderung der verwendeten Rechenstrategien im Laufe weniger Monate.

Hierbei sind unter den Säulen die Zahlen angegeben, zwischen denen die Differenz bestimmt werden sollte. Die Strategie A10 bedeutet, dass in günstigen 10er-Schritten vorgegangen wurde (entweder aufwärts oder abwärts: $73 - 29$ als $29 + 1 + 40 + 3 = 73$, also Anwort 44, oder $73 - 3 - 40 - 1$, Anwort 44), die Strategie N10 bedeutet erst Zehner dann Einer ($73 - 20 - 9$), die Strategie N10C verwendet die Nähe zur 10 ($73 - 30 + 1$).

Quelle:
A. S. Klein: Flexibilization of mental arithmatic strategies on a different knowledge base.
Utrecht: Freudenthal Institut, 1998.

1.5 Produktives und intensives Üben

Auch in der zweiten Klasse stellt der MATHEMATIKUS ein umfangreiches Übungsangebot zur Verfügung. Dies erspart in beträchtlichem Umfang das lästige Kopieren oder unabgestimmtes Übungsmaterial. Die Seiten des Übungsteils sind auf die Schulbuchseiten abgestimmt, wobei vorangehende Inhalte häufig wiederholt werden. Es ist insbesondere für leistungsschwächere Schüler und Schülerinnen notwendig, diese Wiederholungen zu praktizieren, da ein einmaliges Behandeln eines Inhalts selten zu einem Verstehen und Behalten führt. Zudem wird ein Begriff nicht einmal gelernt und im Gedächtnis abgelegt, sondern entwickelt sich über die gesamte Schulzeit hinweg ständig weiter.

Die in Klasse 1 behandelten Strategien werden in Klasse 2 wieder aufgenommen und auf den Hunderterraum erweitert. Ebenso werden die Übungsformate weiter entwickelt und in Klasse 3 und 4 fortgesetzt. Gleichzeitig werden wesentliche Teile der Klasse 1 wiederholt, etwa der Zahlenraum bis 20 mit seinen Zahlensätzen, da gerade dieser Bereich sensibel gegenüber seiner Fortentwicklung im Hunderterraum ist. Werden die Zahlbeziehungen im Zwanzigerraum nicht automatisiert, dann sperren sie sich gegen Analogiebildungen im Hunderterraum (und in Klasse 3 im Tausenderraum), und viele dieser Kinder bleiben Zähler, was sich in den weiteren Klassen als Rechenschwäche auswirken kann.

1.6 Arbeitsmittel

Der MATHEMATIKUS versucht, in seinen Arbeitsmitteln sparsam zu sein. Vom Lehrwerk werden lediglich die farbigen Würfel angeboten, zur vertiefenden Übung steht für jedes Schuljahr eine CD-ROM zur Verfügung.

Im Lehrerband ist jeweils angegeben, welches Material anstelle der Würfel verwendet werden kann, wenn es bereits in der Schule vorhanden ist. Zwar haben die farbigen Würfel den Vorteil, auch in den geometrischen Inhalten während der gesamten Grundschulzeit zum Einsatz zu kommen und insbesondere den Zusammenhang zwischen arithmetischen und geometrischen Inhalten zu verdeutlichen, und werden aus diesem Grund empfohlen. Sie können aber auch, zumindest für die Arithmetik, durch farbige Perlenketten oder Ähnliches ersetzt werden.

Allerdings ist bei allen Veranschaulichungsmitteln zu prüfen, inwieweit sie die Strategien und Zahlvorstellungen, die im Schulwerk behandelt werden, auch zulassen und unterstützen. So sind zum Beispiel die möglichen Strategien der Addition und Subtraktion beim Rechenrahmen sehr eingeschränkt, die Aufgabe $27 + 10$ lässt sich nicht als sinnvolle Rechnung ausführen. Von den Kindern wird sie entsprechend der Darstellung der Zahlen am Rechenrahmen als $27 + 3 + 7$ durchgeführt, eine wenig günstige Strategie, die sich nicht verfestigen sollte. Zudem benutzen rechenschwache Kinder die Perlen häufig lediglich als Fingerersatz, das heißt sie zählen mit ihrer Hilfe weiter, ohne dass sich eine dekadische Struktur ausbildet.

Die Hundertertafel betont meist einseitig den ordinalen Zahlaspekt („Die 64 ist dort, das Feld da") und unterstützt kaum den vorstellungsmäßigen Aufbau des Zahlenraumes. Es wurde von uns bislang kein Erwachsener (und schon gar kein Kind) gefunden, dass in der Vorstellung mit der Hundertertafel rechnet. Dies widerspräche auch der Tatsache, dass in der Vorstellung Zahlbeziehungen abgebildet werden, dass also Entfernungen zwischen Zahlen bedeutsam sind. Von der 36 ist die Zahl 46 nun einmal in der Vorstellung zehnmal so weit entfernt wie die 37. An der Hundertertafel ist die Entfernung aber in beiden Fällen gleich, lediglich geht es einmal nach rechts, das andere Mal nach unten. In dem vorstellungsmäßigen Zahlenraum existieren solche Richtungsunterschiede aber nicht. Auch die Verbindung mehrerer Hunderterfelder zu einem Tausenderfeld (oder Tausenderbuch) widerspricht der Anschauung von Zahlen. In der Vorstellung wird beim Überschreiten des Hunderters nichts umgeklappt, sondern in der Anschauung geht man schlicht weiter.

Neben den farbigen Würfeln, die sowohl in der Arithmetik als auch im Geometrieteil der vier Jahrgänge des MATHEMATIKUS eingesetzt werden, bietet der Lehrerband für die Erarbeitung des 100er-Raumes auf der ausklappbaren hinteren Umschlagseite farbige 10er- und 100er-Streifen an. Diese können und sollten linear aneinandergereiht werden. Sie stellen ein handliches Mittel dar, damit insbesondere leistungsschwächere Schüler auf diese zurückgreifen können, um sich Rechenwege zu verdeutlichen. Es ergibt sich eine ähnliche Struktur wie bei der Hunderterperlenkette. Leistungsstärkere verzichten hingegen häufig auf die Zehnerstreifen. Insofern sollten sie lediglich angeboten, ihre Handhabung differenzierend empfohlen werden.

1.7 Differenzierung und Lernstandskontrolle

Das umfangreiche Übungsmaterial gestattet eine Differenzierung zwischen den Schülern. Nicht alle Schüler und Schülerinnen müssen sämtliche Seiten des Übungsteils bearbeiten, einige werden nicht sämtliche Aufgaben eines betreffenden Inhaltes lösen (wollen), andere können Wiederholungsteile überspringen. Es ist die Aufgabe der Lehrperson, die Anforderungen an die Interessen und Fähigkeiten der Kinder anzupassen.

Im Anhang des Lehrerbandes sind jeweils Lernstandskontrollen aufgeführt. Sie sind für die 10., 20., 30. und 40. Woche geplant. Sie eignen sich dazu, gegebenenfalls unter Zeitvorgabe die aktuelle Fähigkeitsentwicklung der Schüler zu erfassen. Sie ersetzen allerdings nicht die ständige Beobachtung durch die Lehrperson. Die Bearbeitung der Übungsseiten vermag in der Regel einen differenzierteren Aufschluss über die Entwicklung, die Stärken und auch Schwächen der Kinder zu geben.

Eine Warnung sollte an dieser Stelle angebracht werden. Da der MATHEMATIKUS sich bemüht, sowohl die leistungsschwachen als auch die leistungsstarken Kinder gleichermaßen zu fördern und entsprechende Angebote für sämtliche Schüler zu machen, kann es vorkommen, dass die Schere zwischen den Extremgruppen immer größer wird. Es ist eine pädagogische Illusion anzunehmen, man könne die leistungsschwächeren Kinder prinzipiell an die leistungsstarken heranführen. Dies ließe sich nur erreichen, wenn auf eine Förderung der guten Schüler vorübergehend oder dauerhaft verzichtet würde, eine pädagogisch nicht zu vertretende Unterrichtsweise.

1.8 Mathematikunterricht als Problemlösen und Sozialformen

Ebenfalls aufgenommen wurde wieder der Beobachtungsplan für die Schülerinnen und Schüler. Die Veränderungen ihres Verhaltens in der Einzel-, Partner- und Gruppenarbeit lässt Rückschlüsse auf die soziale Konstellation in der Klasse zu.

Der MATHEMATIKUS geht von einem problemlösenden Mathematikunterricht aus. Dies bedeutet, dass der Inhalt nicht von der Lehrerin beziehungsweise dem Lehrer erklärt, erläutert oder dargeboten wird, sondern dass ein Problem gestellt wird, das von den Kindern zu lösen ist. Prinzipiell sollte versucht werden, sich jeden Inhalt als Problem zu überlegen, wobei „historische" Betrachtungen nützlich bei der Vorbereitung sein können. Nicht die Frage „Wie führe ich etwas ein?" sondern „Warum und in welchen Situationen kann dieser Inhalt nützlich und sinnvoll sein?" sollte den Ausgangspunkt darstellen.

So werden beispielsweise die Baupläne für Würfelbauten nicht eingeführt, sondern die Kinder sollen sich Pläne überlegen, die sie ihrem (imaginären) Brieffreund schicken wollen, damit er den gleichen Bau erstellen kann. Welche Pläne sind möglich, vor allem: Welche Pläne sind günstig, unmissverständlich etc.?

In ähnlicher Weise wird das Hunderterfeld nicht vorgegeben, sondern soll als Produkt eines Problemlöseprozesses von den Kindern selbst entwickelt werden (vgl. S. 31 des MATHEMATIKUS).

Für diese Problemlöseprozesse ist es notwendig, dass sich in einer kurzen Phase, ca. 1 bis 2 Minuten, jedes Kind allein mit dem Problem befasst (Einzelarbeit). Erst dann sollte eine zweite Phase anknüpfen, in der in Partnerarbeit die Schüler das Problem bearbeiten (2–3 Minuten, je nach Problem auch kürzer oder länger). In einer dritten Phase wird das Partnerprodukt in der Gruppe

(4–6 Schüler) diskutiert und ein Gruppenergebnis erstellt. Dieses wird von einem ausgelosten (!) Gruppenmitglied im Plenum vorgetragen und mit den anderen Schülern diskutiert. Die Schülergruppe hat also dafür Sorge zu tragen, dass jedes Mitglied das Gruppenergebnis darstellen kann.

1.9 Anzeichen von Lernschwierigkeiten

Ziel der Klasse 1 war es, dass der Zahlenraum bis 20 in seiner Struktur erfasst und die Zahlensätze (Addition und Subtraktion mit Zehnerübergang) ansatzweise automatisiert sind. Darüber hinaus sollten multiplikative Zusammenhänge erkannt und genutzt und für die Addition und Subtraktion verschiedene Strategien zur Verfügung stehen.

Allerdings ist bereits bei Schuleintritt die Entwicklungsspanne zwischen den Kindern deutlich und beträgt bis zu fünf Entwicklungsjahren. Dies macht die Schwierigkeit des Anfangsunterrichts selbst bei altershomogenen Klassen aus. Jeder Mathematikunterricht muss dies berücksichtigen und wird die Kluft zwischen den sehr leistungsstarken und den leistungsschwächeren Kindern nicht ausgleichen können. Es ist zudem fraglich, ob er dies sollte, da auch die leistungsstarken Kinder einer individuellen Förderung bedürfen. Die Schere zwischen den Leistungsgruppen kann somit noch weiter aufgehen.

Die Rechenfähigkeit ist somit auch zu Beginn und im Verlauf der Klasse 2 unterschiedlich ausgeprägt. Besonderes Augenmerk verdienen die Kinder, die zu Beginn beziehungsweise in der ersten Hälfte des zweiten Schuljahres noch zählende Rechner sind. Zwar versucht der MATHEMATIKUS dem zählenden Rechnen entgegen zu wirken, kann aber letztlich nicht verhindern, dass einige Kinder bei dieser gewohnten und durchaus bewährten Strategie verbleiben, sei es aus Unsicherheit, sei es, dass kraftvollere Strategien als (geistig) zu aufwendig angesehen werden. Dass das Zählen in Klasse 2 (und schon gar nicht mehr in Klasse 3) keine probate Strategie darstellt, ist diesen Schülerinnen und Schülern jetzt noch nicht einsichtig.

Allerdings können verschiedene kognitive Faktoren den mathematischen Lernprozess erschweren. Diese zu entdecken und mittels geeigneter Fördermaßnahmen anzugehen, ist die diagnostische Aufgabe der Lehrerin beziehungsweise des Lehrers. Hierzu bietet der Mathematikus zu jeder Seite Hinweise, welche inhaltlichen Schwierigkeiten auftreten können, welche Verursachungsfaktoren auf Seiten des Kindes vorhanden sein können und wie dem begegnet werden kann. Vordringlich ist aber auch hier die Beobachtung, das Bemerken von Lernschwierigkeiten, nicht das sofortige Eingreifen und Instruieren. Die Hinweise auf Lernstörungen, seien sie vorübergehender oder länger andauernder Art, sollten registriert und zu einem Gesamtbild der Schülerpersönlichkeit zusammengesetzt werden. Die im MATHEMATIKUS aufgeführten Förderungen haben Vorschlagscharakter.

1.10 Das Schulwerk MATHEMATIKUS
im altersheterogenen und klassenübergreifenden
Anfangsunterricht (flexible Eingangsstufe)

Die in einigen Bundesländern neu gestaltete Eingangsstufe stellt erhöhte Anforderungen an die Lehrerin beziehungsweise den Lehrer. Die Klassen sind aufgrund des flexiblen Einschulungsdatums altersheterogen und die Lernvoraussetzungen innerhalb der Lerngemeinschaft sehr unterschiedlich. Während die verschiedenen Vorkenntnisse der Kinder in anderen Fächern durch ein entsprechendes Lernangebot noch hinreichend kompensiert und unterschiedliches Lerntempo aufgefangen werden können, ergeben sich im Mathematikunterricht erfahrungsgemäß die größten Schwierigkeiten. Der hierarchisch aufgebaute Lernstoff sperrt sich gegen eine Homogenisierung in altersgemischten Gruppen.

Der MATHEMATIKUS kann in solchen Klassen aufgrund seines Differenzierungsangebots und seines Spiralcurriculums dem entgegenwirken. So werden nicht einzelne Inhalte hintereinander und jeweils abschließend behandelt (dies erscheint prinzipiell unmöglich), sondern die Kernideen werden fortwährend wieder aufgenommen und auf einer höheren Ebene neu thematisiert.

Dies gibt die Möglichkeit, an einem Thema unter verschiedenen Perspektiven zu arbeiten, auf unterschiedlichem Niveau die Inhalte anzugehen und gleichzeitig in leistungsgemischten Gruppen voneinander zu lernen. Einige Beispiele sollen verdeutlichen, wie innerhalb des Schulbuches und im Übungsteil in den ersten beiden Schuljahren gleiche Themen wiederholt behandelt werden, jeweils natürlich auf einer neuen, erweiterten Stufe. In der folgenden Tabelle bedeutet 1/1 SJ erste Klasse erstes Halbjahr, die Seiten beziehen sich auf die Übungsteile der ersten und zweiten Klasse.

Inhalt	1/1 SJ	1/2 SJ	2/1 SJ	2/2 SJ
Rechenstrategien	35.1, 2 43.1 44.1	64.4–5 65.1–5 67.1–4 71.1–3 72.1, 2	1.6 9.1–3 21.3,4 26.2, 3 45.5	47.1, 3 55.1–4 60.1,2 62.2, 3 70.3 76.1–4 80.1
Der Zusammenhang Geometrie – Arithmetik (Würfelbauten, Flächeninhalte)	9.2 10.3 13.1–3 18.3, 5 22.1, 2	53.1, 2 54.1 64.1, 2	8.1, 2 17.1 22.1–2 27.4	51.4 57.1–3 74.1–3 79.2
Verdopplungen/Halbierungen (Arithmetik) – Spiegelung (Geometrie)	26.1, 2 27.1, 2	80.1 81.1, 2	13.1 17.3 35.1	46.1, 4, 5 76.3
Geometrische Abbildungen (Abzeichnungen, Verzerrungen) Figuren, Körper, Topologie	14.1–4 29.1	56.1	24.3 27.2, 3 42.1–4	50.2 54.2 69.3 71.1 75.1, 2
Das (Mini-) Einmaleins		69.1, 2	1.5 8.2 11.1–3 18.3	51.1–3 58.1–4 64.1, 2 65.3 69.1–4 72.1, 2 77.2 78.1 79.3
Perspektiven einnehmen (Raumvorstellung, Raumorientierung)	6.2	61.1–5 70.1	6.1, 4 13.2 27.1,2	48.1–3 57.1–3 71.2, 3
Zeit (Kalender)	37.1, 2		36.1, 2 43.1–3	78.1 79.1
Zeit (Uhr)		50.1,2 51.1–3	32.1–2 34.1–4 41.1 44.1, 3, 4	54.2 59.2 61.1–5 66.1, 3, 5 67.2
Zahlzerlegung (Zehner, Zwanziger, Dreißiger, Hunderter), Zahlenhäuser, Bündelungen	16.1, 2 17.1 23.1 24.1	46.1–3 47.1–3 79.2	18.1	47.4 52.3
Geld	25.1, 2	74.1, 2 75.1 78.1, 2	17.3 20.1, 2 22.3 33.1,2	58.5 77.1

2 Übersicht über den Inhalt von Band 2 des Mathematikus

3 Allgemeine didaktische Hinweise für das 2. Schuljahr

3.1 Kopfrechnen und Kopfgeometrie

Der MATHEMATIKUS betont die Kopfrechenstrategien gegenüber der frühzeitigen Einführung schriftlicher Verfahren. Aus diesem Grund wird dem Kopfrechnen ein hoher Stellenwert beigemessen. Es empfiehlt sich, zu Beginn jeder Stunde eine kurze Phase (maximal 5 Minuten) die Kinder Aufgaben im Kopf rechnen zu lassen. Dies kann in unterschiedlicher Weise geschehen:
– Die Aufgaben werden nacheinander gestellt und die Schüler notieren die Ergebnisse im Heft, ohne sie laut zu sagen. Die Kontrolle geschieht im Vergleich mit dem Partner, oder die Ergebnisse werden anschließend bekannt gegeben. Das Kind notiert sich die erreichten Punkte. Wir empfehlen diese Variante.

– Es finden Wettkämpfe statt, einzelne Kinder gegeneinander („Vier-Ecken-Rechnen") oder die Schülergruppen gegeneinander. Variationen dieser Spiele dürften hinreichend bekannt sein.

Wenn das Thema der Stunde Geometrie ist, dann wird im Lehrerband meist vorgeschlagen, die Stunde statt mit Kopfrechnen mit Kopfgeometrie beginnen zu lassen. Hierunter sind Aufgaben gemeint, bei denen die Schüler sich den Gegenstand oder Beziehungen zwischen Gegenständen vorstellen müssen, ohne sie zu sehen:

– Wir schließen die Augen. Was hängt an der rechten Wand? Welche Dinge stehen neben dem Papierkorb?
– Wanderungen im Kopf: Wir betreten das Schulgebäude. Wie kommen wir zu unserem Klassenraum? Wie zum Hausmeister?
– Wo gibt es in unserem Klassenzimmer (in unserer Schule) kugelförmige Dinge? Wo würfelförmige Gegenstände?
– Wie viele Ecken hat ein Würfel? Wie viele Kanten?
– Verschiedene Quadratsechslinge sind an die Tafel gemalt. Aus welchen lässt sich ein Würfel falten? Wenn eine markierte Seite die Grundfläche ist, wo ist dann im Würfelnetz die obere Fläche? etc.

In der Literatur findet sich eine reichhaltige Auswahl an kopfgeometrischen Aufgaben, die durchaus wiederholt werden können. Sie schulen die Anschauungsfähigkeit, die auch für den arithmetischen Bereich von größter Bedeutung ist.

3.2 Die Schreibweise der Zahlen

Ein Teil der Schüler schreibt die zweistelligen Zahlen von rechts nach links, das heißt sie notieren zuerst den Einer, anschließend den Zehner einer Zahl. Dies entspricht zwar dem Gehörten aber nicht der üblichen Schreibrichtung in unserm Kulturkreis. Während im muttersprachlichen Unterricht die Schreibrichtung der akustischen Reihung folgt, gilt dies für Zahlen nicht. „Dreiundzwanzig" wird in Ziffern von Erwachsenen gegen die Hörsequenz geschrieben.

Es stellt sich die Frage, ob Einfluss auf das Kind ausgeübt werden sollte, das die Zahlen „von rechts nach links" schreibt. Dies stellt zwar in der Klasse 2 noch kein gravierendes Problem dar, und es wäre naheliegend, die Kinder bei ihrer individuellen Schreibrichtung zu belassen. Wir plädieren aber dafür, mit diesen Kindern die Schreibweise „von links nach rechts" zu üben. Die Schreibrichtung „von rechts nach links" bei zweistelligen Zahlen führt bei dreistelligen Zahlen zum Springen und damit häufig zu erhöhter Irritation beim Kind. Außerdem müssen bei technischen Geräten wie Taschenrechner und Computer oder Telefon die Zahlen „von links nach rechts" eingegeben werden, wie diese Kinder dann zu einem späteren Zeitpunkt schmerzhaft erfahren müssen.

Prinzipiell gilt, dass ein späteres Umlernen wesentlich schwieriger ist, als gleich eine feste Schreibrichtung zu etablieren. Neues Wissen kann sich gegen alte Gewohnheiten nur schwer durchsetzen, vor allem wenn diese gefestigt sind.

3.3 Zeichnen, Skizzieren und der Umgang mit Zeichengerät

Besonders in der Geometrie aber ebenso in der Arithmetik und auch fächerübergreifend sind Zeichnen und Skizzieren wesentliche Tätigkeiten, deren Entwicklung von Klasse 1 an systematisch gefördert werden sollte. Haben die Kinder entsprechende Kenntnisse, Fähigkeiten und Fertigkeiten erworben, besitzen sie ein Mittel, rasch nonverbal Probleme oder Lösungsansätze darzustellen. Das kann gerade für Kinder mit Mängeln im sprachlichen Bereich hilfreich sein.

Skizzieren ist ein hilfsmittelfreies Darstellen von (geometrischen) Objekten, eben ein Darstellen „frei Hand". Systematisch Fähigkeiten im Skizzieren zu entwickeln ist allein schon deshalb sinnvoll, weil die Anfertigung einer Skizze der Schnelligkeit des Denkens oft besser zu folgen vermag als das Erstellen einer Zeichnung unter Nutzung von Hilfsmitteln. Zudem ist es bei vielen Aufgaben nicht notwendig, eine exakte, eventuell sogar maßstäbliche Zeichnung anzufertigen. Vielmehr kommt es lediglich darauf an, wesentliche Seiten eines Sachverhaltes mit angemessener Genauigkeit wiederzugeben. Skizzieren ist also immer auch ein von Analyse und Abstraktion begleiteter Prozess. Skizzen sind oft ein erster Schritt zur Lösung eines Problems.

Zeichnen ist eine Darstellung geometrischer Objekte unter Nutzung von Zeichengeräten wie Lineal, Dreieck, Parallelenschablone, Geodreieck, Zirkel, … Zeichnen ist dabei einerseits Realisierungstätigkeit hinsichtlich geometrischer Begriffe (z. B.: „Zeichne ein Rechteck.") und andererseits eingebettet in das Lösen komplexer Aufgaben (beispielsweise bei Sachaufgaben). Zeichnen wird dabei unter zwei Aspekten gesehen:
– handwerklich-praktischer Aspekt
– gedanklich-theoretischer Aspekt.

Der **handwerklich-praktische Aspekt** bezieht sich auf die praktische Ausführung des Zeichenvorganges und umfasst Fragen der angemessenen Nutzung der Zeichengeräte, der Genauigkeit, der Übersichtlichkeit und nicht zuletzt der Sauberkeit.

Allerdings: Ohne Grundfertigkeiten, die erst das erfolgreiche Arbeiten (gerade bei komplexeren Anforderungen) ermöglichen, bleiben alle motivierenden Aufgaben des Zeichnens wirkungslos, hat das Zeichnen nicht die oft beobachtbare motivierende Wirkung auf Kinder. Fehlende Grundfertigkeiten sorgen für lange Arbeitsdauer, für auch aus der Sicht der Kinder unschöne, unexakte Ergebnisse und letztlich für Frustrationen. Wer einmal Kinder beobachtet hat, denen beispielsweise zu früh komplizierte Zirkelblumen zugemutet wurden, kennt diese Problematik gewiss.

Erfolgreiches Zeichnen erfordert zugleich grundlegende Gewohnheiten, beginnend mit der Verwendung wirklich spitzer Bleistifte und sauberen Papiers bis hin zur selbstverständlichen Nutzung der sich bietenden Kontrollmethoden und -kriterien beim Beurteilen der eigenen Zeichnung.

Beim Herstellen vieler Zeichnungen können die Kinder in der Tätigkeit erleben, dass es zweckmäßig ist und den Erfolg begünstigt, wenn sauber und exakt gezeichnet wird. Diese Notwendigkeit erkennt das Kind aus der Sache heraus, ohne äußere Appelle an Ordnung usw. Zugleich wird auch der Sinn für Ästhetik angesprochen.

Der **gedanklich-theoretische Aspekt** bezieht sich auf Fragen der Rechtfertigung einer Zeichnung, eines Zeichenweges (Warum wird gerade so bzw. in dieser Reihenfolge gezeichnet?), auf Fragen der Konstruierbarkeit sowie der Existenz und Anzahl von Lösungen einer Zeichenaufgabe.

Hierbei ist das Zeichnen ein Mittel zum Erkenntnisgewinn, zum Auffinden gesetzmäßiger Zusammenhänge usw. Es besitzt damit eine unschätzbare heuristische Funktion. Zeichnungen können helfen, die Wahrheit einer Aussage zu erkennen. (Hierbei probieren die Kinder aus, ob so etwas sein kann.) Beispiel: Beim Versuch, ein gleichseitiges Dreieck mit einem rechten Winkel zu zeichnen, entdecken die Kinder, dass kein rechtwinklig-gleichseitiges Dreieck existiert.

Zeichnungen können Begriffe verdeutlichen. Wer die Begriffsbestimmung eines neuen geometrischen Begriffes mittels Oberbegriff und begriffsbildender Merkmale liest und vorher niemals einen Repräsentanten dieses Begriffes bewusst wahrgenommen hat, kann zeichnerisch Repräsentanten herstellen (Begriffsrealisierung). Ebenso können zeichnerisch recht gut weitere Eigenschaften von Repräsentanten eines Begriffes erforscht und Spezialfälle eines Begriffs betrachtet werden: Welche weiteren Eigenschaften haben Vierecke mit vier rechten Winkeln? Was sind rechteckige Rauten?

Zeichnen begünstigt auf praktisch-gegenständliche Weise den Erkenntnisgewinn, fördert das für den intellektuellen Fortschritt so wichtige Zusammenspiel von Handeln, Denken und Sprechen.

Dabei erweist sich gerade in den unteren Klassen die **Wahl geeigneter Zeichengeräte** für erfolgreiches Arbeiten als wesentlich. Hier können und sollten Eltern beraten werden, um den Kauf unbrauchbarer Geräte zu vermeiden. So kann verhindert werden, dass Kinder vergeblich Mühe für Zeichnungen aufwenden, die wegen falsch gehandhabter oder untauglicher Zeichengeräte letztlich fehlerhaft oder unansehnlich sind.

Abb. 16a

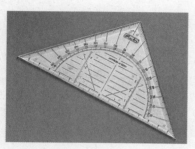

Abb. 16b

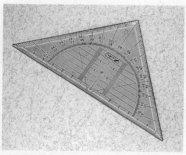

Abb. 16c

Bei der Auswahl des **Lineals** sollte darauf geachtet werden, dass die Skala eine Zentimetereinteilung hat und auch so bezeichnet ist. Also nicht 0, 10, 20, 30, … (mm), sondern 0, 1, 2, 3, … (cm).

Viele Anbieter liefern Lineale mit zwei Skalen. Eine davon ist meist in Inch (Zoll) mit 0, 1, 2, 3, … beschriftet, während die andere eine Einteilung in mm hat! Schülerfehler bei Aufgaben wie „Zeichne eine 3 cm lange Strecke." sind damit vorprogrammiert.

Ein genaueres Arbeiten ist möglich, wenn sich die 0 der Skala nicht unmittelbar an der Ecke des Lineals befindet.

Um ein Verwischen beim Unterstreichen mit Tinte zu verhindern, ist es praktisch, wenn das Lineal längs der Skala ein wenig dünner ist und damit dort nicht auf dem Heft aufliegen kann.

Geeignete **Zirkel** zeichnen sich vor allem dadurch aus, dass die beiden Schenkel des Zirkels nicht unabhängig voneinander bewegt werden können. Meist sind hier Hebel oder Zahnradkonstruktionen zu finden. Günstig ist es, wenn die Befestigung der Schenkel nachstellbar ist, damit sich diese nicht allzu leicht bewegen lassen. Kritisch sollten Fabrikate betrachtet werden, bei denen hier Metallschrauben in Plaste eingeschraubt sind. Diese Verbindungen sind oft nicht sehr langlebig.

Aufmerksamkeit sollte auch der Befestigung der Zirkelmine zukommen. Unter den verschiedenen Konstruktionen sind die brauchbareren jene, bei denen die Länge der Mine und die Länge der Zirkelspitze aufeinander abgestimmt werden können.

Gut verwendbar sind sogenannte „Hilfszirkel" (Abb. 16a), bei denen ein beliebiger Bleistift oder auch – und das ist oft nützlich – ein Farbstift an Stelle der Mine eingespannt werden können.

Das **Geodreieck** ist ein ebenso praktisches wie zunächst für Kinder oft unübersichtlich gestaltetes Zeichenhilfsmittel. Deshalb sollten hier schlicht angelegte und sparsam eingefärbte Geodreiecke benutzt werden. Hilfreich ist es außerdem, wenn sich die Skalen zur Winkelmessung – die die Kinder in der Grundschule ohnehin nicht benutzen – nicht auf den kurzen Kanten des Geodreiecks befinden. Allzu leicht verwechseln Kinder sonst Skalen und messen längs der kurzen Kanten des Geodreiecks mit den dort angebrachten Markierungen vermeintlich in Millimeter.

Auf dem Geodreieck sind parallel zur langen Kante Scharen von Linien, darunter auch immer je zwei kurze Linien im gleichen Abstand zur Kante. Diese zwei kurzen Linien sollten ca. 2 cm bis 3 cm voneinander entfernt sein, damit viele Aufgaben des Zeichnens problemlos und ohne das Zeichnen von Hilfslinien lösbar sind. (Abb. 16b nicht so gut geeignet, Abb. 16c geeignetes Geodreieck)

3.4 Elternarbeit

Da die Konzeption des Schulwerks MATHEMATIKUS den Eltern zwar aus der Klasse 1 vertraut ist aber ihren eigenen Erfahrungen mit Mathematikunterricht nicht immer entspricht, sollte auf die Inhalte der Klasse 2 auf dem ersten Elternabend eingegangen werden. Insbesondere sollte der Differenzierungsaspekt betont werden, so dass nicht alle Kinder sämtliche Seiten des Übungsteils zu bearbeiten haben. Häufig wird von besorgten Eltern peinlich darauf geachtet, dass alle Aufgaben des Schulwerks von ihren Kindern gelöst werden. Dies ist aber nicht intendiert.

Auch wenn der MATHEMATIKUS sich bemüht, den leistungsschwächeren Schülerinnen und Schülern Hilfen bei der Konstruktion von Zahlbeziehungen und Zahloperationen zur Verfügung zu stellen, so kann aber auch er nicht, kann kein Schulwerk verhindern, dass einige Kinder größere Schwierigkeiten aufweisen als andere. Auch die Lehrerin beziehungsweise der Lehrer sollte in Rechnung stellen,
– dass in der Klasse 2 einige Kinder noch Zähler sein werden,
– dass die Strukturierung des Hunderterraumes eine geistige Leistung ist, die nicht zu Beginn des Schuljahres von allen erwartet werden kann,
– dass einige Kinder noch in deutlichem Ausmaß Visualisierungshilfen benötigen,

– dass Analogien nicht gleichförmig von den Kindern gebildet werden, sondern von einigen sehr schnell, während andere noch weitere Handlungserfahrungen sammeln müssen,

– dass es in der ersten Hälfte des Schuljahres noch Kinder gibt, die den Zahlenraum bis 20 noch nicht sicher beherrschen,

– und dass dies alles keineswegs bedrohliche Anzeichen sein müssen.

Da es Unterschiede in der kindlichen Erfahrung mit Zahlen im Alltag gibt, sollte mit den Eltern besprochen werden, ob ihre Kinder nicht alt genug für Taschengeld seien. Nicht alle Kinder werden über Taschengeld verfügen, damit planen und einkaufen dürfen. Es wird an dieser Stelle kein bestimmter Betrag empfohlen, sonder lediglich die Erfahrung im Umgang mit Geld, die motivational sicher günstiger über eigenes, selbst zu verantwortendes Geld erworben wird. Ob es sich um Euro- oder Centbeträge handelt ist zweitrangig. Die Planungen und das tatsächliche Einkaufen mit eigenem Geld kann nicht bedingt durch die Spielsituationen des Unterrichts ersetzt werden (auch wenn diese erfahrungsgemäß gerne von den Kindern angenommen werden).

4 Didaktiche Hinweise zu den Einzelseiten des Schulbuches und den zugehörigen Übungsseiten

Detailhinweise zur Arbeit mit dem Schulwerk

Thema der Schulbuchseite,
Lernziele

Hinweise auf Material und Utensilien,
die für das jeweils unten vorgeschlagene Vorgehen benötigt werden.
Empfehlung: Für das wichtige strukturierte Darstellen bzw. Legen von Zahlen und Aufgaben sind verschiedene Materialien geeignet. Wir weisen insbesondere auf unsere zweifarbigen Holzwürfel mit einer Kantenlänge von 2 cm hin,
die sehr vielfältig zur Veranschaulichung sowohl im arithmetischen als auch im geometrischen Bereich eingesetzt werden können.

Vorschläge zum didaktisch-methodischen Vorgehen,
insbesondere Anregungen für Einstiege und die Einbeziehung der Schulbuchseite in den Unterricht

Inhalt der zugehörigen Übungsseiten,
Hinweise zu den Aufgaben und zur Arbeit mit den Übungsseiten

Hinweise auf Schwierigkeiten,
die einzelne Kinder haben können, und Möglichkeiten der Förderung

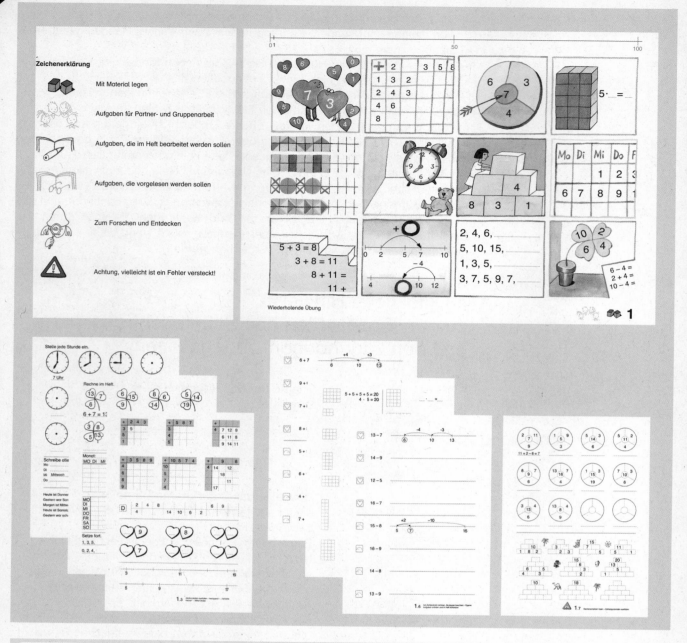

Wiederholung der im 1. Schuljahr durchgenommenen Übungsformate und Inhalte; wieder vertraut werden mit der Arbeitsmethodik, mathematische Inhalte wiederentdecken und weiterentwickeln.

Die Kinder benötigen die Würfel und für die Übertragung der Aufgaben das Heft sowie für die Übungsblätter die Buntstifte.

Wir stellen uns vor, dass die Kinder in Partnerarbeit die Schulbuchseite bearbeiten um festzustellen, welche der Übungsformate sie noch kennen und weiterführen können. Es wäre wünschenswert, wenn sich die Partner gemeinsam auf ein Blatt einigen könnten, auf dem sie die auf der Schulbuchseite begonnenen Formate vervollständigen und sich noch weitere Aufgaben ähnlichen Typs ausdenken, wie sie auf der Seite angeboten werden. Hierzu gehören insbesondere

– „Verliebte Herzen" (Zehnerzerlegung)
– Rechenscheiben
– Additionstafeln

- Rechentreppen
- Kleeblattaufgaben
- Zahlenpyramiden
- Zahlenfolgen beliebiger, selbstaus-
  gewählter Schwierigkeitsgrade

Aus diesen verschiedenen Aufgaben, die von den Kleingruppen gelöst werden, ließe sich ein großes Plakat erstellen, das als Rückschau über das vergangene Schuljahr angesehen werden kann. Zugleich könnte spekuliert werden, wie es denn im neuen, gerade beginnenden Schuljahr weitergehen könnte.

1.1 Auf dieser Seite werden die Uhrzeiten und Wochentage wiederholt, die Zeiger der Analoguhr sind in der richtigen Reihenfolge einzutragen und die Uhrzeiten zu benennen. Die Wochentage sollten ausgeschrieben werden und die Fragen zu den Wochentagen beantwortet werden. Die letzte Zeile ist mehrdeutig, da es sich um den schulfreien Samstag oder Sonntag handeln kann, aber auch um einen beliebigen Feiertag. Es kann an diesem Punkt in Verbindung mit dem Fach Sachkunde eine Sammlung über das Wissen der Kinder erfolgen, welche Feiertage wir feiern und welche Daten diese Tage haben. Es gibt Feiertage, die immer an einem Donnerstag, einem Freitag oder einem Montag sind (Pfingsten, Ostern, Karfreitag u. a.), andere fallen unabhängig vom Wochentag auf ein bestimmtes Datum (Weihnachten, Silvester etc.).

Die Zahlenschnecke stellt die Zehnerzahlen im Hunderterraum dar und muss von den Kindern ausgefüllt werden.

1.2 wiederholt ebenfalls die Wochentage und gibt die Möglichkeit den aktuellen (oder einen anderen) Monat in das Kalenderblatt einzutragen. Die Kleeblattaufgaben sind im Heft zu rechnen, wobei nicht sämtliche Aufgaben von allen Kindern gelöst werden müssen. (Es handelt sich um insgesamt 48 Aufgaben!). Hingegen sollten die Schüler versuchen, die sehr leichten Zahlenfolgen am unteren Rand des Blattes weiterzuführen. Ein Ende für die Zahlenfolgen wurde nicht festgesetzt, hier können die Kinder selbst bestimmen, wann sie glauben, fertig zu sein.

1.3 Die Additionstafeln sind von den Kindern auszufüllen. Hierbei sind diejenigen Tafeln, bei denen die Ränder mitauszufüllen sind, von besonderer Schwierigkeit, da hier reversibles Denken gefordert ist. Die Verdopplungsreihe stellt eine Wiederholung dar, dürfte aber nun nach den Ferien durchaus nicht zu einfach für einige Kinder sein.

Die „Verliebten Herzen" sollten keine Schwierigkeit darstellen.

Bei den Zahlenstrahlaufgaben ist die jeweilige Mitte zwischen den unterschiedlichen Zahlen beziehungsweise Zahlenabständen zu suchen.

Auf **1.4** werden die bekannten Strategien der „Verliebten Herzen" und die Sprungstrategie für die Addition +9 und +8 wiederholt. Da es sich hierbei um eine bedeutsame Strategie handelt, die im Laufe des Schuljahres noch weiter ausgebaut wird, sollte besonderes Augenmerk auf dieses Übungsblatt gelegt werden.

1.5 wiederholt die Multiplikation. Hierbei werden in der linken Spalte sowohl die additive als auch die multiplikative Schreibweise verwendet. Auf der rechten Spalte wird dies dann zur Multiplikation verkürzt.

1.6 wiederholt die gleichen Strategien wie **1.4**, nun aber für die Subtraktion. Beide Strategien, die Ergänzung zum Zehner als auch die Sprungstrategien sind für den Hunderterraum wesentlich. Daher sollten im Heft weitere Aufgaben erfunden werden. Bei diesen freien Aufgaben zeigt sich, welchen Schwierigkeitsgrad sich die Kinder zutrauen beziehungsweise erproben wollen. Es kann durchaus vorkommen, dass sie den bekannten, vertrauten Zahlenraum verlassen und neue Bereiche untersuchen.

1.7 wiederholt die Rechenscheiben, bei denen die Kinder ein Zahlengefühl entwickeln sollen, sowie die Rechenpyramiden. Während die beiden oberen Zahlenpyramiden und -reihen nur eine einzige Lösung zulassen, sind die Pyramiden in der unteren Reihe offen. Hier können sich verschiedene Lösungen ergeben.

Prinzipiell sollten sämtliche Arbeitsblätter von den Partnern kontrolliert werden. Es ist nicht notwendig, dass die Lehrperson die Aufgaben überprüft.

Eigentlich sollten sich keine Schwierigkeiten bei dieser Schulbuchseite einstellen. Häufig kommt es aber vor, dass nach den Schulferien einige Schüler nicht mehr über bestimmte Inhalte verfügen, beispielsweise die Multiplikation oder die einzelnen Strategien.

Daher ist es diagnostisch interessant, die Strategieblätter (**1.4** und **1.6**) sowie die Strukturierung des Zahlenstrahls (unterer Teil von **1.3**) zu beachten. Hier zeigen sich am ehesten Rückstände von einzelnen Kindern.

Auf dieser Seite sind von den Kindern die
Fehler zu finden und zu korrigieren;
es handelt sich um Wiederholungen aus
dem 1. Schuljahr mit Zahlenschlangen,
Mustern, Addition und Subtraktion
sowie Mini-Einmaleins, Zahlenpyramiden,
Zahlentreppen, Zahlenstrahl und Uhrzeiten.

Um die fehlerhaften Aufgaben der
Schulbuchseite zu korrigieren, benötigen
die Kinder Hefte und Buntstifte.
Ggf. brauchen sie die Würfel für arithmetische
Operationen im Zahlenraum bis 20.

Wir schlagen vor, dass mit einer Kopfrechenphase begonnen wird. Hierbei sollte die Aufgabenstellung insofern abgeändert werden,
als eine Aufgabe und eine (mögliche) Lösung
angegeben wird und die Kinder lediglich zu
entscheiden haben, ob diese „Lösung" richtig
oder falsch ist.

Anschließend sollten die Kinder in Partnerarbeit die Schulbuchseite bearbeiten, die Fehler finden und korrigieren. Es wäre wünschenswert, wenn die Paare zusammen eine korrigierte Fassung der Schulbuchseite erstellen.

Die einzelnen Teile der Seite können dann anschließend in der Klasse verglichen werden, die beste Lösung kann auf ein Plakat geklebt werden.

Im einzelnen sind folgende Aufgaben enthalten:
- Spiegelbild korrigieren
- Additionstafel ordnen
- Mengenbestimmungen vornehmen
- Kleeblätter ordnen
- Zahlenfolgen korrigieren

- Würfelbilder korrigieren
- Die Uhr „reparieren"
- Zahlenstrahl neu erstellen
- Zahlenpyramide verbessern
- Textaufgabe verbessern und lösbar machen
- Fehlerhafte Additions-, Subtraktions- und Multiplikationsaufgaben lösen
- Aus einer ungeordneten Kettenaufgabe eine sinnvolle Aufgabe machen.

Es ist auch möglich, dass die Kinder in Partner- beziehungsweise Gruppenarbeit unterschiedliche Aufgaben bearbeiten und diese anschließend zu einer großen Lösung (Plakat) zusammengetragen werden.

Wie in der vorangehenden Seite sollten hier die Schüler keine Schwierigkeiten haben. Möglicherweise findet der einzelne Schüler nicht sämtliche Fehler auf der Seite, dies sollte aber von dem Partner ausgeglichen werden.

Falls einzelne Schüler mit bestimmten Übungsformaten noch Schwierigkeiten haben, sollte dies registriert, aber nicht unbedingt angesprochen werden. Es ist dann zu beobachten, wie sie in weiteren Stunden mit diesen Formaten umgehen.

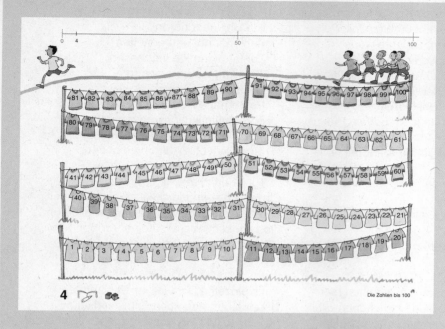

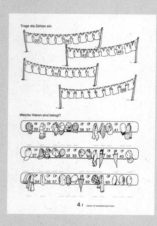

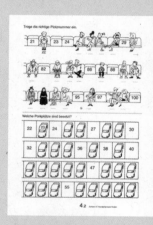

Einführung des Hunderterraumes;
Strukturierung und Analogiebildung
im Hunderterraum vorbereiten.

Es kann nützlich sein, das einzelne Kinder
die Würfel verwenden um den Zahlenraum zu
strukturieren. Darüber hinaus benötigen
die Kinder das Heft, um die Aufgaben zu übertragen und neue Aufgaben zu erfinden.
Möglicherweise werden von einigen Kindern
zusätzliche Veranschaulichungsmittttel
benötigt. Hierzu gibt es häufig bereits Materialien (zum Beispiel 100er-Kette, Mehrsystem-
Blöcke). Am Ende des Lehrerbandes (aus-
klappbarer Umschlagteil) werden Zehner- bzw.
Hunderter-Pappstreifen zur Verfügung gestellt.
Diese Zusatzmaterialien sollten aber sparsam
eingesetzt werden und es sollte immer versucht werden, eine Übertragung auf den (leeren) Zahlenstrahl vorzunehmen. Insbesondere
ist darauf zu achten, dass die Materialien linear, das heißt in einer Reihe/ Kette aufgebaut
werden. Eine Felddarstellung (Rechenrahmen,
Hundertertafel und Material mit ähnlicher
Struktur) unterstützt nicht unbedingt die Zahl-
vorstellung.

Es erweist sich als günstig, am Anfang der Stunde immer schnelles Kopfrechnen durchzuführen. Dies sollte mündlich gemacht werden, aus diesem Grunde erscheinen auf dem Schulbuch, im Übungsteil oder im Lehrerband keine Aufgaben. Aufgaben in schriftlicher Form erlauben den Kindern, länger bei den Lösungen nachzudenken, wohingegen das Kopfrechnen auf Schnelligkeit zielt und weniger günstige Kopfrechenstrategien unterbindet, da diese zu langsam sind. Allerdings empfiehlt es sich, dass die Schüler die Ergebnisse der Kopfrechenaufgaben im Heft notieren und dann vom Partner kontrollieren lassen, wenn sämtliche Kopfrechenaufgaben gestellt worden sind (siehe 3.1 im allgemeinen Teil dieses Bandes). Die Kopfrechenaufgaben sollten sich auf Addition und Subtraktion im Zahlenraum bis 20 beschränken (ca. die erste Schuljahreshälfte der 2. Klasse), gegebenenfalls noch Aufgaben des Mini-Einmaleins beinhalten.

Die Kinder sollten die Zahlenreihe soweit aufschreiben, wie sie sie kennen. Es wird sich herausstellen, dass die Kinder über sehr unterschiedliche Zahlenräume verfügen und der Kenntnisstand der Zahlwortreihe zwischen 20 und weit über 100 hinaus variieren kann. Aber auch wenn die Kinder über die Zahlwortreihe verfügen, so bedeutet dies noch nicht, dass sie das Bildungsgesetz im Sinne der Analogie in den einzelnen Zehnerabschnitten beim Rechnen verwenden können.

Die Schulbuchseite gibt die vollständige Hunderterreihe wieder, wobei auf eine Strukturierung in Zehnerabschnitte durch die Stangen der Wäscheleine geachtet wurde.

In dieser Phase (und in den folgenden Stunden) sind Zählübungen angezeigt: Von einer Zahl ausgehend vorwärts zählen, von einer Zahl ausgehend rückwärts zählen etc.

4.1 In Analogie zu der Schulbuchseite sind die Zahlen der Reihenfolge nach in die Hemden zu schreiben, die auf der Wäscheleine aufgehängt sind. Ähnliche Aufgaben finden sich in der zweiten Hälfte des Blattes. Hier ist zu bestimmen, welche Haken belegt

sind. Es geht immer um die Reihenfolge der Zahlen, wobei in der zweiten Hälfte des Arbeitsblattes die Aufgaben insofern schwieriger sind, als nicht mehr von Zehnerzahlen begonnen wird.

Es kann sich herausstellen, dass der Kenntnisstand einiger weniger Kinder über die Zahlwortreihe noch dürftig ist und insbesondere die Analogiebildung in den jeweiligen Zehnerabschnitten noch nicht bekannt ist und verwendet wird. In diesen Fällen müssten Zählübungen zuerst in Zehnerschritten mit den Schülern gemacht werden (10, 20, 30 …) und anhand des Schulbuchbildes versucht werden, die Analogien herzustellen.
Im Übungsteil können Fehler dadurch auf-

treten, dass die Schüler die Zahlen spiegelverkehrt schreiben.

Im Übrigen kann nicht erwartet werden, dass sämtliche Kinder zu diesem frühen Zeitpunkt von sich aus den Hunderterraum strukturieren. Dies ist das Thema des gesamten zweiten Schuljahres und wird ständig unter verschiedenen Aspekten wiederholt. Keine Eile!

Der Zahlenraum muss langsam wachsen.

Es erscheint uns wichtig, dass von Beginn an darauf Wert gelegt wird, die Zahlen von links nach rechts zu schreiben. Einige Kinder gewöhnen es sich an, die Zahlen entsprechend der Sprechweise zu notieren: „Dreiundzwanzig" wird geschrieben als zuerst die 3 (rechte Ziffer) und dann die 2, das heißt die Zwanzig (linke Ziffer).

Diejenigen Kinder, die sich eine „auditive" Schreibweise angewöhnen, haben häufig ab der dritten Klasse Schwierigkeiten, wenn sie mehrstellige Zahlen schreiben: Sie springen hin und her. Zudem ist es sehr ungünstig, weil es dem Eintippen am Taschenrechner oder Computer entgegensteht (vergleiche 3.2 im allgemeinen Teil dieses Bandes).

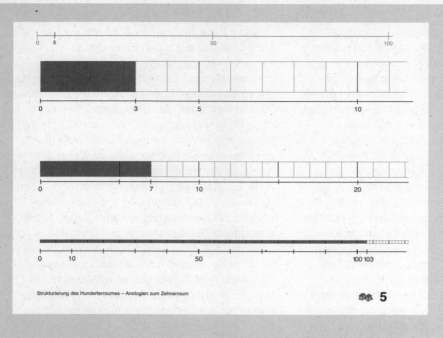

Strukturierung des Hunderterraumes – Analogien zum Zehnerraum

5

Trage die fehlenden Zahlen ein.

5.1

Trage die fehlenden Zahlen ein.

5.2

Strukturierung des Hunderterraumes
und Analogiebildung vom Zehnerraum
auf den Hunderterraum.

Die Kinder benötigen die Würfel, Buntstifte
und gegebenenfalls das Heft, in das sie
die Würfel- und Zahlenstrahldarstellungen
übertragen können.

Wir schlagen vor, auch diese Stunde wieder
mit einer Kopfrechenphase zu beginnen.
Alternativ können auch kopfgeometrische
Aufgaben gestellt werden.
　　Die Kinder sollten mit unterschiedlichen
Materialien „Schlangen" legen. Hierzu eignen
sich die Würfel, aber auch Steckwürfel

oder die Perlenkette. Auch die Kästchen
im Rechenheft können verwendet werden.
Die Kinder sollten versuchen, verschieden
große Objekte und deren Schlangen auf einen
Zahlenstrahl zu übertragen. Hierzu eignen
sich Papierstreifen oder Kassenrollen. Möglich
ist auch, hundert Schritte auf dem Schulhof

zu gehen, wobei ein Kind jeweils nach zehn Schritten stehenbleibt: Die Strukturierung des Hunderterraumes wird hierbei durch die eigene Bewegung deutlich.

Auf der Schulbuchseite operieren die Kinder mit unterschiedlichen Zahlenstrahl-vergrößerungen beziehungsweise -verkleine-rungen. Der Zehnerzahlenstrahl, der aus der ersten Klasse bekannt ist, wird nochmals wiederholend auf den Zwanziger übertragen. Die Analogiebildung ist aber insbesondere zwischen dem Zehner- und dem Hunderter-strahl wichtig, da die Kinder beim Kopfrechnen mit den Zehnern ähnlich operieren wie mit den Einern.

5.1 Die verschiedenen Zahlenstrahle sind auszufüllen, wobei es hinreichend ist, die vor-gegebenen Striche mit Zahlen zu versehen. Die Kinder können darüber hinaus auch noch andere Zahlen eintragen, die sie für wichtig halten. Als Hilfe für die Analogiebildung vom Zehner auf den Hunderter können die Kinder die erste Zeile verwenden und sie auf die vierte Zeile übertragen.

5.2 Stellt eine Fortsetzung von **5.1** dar, die fehlenden Zahlen sind jeweils an dem Zahlenstrahl einzutragen.

Für beide Arbeitsblätter wurden im Hunder-terraum nur Zehnerzahlen beziehungsweise Fünferzahlen markiert. Sie lassen sich aber zum Teil aus dem Zahlenraum bis 20 übertra-gen. Die entsprechenden Zahlenstrahle (4 – 8, 40 – 80 u. Ä.) wurden nicht direkt untereinander gesetzt, um ein schematisches Übertragen zu verhindern. Allerdings besteht die Möglichkeit, beim entsprechenden Einer-Zahlenstrahl kontrollierend nachzuschauen.

Die Arbeitsblätter sollten wieder vom Partner kontrolliert werden, die Lehrperson greift erst bei Unstimmigkeiten zwischen den Kindern ein.

Auch hier handelt es sich um Wiederholungen aus der 1. Klasse, dort wurde bereits begon-nen den Zahlenraum bis 100 zu behandeln und zu strukturieren. Möglicherweise bedürfen aber einige Kinder nach den Sommerferien einer intensiven Wiederholung dieses Inhalts-bereiches.

Diagnostisch interessant könnte es sein, ob einige Kinder zwar nach Zehnerzahlen strukturieren können, nicht aber nach Fünferzahlen. Dies kann daran liegen, das sie zwar die Zehner zählen können und auch Analogien übertragen (7 – 70, 4 – 40), inner-halb der einzelnen Zehnerabschnitte aber noch keine Analogien übertragen.

Zudem ist auf Kinder zu achten, die die zweistelligen Zahlen spiegelverkehrt schreiben oder von rechts nach links. Dies sollte in Ein-zelarbeit mit dem Kind oder in Förderstunden angesprochen werden. Bei Kindern, die die Zahlen invertieren (53 statt 35) ist zu beob-achten, ob solche Fehler auch in anderen Bereichen beobachtet werden können, zum Beispiel beim Nachzeichnen einer Figur.

6 Ägypten: Formen und Muster

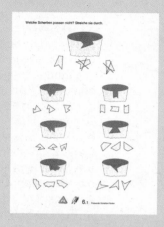

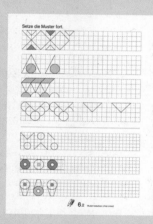

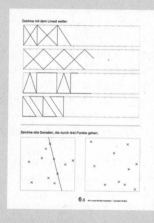

Gegenstand der Seite und der Übungsblätter ist die zweidimensionale Orientierung, die Drehung und das Spiegeln von Objekten sowie das Raumvorstellungsvermögen bei den Schattenbildern. Darüber hinaus wird der Umgang mit dem Lineal geübt und eine Anbahnung des Begriffs „Gerade" vorgenommen. Für die Schattenbilder müssen die Kinder verschiedene ebene Formen (Rechteck, Dreieck, Sechseck, Kreis, Oval [Ellipse]) unterscheiden können.

Für die Übungsseiten benötigen die Kinder die Stifte, darüber hinaus das Lineal, um Geraden zeichnen zu können.

Die Stunde kann mit einer kopfgeometrischen Phase beginnen. Anschließend wird die Geschichte einer Forscherin erzählt, die in Ägypten Ausgrabungen macht. Sie findet viele Vasen, aber einige sind kaputt, es sind nur noch Scherben vorhanden und die Forscherin weiß nicht, wie sie die Vasen wieder zusammensetzen soll. Können wir ihr helfen? Außerdem gerät die Forscherin aufgrund der großen Hitze, die es in Ägypten gibt, ganz schön ins Schwitzen. Vor allen Dingen mittags ist es schwer, Schatten zu finden, während abends die untergehende Sonne die Dinge lange Schatten werfen lässt. So kann man auch an den Schatten (manchmal) erkennen, um welche Objekte es sich handelt.

Aber ist es denn immer eindeutig, welchen Schatten ein Objekt wirft? Die Kinder sollten selbst experimentieren, indem sie mit einer Taschenlampe Schatten an die Wand werfen. Es lohnt sich hierbei, die Klasse zu verdunkeln (es genügen im Allgemeinen Vorhänge), um mit der Taschenlampe Schatten an die Wand zu werfen, ohne dass die Kinder die Objekte selbst sehen. Alternativ könnten auch Schatten von Objekten über den Overhead-Projektor an die Tafel geworfen werden. Hierzu muss der Overhead-Projektor „abgedichtet" werden, das heißt die Kinder sollten nicht sehen, welche Objekte auf dem Overhead-Projektor liegen.

Es ist auch wünschenswert, dass die Kinder selbst die Objekte drehen, um deren Schattenbild zu verändern. Die Kinder erkennen hierbei, dass Dreidimensionales und Zweidimensionales nicht in einem eindeutigen Verhältnis stehen. Objekte können z. B. als Schattenbild ein Quadrat haben oder einen Kreis.

6.1 Es ist jeweils eine Vase zu ergänzen, wobei darauf zu achten ist, in welcher Orientierung die Scherben zur Vase stehen: Sie können in der einen oder anderen Richtung gedreht sein und dementsprechend ist die sichtbare „Oberfläche" entweder innen oder außen. Zweckmäßigerweise sollte die Kennzeichnung/Färbung für innen mit Bleistift, die Kennzeichnung/Färbung für außen (auf dem Arbeitsblatt schraffiert dargestellt) in einer bestimmten, von den Kindern wählbaren Farbe vorgenommen werden.

6.2 verlangt die Fortsetzung von Mustern, wobei die feinmotorische Anforderung im Vergleich zur 1. Klasse deutlich erhöht wird. Üblicherweise macht das Malen von Kreisen den Kindern Schwierigkeiten, so dass hier entsprechende Übungen vorgesehen sind.

6.3 erfordert das Zeichnen mit dem Lineal. Im oberen Teil sind Muster fortzusetzen und entsprechende Punkte mit dem Lineal zu verbinden. Im unteren Teil müssen die Kinder ausprobieren, welche drei Punkte jeweils zusammen auf einer Geraden liegen, die dann zu verbinden sind. Es ist darauf zu achten, dass immer drei Punkte auf einer Geraden liegen und nicht schon bereits zwei Punkte verbunden werden.

6.4 Hier sollten die Kinder verschiedene Objekte (Geldstück, Tasse, Würfel, Bleistift etc.) gegen das Licht halten oder den Schatten an der Wand beobachten. Es ist wichtig, dass die Objekte auch selbst im Klassenzimmer vorhanden sind und von den Kindern die Schattenbilder experimentell überprüft werden können.

Kinder mit Raumvorstellungsdefiziten könnten Schwierigkeiten haben, die „Scherben" zu drehen und entsprechend in die Vasen einzupassen. Darüber hinaus können Rechts-Links-Diskriminationsschwächen vorliegen, die zu ähnlichen Fehlern führen. Üblicherweise haben die Kinder aber mit diesen Aufgaben keine Schwierigkeiten, da sie eine breite Erfahrung im Legen von Puzzles haben.

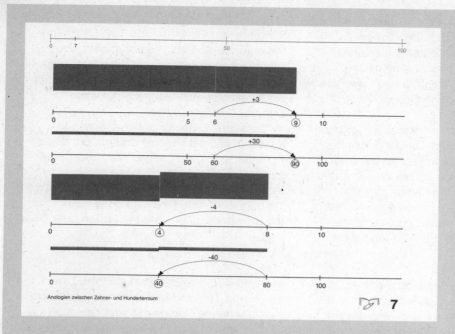

Analogien zwischen Zehner- und Hunderterraum

👉 7

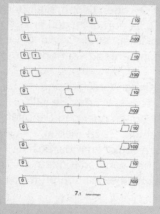

7.1

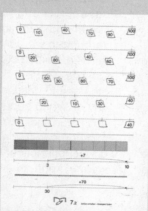

👉 7.2

⚠ 7.3

7.4

Übertragung der Addition und Subtraktion vom Zwanzigerraum auf den Hunderterraum, Analogiebildung der Rechenoperationen:

Rückführung arithmetischer Operationen mit Zehnern auf entsprechende Operationen mit Einern.

Für die Rechenoperationen können einige Kinder noch das Material benötigen, das ihnen zur Verfügung gestellt werden sollte.

Nicht alle Kinder werden es aber verwenden. Für die Fortsetzung von Analogieaufgaben wird das Heft benötigt.

Es wird vorgeschlagen, am Anfang der Stunde wieder Kopfrechenaufgaben zu machen, alternativ Kopfgeometrie. Hierzu eignen sich auch Rechenscheiben oder Zahlentreppen.

Die Kinder sind aufgefordert, einfache Aufgaben im Zahlenraum bis 10 am Zahlenstrahl darzustellen und sich zu überlegen,

ob man die analoge Rechnung mit Zehnern ebenfalls am Zahlenstrahl darstellen kann. Die Schulbuchseite gibt einige Beispiele, wie der Zahlenraum 0–10 übertragen werden kann auf den Zahlenraum 0–100. Wir halten es aber für günstiger, wenn entsprechende Anweisungen mündlich gegeben werden und die Kinder sich selbsttätig überlegen (Partnerarbeit), wie eine entsprechende Rechnung nun durchgeführt werden sollte. Die Ergebnisse der partnerschaftlichen Überlegungen können in der Klasse dargestellt werden (Tafelbild).

Im Gegensatz zu den vorangehenden Seiten geht es jetzt nicht nur um die Strukturierung des Hunderterraumes, sondern wesentlich sind die Rechenschritte und die Pfeildarstellung. Da diese den Kindern vom Zahlenraum bis 20 her geläufig ist, sollte eine Übertragung dieses Darstellungsprinzips nicht schwerfallen.

7.1 wiederholt die Analogien, die die Kinder bereits aus den vorangehenden Stunden kennen. Hier wird insofern eine Vereinfachung vorgenommen, als immer eine direkte Analogie vom Zehner- auf den Hunderterraum vorzunehmen ist.

7.2 variiert das gleiche Prinzip, allerdings sind hier nun die Zahlen an dem Zahlenstrahl zu verorten. Da die Zahlen nicht in der gewohnten Reihenfolge stehen, stellt dies eine Herausforderung für die Kinder dar. Die Strukturierung des Hunderterraumes muss von ihnen selbst vorgenommen werden. Im unteren Teil wird die Zahlenstrahldarstellung als Übertragung der Würfelreihenlänge erneut aufgegriffen und für die Ergänzung zum Zehner beziehungsweise zu anderen Zahlen wiederholt. Hierzu können einige Kinder die Zehner-Pappstreifen benötigen.

Sämtliche Aufgaben sollten im Heft fortgesetzt werden, damit die Kinder ihre eigene Darstellungsform weiter erproben können.

7.3 führt die Zahlenstrahldarstellung in der Analogie Zehnerraum-Hunderterraum für die Subtraktion fort. In der unteren Hälfte sind die Analogien für Addition und Subtraktion in der symbolischen Darstellung zu wiederholen.

Hierbei ist darauf zu achten, dass die Kinder den Fehler bemerken (5−7). (Möglicherweise lösen Kinder dies auch als -2, wenn sie sich bereits mit negativen Zahlen befasst haben. Dies kann aber in der Regel nicht angenommen werden.)

7.4 führt die Übungen von **7.3** fort. Sowohl die Darstellungen am Zahlenstrahl als auch in der nur symbolischen Form sollen weitergeführt werden. Die Kinder sollten dazu angehalten werden, sämtliche Aufgaben aus dem Zehnerraum, die ihnen einfallen zu notieren und auf den Hunderterraum analog zu übertragen. Dies sollte im Heft geschehen.

Einige Kinder werden bei der Analogiebildung noch Schwierigkeiten haben. Dies sollte aber zum jetzigen Zeitpunkt keinesfalls überbewertet werden.

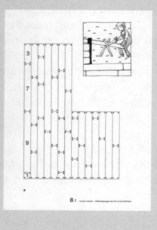
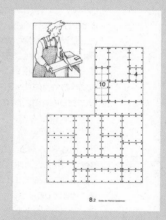

Wiederholung der Zerlegung von 20;
Fläche als multiplikativer Zusammenhang;
Übertragung der Länge im Alltag auf
den Zahlenstrahl; Schätzen von Einteilungen
und Schätzen von Längen.

Die Kinder benötigen für die Zerlegung
der 20 gegebenenfalls die Würfel, die meisten
Kinder sollten hier aber bereits ohne die
Würfel auskommen. Für die Übertragung
und das Erstellen neuer Aufgaben benötigen
die Kinder das Heft und Stifte.

Es ist wünschenswert, die Stunde mit
Kopfrechnen/Kopfgeometrie zu beginnen,
wobei als Wiederholung Additions- und
Subtraktionsaufgaben im Zahlenraum

bis 20 durchgeführt werden sollten. Auch
Wettkampfspiele, die das Kopfrechnen unter
einen Tempoaspekt stellen, können durchgeführt werden. Dies dient zur Sicherung der

Zahlensätze im Zahlenraum bis 20 und der Verhinderung der Zählstrategie.

Als Eingangsproblem eignet sich die Schulbuchseite entweder als Tafelbild (Overhead-Folie) oder das Bild im Sitzkreis: Ein Lattenzaun unterschiedlicher Einteilung mit verschieden langen Latten wird vorgegeben, die Gesamtlänge oder die Länge eines anderen Teilstückes sind bekannt. Lässt sich jetzt daraus die Länge der anderen Holzstücke ermitteln? Es kommt hier auf die optische Zerlegung der einzelnen Längen an: Wie ist das Verhältnis zueinander, um wie viel unterscheiden sie sich, ist der eine doppelt so lang wie der andere oder fehlt ein Stück etc. Die Kinder sollten zuerst schätzen, dann selbst Einteilungen an dem Bild vornehmen um ihre Schätzung zu begründen. Danach sollten sie ihre Schätzung gegebenenfalls korrigieren und neue Vermutungen anstellen.

Das Übungsblatt **8.1** nimmt das Problem der Längenschätzungen und der Vergleiche zwischen Längen wieder auf. Die Kinder sollten auf jedes einzelne Teilstück der Bretter die geschätzte Länge eintragen. Sie haben als Hilfe hierbei immer die Gesamtlänge, so dass sie überprüfen können, ob sich die einzelnen Teilstücke zu der Gesamtlänge addieren. Die Kontrolle über die Ergebnisse sollte partnerschaftlich durchgeführt werden, die Kinder vergleichen dabei ihre Ergebnisse und im Falle von Abweichungen sollten sie versuchen, sich auf eine Lösung zu einigen.

8.2 variiert die vorangehende Fragestellung auf Flächen. Die einzelnen Längen sind markiert, so dass die Kinder leicht die Länge der Rechtecksseiten sehen sollten. Die Fläche ergibt sich multiplikativ.

Zur Differenzierung können entsprechende Bilder eingesetzt werden, die entweder den Zahlenraum bis 20 überschreiten oder bei denen die Markierungen nicht vorhanden sind. Dann ergeben sich mehrere Lösungen, je nachdem, was das Kind als Einheit sich wählt. Hierbei kann es zu Schwierigkeiten und Neuüberlegungen dann kommen, wenn die gewählte Einheit nicht für alle Rechtecksseiten passt (Inkommensurabilität).

In Konfliktfällen oder wenn keine partnerschaftliche Kontrolle vorgenommen wird, können die Kinder auch selbst ihre Ergebnisse überprüfen, indem sie die Längen mit dem Zentimetermaß nachmessen. Die Einheiten sind jeweils 1 cm beziehungsweise bei den Flächen 1 cm². Auf die Möglichkeit des Messens sollte aber nicht von Beginn an hingewiesen werden, dies ist lediglich als Kontrollmöglichkeit im Anschluss an die Bearbeitung der Seiten gedacht.

Kinder mit Schwierigkeiten im visuellen Bereich können möglicherweise die Schätzungen der Längen nur sehr ungenau vornehmen. Sie sind manchmal nicht in der Lage, die einzelnen Einheiten in der Vorstellung fortzusetzen und so zu größeren Längen zusammenzufügen. Diese Kinder dürften bereits dadurch aufgefallen sein, dass ihnen die Strukturierung des Zahlenstrahls nicht immer gelingt: Die Abstände zwischen den Einheiten sind nicht gleich (äquidistant).

Zum anderen kann es Kinder geben, die bei den Flächen abzählend vorgehen, ohne den multiplikativen Zusammenhang auszunutzen. Hier ist dann zu überprüfen, ob dies die Kinder aus „Sicherheitsgründen" tun, da das Abzählen ganz sicher zu der richtigen Lösung führt, während das rechnerische Vorgehen für einige Kinder noch mit Unsicherheit behaftet sein mag. Es kann aber auch daran liegen, dass die Kinder entweder die einfachen Multiplikationsaufgaben nicht rechnen können und auch über die wiederholte Addition nicht sicher zu dem Ergebnis kommen. Mit diesen Kindern wäre eine Wiederholung der Mini-Einmaleinsaufgaben beziehungsweise der Adddition im Zwanzigerraum angezeigt.

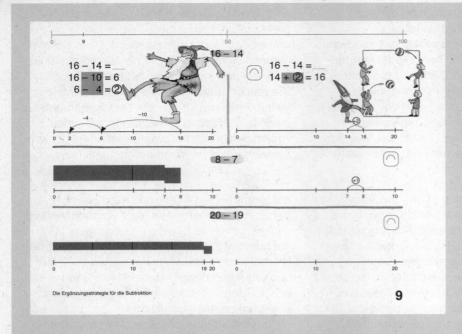

Die Ergänzungsstrategie für die Subtraktion

9

Wiederholung der Ergänzungsstrategie bei der Subtraktion; Erkennen, dass die Ergänzungsstrategie im Falle nahe beieinander liegender Zahlen günstig ist.

Die Kinder benötigen die Würfel, um die Subtraktionen durchzuführen, sie benötigen zur Bearbeitung weiterer, zum Teil selbst gestellter Aufgaben das Heft und Stifte.

Die Stunde sollte mit einer Kopfrechenphase, bei der Subtraktionsaufgaben mit nahe beieinander liegenden Zahlen verwendet werden (12 - 10, 17 - 15, 6 - 5 etc.), beginnen.

Anschließend sollten die Kinder in Zweiergruppen diskutieren, wie sie die Aufgaben der Schulbuchseite lösen. Hierzu bietet sich ein Vorgehen im Doppelsitzkreis an, in dem die Kinder sich paarweise im Kreis gegenüber setzten und erklären, wie sie die Aufgaben rechnen. Wenn sie sicher sind, das sie die Strategie des Partners verstanden haben, dann rutscht der innere Sitzkreis um zwei oder drei Plätze weiter und die Kinder erzählen sich nun, wie die vorherigen Partner die Aufgabe gelöst haben und welches die von jenen verwendete Strategie war.

Anschließend sollte in der Klasse diskutiert werden, welche verschiedenen Subtraktionsstrategien die Kinder kennen und verwenden und welche in dem vorliegenden Falle von ihnen als günstig angesehen werden.

Es ist hierbei wesentlich, dass die Kinder erkennen, dass das Ergänzen gerade jener Teil ist, der bei der Subtraktion übrig bleibt.

Anschließend können die Kinder die verschiedenen Strategien, die auf der Schulbuchseite angegeben sind, diskutieren. Auch hier geht es darum zu erkennen, dass für bestimmte Zahlenkombinationen unterschiedliche Strategien vorteilhaft sind.

Die Kinder sollten im Anschluss an die Betrachtung der Schulbuchseite selbst Aufgaben entwickeln, bei denen die Ergänzungsstrategie, dargestellt durch den kleinen Bogen, günstig ist, sie sollten aber auch solche Aufgaben notieren, bei denen die Ergänzungsstrategie keinerlei Vorteile aufweist, sogar in Extremfällen ungünstig sein kann, wie zum Beispiel bei 19-2.

9.1 Vorwiegend anhand von Aufgaben aus dem Zwanzigerraum und anhand einiger weniger Aufgaben aus dem Hunderterraum soll die Ergänzungsstrategie mit Hilfe des Zahlenstrahls geübt werden. Außerdem sind geometrische Muster fortzusetzen.
9.2 ist ein Fortsetzung von **9.1**. Außerdem sollen die Kinder anhand der Aufgaben 15-12 und 18-16 die Ergänzungsstrategie mit der Strategie des Zehnerübergangs vergleichen, bei der die „Verliebten Herzen" genutzt werden. Außerdem werden geometrische Muster fortgesetzt, bei denen das freihändige Zeichnen von Kreisen geübt wird.

Auf Seite **9.3** werden in den Strategievergleich noch Sprungstrategien einbezogen. Die Kinder können anhand geeigneter Aufgaben aus dem Zwanzigerraum wiederholend die Vorzüge der unterschiedlichen Strategien erfahren und sollen abschließend selbst entscheiden, nach welcher Strategie sie die Aufgaben rechnen. Außerdem sind auf dieser Seite Muster und Regelhaftigkeiten in 9-Felder-Quadraten zu entdecken.

Da nicht davon ausgegangen werden kann, dass auch nach dieser Wiederholung und Wiederaufnahme der Ergänzungsstrategie aus der ersten Klasse sämtliche Schüler diese Strategie als günstig erkennen und anwenden, sollte ein Fehlen dieser Strategie nicht als Problem gewertet werden. Es ist lediglich zu beobachten, welche Strategien von welchen Kindern verwendet werden.

Sollte ein Kind Schwierigkeiten mit der Ergänzungsstrategie haben, dann sollten sehr einfache, leicht zu überschauende Aufgaben verwendet werden (Differenzierung). Hierbei sollten sich Minuend und Subtrahend nur um 1 unterscheiden: 17−16, 11−10 etc.

Prinzipiell ist darauf zu achten, dass die Kinder bei ihren Rechnungen das entsprechende Strategiezeichen verwenden, für die Ergänzungsstrategie also den Bogen vor die Rechnung zeichnen und jeweils das Ergebnis einkringeln. Dies ist insofern wichtig, als bei den verschiedenen Strategien das Ergebnis der Rechnung an unterschiedlichen Stellen steht. So steht es bei der Ergänzungsstrategie über dem Bogen, bei anderen Strategien an dem Pfeilende unter dem Zahlenstrahl.

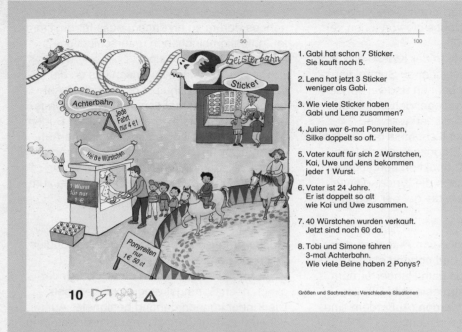

1. Gabi hat schon 7 Sticker.
   Sie kauft noch 5.

2. Lena hat jetzt 3 Sticker
   weniger als Gabi.

3. Wie viele Sticker haben
   Gabi und Lena zusammen?

4. Julian war 6-mal Ponyreiten,
   Silke doppelt so oft.

5. Vater kauft für sich 2 Würstchen,
   Kai, Uwe und Jens bekommen
   jeder 1 Wurst.

6. Vater ist 24 Jahre.
   Er ist doppelt so alt
   wie Kai und Uwe zusammen.

7. 40 Würstchen wurden verkauft.
   Jetzt sind noch 60 da.

8. Tobi und Simone fahren
   3-mal Achterbahn.
   Wie viele Beine haben 2 Ponys?

Größen und Sachrechnen: Verschiedene Situationen

1. In einer Achterbahn sitzen 13 Kinder.
   In einer anderen sitzen 5 mehr.

2. Am Abend sind noch 15 Würstchen da.
   7 werden noch verkauft.

3. Kai, Uwe und Jens kaufen zusammen 8 Würstchen.

4. Silke und Gabi waren zusammen 12-mal Ponyreiten.
   Silke ist doppelt so oft geritten wie Gabi.

Rechnungen in unterschiedlichen Sachkontexten durchführen und selbst Rechengeschichten erfinden; Verschiedene Lösungen
bei offenen Aufgaben finden und unsinnige
Aufgaben erkennen.

Möglicherweise benötigen einige Kinder
noch Material (Würfel) für die Darstellung
der Aufgaben. Zum Erfinden neuer Rechengeschichten und für die Partnerarbeit
benötigen die Kinder das Heft und Stifte.

Die Illustration der Schulbuchseite kann als
Einstieg für die Textaufgaben verwendet
werden. Die Kinder können berichten, was sie
alles sehen und welche Aktivitäten sie gerne
auf diesem Jahrmarkt machen würden.

Es lassen sich die Preise vergleichen und es
lässt sich diskutieren, wie viel man mit 10 Euro
bestreiten könnte. Die in den Textaufgaben
vorkommenden Kinder sind in der Illustration
abgebildet, so dass sich zwischen den

Textaufgaben am rechten Rand und dem Bild jeweils Bezüge herstellen lassen.

Je nach Lesefähigkeit der Kinder können sie die Aufgaben auf der Schulbuchseite selbst bearbeiten, es empfiehlt sich aber, die Aufgaben vorlesen zu lassen (oder selbst vorzulesen).

Nachdem die Kinder in Einzelarbeit versucht haben, die Aufgaben zu lösen, können sie in Partnerarbeit ihre Ergebnisse vergleichen. Hier wird es bei den Aufgaben 5 und 6 zu unterschiedlichen Ergebnissen kommen, bei Aufgabe 5 können einige Kinder lediglich

ausgerechnet haben, dass fünf Würstchen verkauft wurden, andere werden den Preis berechnen.

Aufgabe 6 ist offen, da verschiedene Lösungen möglich sind. Das Alter von Kai und Uwe kann jeweils zwischen eins und elf variieren, möglicherweise lassen die Kinder aber aufgrund der Illustration nur bestimmte Lösungen als wahrscheinlich zu.

In der Klasse sind diese offenen Aufgaben zu thematisieren, wobei angestrebt werden sollte, dass die Kinder alle Lösungen finden.

10.1 Beinhaltet weitere Textaufgaben, wobei die Illustrationen des Schulbuches als Hilfen genutzt werden können. Es ist jeweils Platz gelassen, damit die Kinder Notizen und Zwischenrechnungen machen beziehungsweise das Ergebnis notieren können. Nicht alle Aufgaben sind eindeutig lösbar, aber dies sollte von den Kindern erkannt werden.

In einem zweiten Abschnitt sollten die Kinder selbst Rechengeschichten erfinden, die sie ihren Partnern als Aufgaben vorlegen. Sie sollten dabei angeregt werden, auch Aufgaben zu formulieren, die keine Lösung oder mehrere Lösungen besitzen.

Fehler können bei einigen Kindern aufgrund mangelnden Textverständnisses oder unzureichender Lesefähigkeit auftreten. Insbesondere bei den Aufgaben, die die Worte „mehr" beziehungsweise „weniger" oder „zusammen" verwenden, kann es aufgrund nicht altersgemäßer Sprachentwicklung Schwierigkeiten geben. So haben wir beobachtet, dass bei einer Aufgabe wie „Gabi hat 3 Sticker, Silke hat 5 Sticker mehr. Wie viele Sticker hat Silke?" einige Kinder das Ergebnis 5 notierten. Aufgrund ihrer begrifflichen Entwicklung haben sie den Text so gelesen, dass Silke 5 Sticker hat und dieses ist mehr als Gabi besitzt, so dass ihr Ergebnis den Anforderungen des Textes zu genügen scheint.

Es ist motivierend, die von den Kindern erstellten Rechengeschichten zu sammeln und, mit Illustrationen versehen, zu einem Plakat in der Klasse zu gestalten. Es ist

wünschenswert, dass die kreative Haltung der Kinder zu rechnerischen Sachkontexten frühzeitig geweckt wird. Die einfallsreichsten und lustigsten Geschichten können prämiert werden, wobei der orthographischen Korrektheit eine geringere Aufmerksamkeit gewidmet werden sollte.

Eine prinzipiell durch das ganze Schuljahr hindurchgehende Aktivität sollte sein, die witzigsten Aufgaben aus dem Schulbuch oder von den Kindern selbst erstellte zu sammeln und zu einem eigenen Buch zusammenzustellen, das dann an die nächste zweite Klasse gegeben wird. Hierbei können die Kinder auch überlegen, bei welchen Aufgaben sie am meisten gelernt haben, oder welche sie für überflüssig hielten. Solche metakognitiven Auseinandersetzungen mit dem eigenen Vorgehen und dem gelernten Inhalt stellen ein wichtiges Ziel des Unterrichts dar.

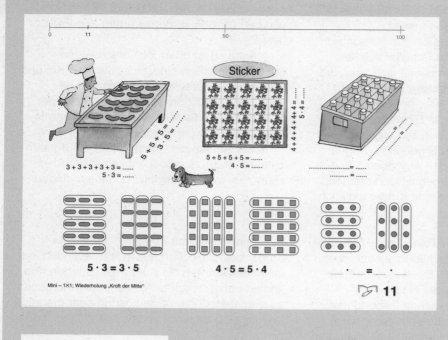

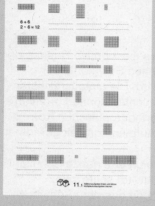

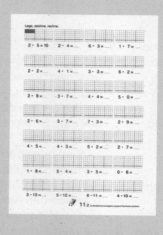

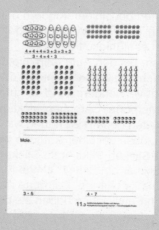

Wiederholung der Multiplikation (Mini-Einmaleins); Umkehraufgaben der Multiplikation, Erleben der Kommutativität am Flächenmodell

Zum Legen der Multiplikationsaufgaben und der Umkehraufgaben benötigen die Kinder gegebenenfalls das Material (Würfel).

Zur Darstellung von weiteren Multiplikationsaufgaben benötigen die Kinder das Heft (Karopapier) und Stifte.

Zu Beginn der Stunde eignen sich Kopfrechenaufgaben aus dem Bereich des Mini-Einmaleins zur Wiederholung. Hierbei sollten auch Umkehraufgaben verwendet werden.

Im Sitzkreis oder in Gruppenarbeit sollten die Kinder Aufgaben des Mini-Einmaleins in additiver und multiplikativer Schreibweise notieren $(4+4+4=3 \cdot 4)$. Im Sitzkreis und in der Gruppenarbeit ist es wünschenswert, wenn die Kinder die Multiplikationen im Flächenmodell mit den Würfeln legen, hierbei aber verschiedene Perspektiven und Sichtweisen auf das Modell haben. Dementsprechend ändern sich auch die Notationsformen.

Je nachdem, von welcher Seite die Kinder auf die Würfeldarstellungen schauen, ergeben sich die multiplikativen Umkehraufgaben. So ist auf der Schulbuchseite die Multiplikation aus der Sicht des Kochs eine andere als aus der Perspektive des Lesers/der Leserin: Der Koch „sieht" die Würstchen als drei Reihen mit je fünf Würsten (3·5), wir sehen fünf Reihen mit je drei Würsten (5·3).

Die Schulbuchseite eignet sich zur Diskussion über die unterschiedlichen Zerlegungen und Sichtweisen, die die Kinder auf die jeweiligen Darstellungen einnehmen. Die

Kinder können diskutieren, wie sie die Aufgaben sowohl in additiver als auch in multiplikativer Schreibweise notieren würden. Da sich die Anzahl der Würfel beziehungsweise der anderen Darstellungseinheiten nicht ändert, sehen die Kinder hier direkt das Prinzip der multiplikativen Vertauschung (Kommutativität). Wenn die Kinder mehrfach ihre Perspektive wechseln, wird ihnen deutlich, dass prinzipiell und unabhängig von den auf der Schulbuchseite oder in Übungsseiten verwendeten Zahlen immer $a·b = b·a$ gilt.

11.1 Verlangt von den Schülern, die additive und die multiplikative Schreibweise am Flächenmodell zu notieren. Hierbei ist noch darauf zu achten, dass eine zeilenweise Lesart vorgenommen wird und nicht schon die Umkehrung, das heißt, dass bei der ersten Aufgabe $6 + 6 = 12$ beziehungsweise $2·6 = 12$ notiert wird und nicht $2 + 2 + 2 + 2 + 2 + 2$.
11.2 Kehrt die Aufgabenstellung von **11.1** um, die Kinder sollten mit Würfeln (oder mit anderem Material) die vorgegebenen Aufgaben legen und in die jeweiligen Felder einzeichnen. Hier wird eine Transformation von der symbo-

lischen in die ikonische Darstellungsweise vorgenommen, damit die Schüler mit den jeweiligen Multiplikationsaufgaben entsprechende Vorstellungsbilder verbinden.
11.3 Thematisiert die Umkehraufgaben, wobei eine zeilen- beziehungsweise spaltenweise Anordnung zu den entsprechenden Multiplikationsaufgaben führt.

Die Kinder sollten angeregt werden, die Blätter zu drehen, um zu sehen, wie sich die eine in die andere Darstellungsweise überführen lässt.

Aufgrund der Kenntnis, die die Kinder vom Mini-Einmaleins bis zu diesem Zeitpunkt entwickelt haben sollten, dürften die Aufgaben keine Schwierigkeit darstellen. Es handelt sich um Wiederholungen auf einem höheren Niveau und in veränderter Darstellungsform.

Ein Problem könnte die additive Schreibweise bei der dritten Aufgabe auf Blatt **11.1** in der letzten Zeile darstellen. Der einzelne Würfel lässt sich nur schwer additiv schreiben $(1 = 1, 1·1 = 1)$.

Kinder mit Raumorientierungsschwierigkeiten könnten jeweils die Umkehraufgaben notieren, da sie sich die Aufgaben gedreht vorstellen oder auf Blatt **11.2** die Umkehraufgaben zeichnen. Dies kann als Hinweis auf ihre Probleme angesehen werden. Eine Förderung müsste in einem solchen Fall nicht im arithmetischen Bereich sondern im visuellen Bereich ansetzen.

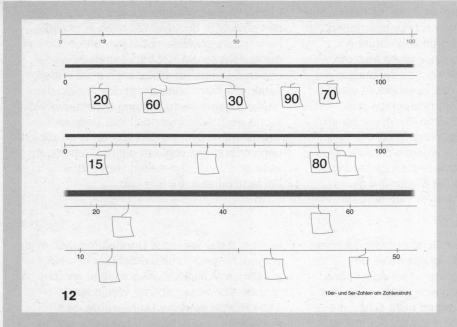
10er- und 5er-Zahlen am Zahlenstrahl

Strukturierung des Zahlenraumes bis 100, Darstellung an unterschiedlichen Zahlenstrahlausschnitten, Wiederholung der Zehner- und Fünferstrukturierung im Zahlenraum.

Für mögliche Übertragungen und Fortsetzungen der Aufgaben benötigen die Kinder das Heft und Stifte. Für die Hunderterreihe könnte es für einige Kinder sinnvoll sein, hundert Würfel in eine Reihe zu legen. Hierbei wäre darauf zu achten, dass die Zehner jeweils farblich abwechseln (rot, blau), um ein leichteres Überschauen zu ermöglichen. Ggf. kann auch eine Fünfergruppierung mit Farbabwechslung vorgenommen werden, dann allerdings blau/holz, rot/holz, blau/holz, etc. damit die Zehnerstrukturen noch überschaubar sind. Es eignen sich auch die 100er-Perlenkette.

Als Einstieg sollten Kopfrechenaufgaben dienen, bei denen in Zehner- oder Fünferschritten vorwärts und rückwärts im Zahlenraum bis 100 zu zählen ist. Dies kann auch in Partnerarbeit durchgeführt werden, wobei die Kinder abwechselnd die Zahlen sagen.

Als Problemeinstieg schlagen wir einen Zahlenstrahlausschnitt vor, bei dem nur zwei

Zahlenpunkte angegeben sind, zum Beispiel 40 und 80. Lassen sich nun weitere Zahlen leicht finden? Von welchen Zahlen wissen wir, wo sie liegen? Können wir daraufhin weitere finden?

Die Kinder sollten in Einzelarbeit (ca. 2 Minuten), dann in Partnerarbeit versuchen, so viele Zahlen wie möglich an diesen Zahlenstrahlausschnitt zu heften. Das Ergebnis wird in den einzelnen Partnerschaften sehr unterschiedlich ausfallen. Die Ergebnisse sollten dann in der Klasse vorgestellt werden. Insbesondere kommt es darauf an, dass die Kinder für die Verortung der einzelnen Zahlen am Zahlenstrahl Begründungen angeben, zum Beispiel ist 60 die Mitte von 40 und 80, 50 ist die Mitte von 40 und 60

und 70 ist die Mitte von 60 und 80, 65 ist die Mitte von …

Diese Begründungen und die entsprechenden Konstruktionen an diesem Zahlenstrahlausschnitt stellen das eigentliche Thema dar. Hier ist (im Gegensatz zu den arithmetischen Berechnungen am Zahlenstrahl) auf eine möglichst genaue Darstellung der Zahlenverortung zu achten.

Anschließend sollten die Schüler die verschiedenen Zahlenstrahlausschnitte der Schulbuchseite im Heft bearbeiten. Dies sollte in Partnerarbeit geschehen, wobei sie durchaus verschiedene, über die Fragestellung der Schulbuchseite hinausgehende Zahlen- und Ortsbestimmungen vornehmen sollten.

12.1 nimmt die Aufgaben der Schulbuchseite auf, wobei es um die Verortung von Zahlen geht. Hierbei handelt es sich um Zehnerbeziehungsweise Fünferzahlen, die jeweils am Hunderterzahlenstrahl zu bestimmen sind.

12.2 führt die Aufgabenstellung fort, wobei die letzten beiden Reihen es den Kindern offen lassen, eigene Zahlen zu finden und damit eigene Schwierigkeitsgrade zu erproben.

Bei einigen Kindern dürfte die Verortung der Zahlen noch ungenau sein. Es empfiehlt sich bei gravierenden Abweichungen zu überprüfen, ob visuelle Vorstellungsschwierigkeiten vorliegen, die sich auch beim Nachzeichnen einfacher Figurenvorlagen zeigen. Diese sind dann, eventuell auch außerhalb des regulären Unterrichts, zuerst zu fördern. Ist dies nicht der Fall, dann lässt dies auf unzureichende Vorstellung über Zahlbeziehungen schließen. Hier erweist es sich als hilf-

reich, wenn die Kinder die Länge von Würfelschlangen oder den Papierstreifen auf einer Kassenrolle oder einem langen Pappstreifen nachzeichnen und Übertragungen direkt vornehmen. Die Reflexion über die Lage der Zahlen muss dabei angeleitet werden: Kann man im Voraus die Stelle kennen, wo sich 55 befindet? Wo liegt 40, wenn 10 und 50 bekannt sind? Auch die Aufgaben zu „Mitte finden" sollten gegebenenfalls wiederholt werden.

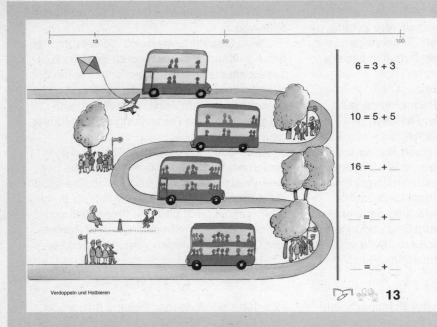

6 = 3 + 3

10 = 5 + 5

16 = ___ + ___

___ = ___ + ___

___ = ___ + ___

Verdoppeln und Halbieren

13

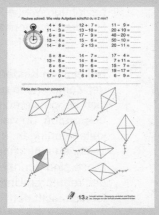

Verdopplung im Zahlenraum bis 100,
Halbierung als Umkehrung der Verdopplung.

Es kann für einige Kinder noch hilfreich sein,
die Aufgaben mit dem Material (Würfel) zu
legen; hierbei werden die Personen des
Doppeldeckerbusses mit den Würfeln dargestellt; erfahrungsgemäß legen die Schüler
die Würfel entsprechend der Busdarstellung
in zwei Reihen aufeinander.

Die Stunde kann mit einer Kopfrechenphase
zum Verdoppeln/Halbieren im Zwanzigerraum
beginnen.

Anschließend könnte über England bezie-
hungsweise London erzählt werden. Die
Kinder können ihre Kenntnisse über dieses
Land artikulieren, einige Zahlennamen nennen

oder erfahren, wie in England gezählt wird. Möglicherweise wissen auch bereits einige Kinder, dass es in London Doppeldeckerbusse gibt, das heißt zweistöckige Busse. Möglicherweise ist auch ein Bild vorhanden, das den englischen Verkehr zeigt, wobei die Kinder auch feststellen, dass die Engländer „auf der falschen Seite" fahren. Vielleicht erinnert sich das eine oder andere Kind an die Doppeldeckerbusse, die in ähnlichem Zusammenhang bereits in der ersten Klasse verwendet worden sind.

Auf der Schulbuchseite ist die Fahrt eines Busses abgebildet, wobei oben und unten in dem Doppeldeckerbus immer gleich viele Personen sitzen. Die Fragestellung ist, ob man durch die Kenntnis der Anzahl der Personen in der oberen Busetage die Gesamtzahl ermitteln kann oder umgekehrt, wenn man die Gesamtzahl kennt, auch weiß, wie viele Leute oben beziehungsweise unten sitzen.

Das Prinzip der Verdopplung und Halbierung ist den Kindern für den Zahlenraum bis 20 aus der ersten Klasse bekannt und wird nun auf einen größeren Zahlenraum ausgeweitet. Insgesamt passen in den Bus natürlich mehr als 20 Personen hinein.

Die Kinder könnten spielerisch mit den Würfeln (oder Spielfiguren/Mensch-ärgere-dich-nicht-Figuren) die Fahrt des Busses durchführen. Sie werden hierbei feststellen, dass für die Bedingung „in beiden Busetagen immer gleich viele Personen" jeweils eine gerade Anzahl von Personen ein- oder aussteigen müssen.

13.1 nimmt die Bussituation auf; die Kinder haben entweder die Gesamtpersonenzahl oder die Personenzahl in den einzelnen Busetagen zu bestimmen. Die letzten Aufgaben sind offene Aufgaben, bei denen die Kinder aufgrund ihrer eigenen Fähigkeiten Zahlen wählen können. Hierbei kann es durchaus sein, dass die Schüler auch sehr schwierige Zahlen im Hunderterraum wählen. Einige schwierige Zahlen sind bereits vorgegeben, zum Beispiel 28 lässt sich nicht ganz so leicht halbieren.

Nach Bearbeitung dieses Arbeitsblattes sollten die Kinder noch weitere Verdopplungsbeziehungsweise Halbierungsaufgaben in ihrem Heft machen. Sie sollten sich selbst Aufgaben wählen, wobei auch bestimmte Zahlenräume individuell differenzierend vorgegeben werden können.

13.2 ist ein Arbeitsblatt, das im oberen Teil von allen Kindern gleichzeitig bearbeitet werden sollte (Additions- und Subtraktionsaufgaben). Die Kinder werden im Laufe des Schuljahres mehrfach mit diesem Aufgabentyp konfrontiert. Es handelt sich der Form nach zwar um einen Test, die Kinder sollten aber im Laufe des Schuljahres erleben, dass ihre Rechenfähigkeit fortschreitend wächst. Es ist darauf zu achten, dass tatsächlich 2 Minuten eingehalten werden. Es sollte auch darauf hingewiesen werden, dass gar nicht erwartet wird, dass sie jetzt zu Beginn des Schuljahres schon sämtliche Aufgaben lösen, dass sie aber ganz bestimmt beim nächsten Mal besser abschneiden als jetzt. Die Kinder sollten ehrlich notieren, wie viele Aufgaben sie richtig gerechnet haben. Die Kontrolle geschieht durch den Partner.

Auf der unteren Seite des Übungsblattes ist der Drachen des Zwerges der Schulbuchseite in verschiedenen Lagen einzufärben. Erschwerend kommt bei dieser Aufgabe dazu, dass es sich bei dem Drachen um eine Raute handelt, so dass es nicht allein aufgrund der Form möglich ist, die richtige Farbentscheidung zu treffen. Es handelt sich um eine Aufgabe, die die Raumorientierung fordert und fördert.

Aufgrund der Vorkenntnisse aus dem 1. Schuljahr sollten die Kinder keine begrifflichen Schwierigkeiten mit Verdoppeln und Halbieren haben. Allerdings könnte für einige Kinder der nun gewachsene Zahlraum schwierig sein. So sind Halbierungen von ungeraden Zehnerzahlen durchaus für einige Kinder problematisch. In diesen Fällen ist es günstig, erneut auf das Material zurückzugreifen und systematisch Halbierungen von 10, 20, 30, 40, 50 vorzunehmen. Häufig wird die Kenntnis, dass die Hälfte von zehn fünf ist, nicht auf ungerade Zehnerzahlen übertragen, so dass auch die Zusammensetzung (die Hälfte von 50 gleich die Hälfte von 40 plus die Hälfte von 10) nicht eigenständig von den Kindern vorgenommen wird. Dann sind entsprechende Handlungen von den Kindern selbst durchzuführen.

0   14   50   100

12 = 2 · 6   12 = 4 · 3

16 = 2 · 8

16 = 4 · 4

7 = 1 · 7

18 Würfel

15 Würfel

Finde Anordnungen
mit 10 Würfeln,
mit 8 Würfeln,
mit 11 Würfeln.

Versuche es für viele Zahlen.
Male die Muster in dein Heft.

Für welche Zahlen gibt es
verschiedene Muster?

Welche Zahlen ergeben nur
Schlangen?

14

1×1-Anordnungen als Rechtecke – Propädeutik von Primzahlen

Wiederholung des Mini-Einmaleins,
Finden vieler multiplikativer Zerlegungen,
Erkennen von Zahlen, die – bis auf 1 Reihe –
keine multiplikative Zerlegung gestatten
(Primzahlen).

Für diese Aufgaben benötigen die Kinder
Würfel, wobei in Partner- beziehungsweise
Gruppenarbeit die Kinder auch in größeren
Zahlräumen mit Hilfe ihrer Würfel multipli-
kative Zerlegungen finden können.

Als Einstieg schlagen wir wieder Kopfrechnen
mit Multiplikationsaufgaben (Mini-Einmaleins)
vor. Dies kann als Wettkampf durchgeführt
werden.
      Im Sitzkreis oder in Gruppenarbeit am
Tisch sollte den Kindern eine große Menge
von Würfeln zur Verfügung stehen, aus denen
sie versuchen sollten Rechtecke zu bauen.
Für die verschiedenen Anzahlen können sich
unterschiedlich viele, manchmal auch nur
ein Rechteck ergeben. Die Kinder sollten nach
einer Erprobungsphase nun systematisch

vorgehen und überprüfen, welche Rechtecke sie mit einer bestimmten Anzahl von Würfeln bauen können.

Die Schulbuchseite gibt hierbei Anregungen, wesentlich erscheint es aber, dass die Kinder systematisch vorgehen. So könnten sie die Multiplikationsaufgaben die sie finden (z. B. in einer Tabelle) notieren.

Nachdem die Kinder in einem bestimmten Zahlenraum, zum Beispiel bis 20, die Rechtecke (multiplikativen Zerlegungen) der Zahlen gefunden haben, könnten die verschiedenen Gruppen nun unterschiedliche Aufgaben be-

kommen. So könnte eine Gruppe die Zahlen zwischen 30 und 40, eine andere die zwischen 40 und 50 etc. untersuchen. Die Kinder sind angehalten, die Ergebnisse ihrer „Experimente" im Heft zu notieren. Eine Tabellendarstellung ist dabei günstig, sie sollte aber von den Kindern selbst als Darstellungsform gefunden beziehungsweise entwickelt werden.

Wird für die verschiedenen Gruppen die Untersuchung der verschiedenen Zahlbereiche angeregt, so kann das Ergebnis hinterher für die Klasse in Form eines Plakates oder einer Großtabelle gesammelt werden.

Für diese Seite gibt es keine Übungsseiten, da die Ergebnisse der Schüler im Heft beziehungsweise in der Großtabelle gesammelt werden sollten.

Hierbei könnte als Differenzierung leistungsstärkeren Kinder vorgeschlagen

werden, jene Zahlen zu suchen, für die es verschiedene multiplikative Zerlegungen, das heißt unterschiedliche Rechtecksmuster gibt und jene Zahlen zu finden, die lediglich als „Schlangen" dargestellt werden können, das heißt Primzahlen sind.

In dem Bereich der Zahlzerlegung wurden bislang keine Schwierigkeiten beobachtet. Es werden nicht alle multiplikativen Zerlegungen von den Kindern gefunden, möglicherweise aber sehr unterschiedliche Zerlegungen, die dann hinterher als Ergebnis zusammengetragen werden können.

Einige Zahlen lassen verschiedene Multiplikationen zu, zum Beispiel $16 = 2 \cdot 8$ und

$16 = 4 \cdot 4$ und $16 = 8 \cdot 2$ und $16 = 1 \cdot 16$. Die Kinder können diskutieren, ob Umkehraufgaben tatsächlich verschiedene Rechtecke darstellen oder ob es sich um das gleiche Rechteck handelt, das lediglich gedreht oder gespiegelt wurde. Dies ist eine Diskussion, die von den Kindern durchgeführt und entschieden werden sollte.

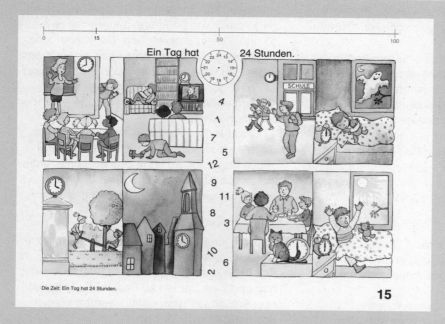

Die Zeit: Ein Tag hat 24 Stunden.

15

Wiederholung der Uhrzeiten (volle Stunden), Einteilung des Tages in 24 Stunden, Erkennen der gleichen Zeigerstellung bei Tages- und Nachtzeit.

Es ist günstig, eine Demonstrationsuhr zu haben, bei der die Stunden- und Minutenzeiger eingestellt werden können.

An der Demonstrationsuhr kann eine Zeit eingestellt werden und die Kinder können berichten, was sie zu dieser Zeit machen. Einige Kinder werden feststellen, dass die Zeiteinstellung nicht eindeutig ist; acht Uhr morgens und acht Uhr abends haben die gleiche Zeigerstellung, die zu diesen Zeiten durchgeführten Aktivitäten sind aber sehr unterschiedlich.

Ausgehend von der Schulbuchseite können die Kinder die Bilder diskutieren und feststellen, dass die Zeigereinstellung jeweils bei den Bildpaaren gleich ist, aber unterschiedliche Tageszeiten beinhaltet.

Die Kinder können noch andere Zeiten, als die im Schulbuch angegebenen, an der Uhr einstellen und berichten, was jeweils stattfindet.

In Abhängigkeit von der Jahreszeit werden die Kinder unterschiedliche Angaben machen, wann Tag oder Nacht ist, das heißt wann die Sonne scheint oder wann sie nicht scheint.

Eine prinzipielle Festlegung ist aus diesem Grunde nicht sinnvoll. Im Winter ist es um 7 Uhr abends schon dunkel, im Sommer ist es um 9 Uhr abends noch hell. Für die aktuelle Jahreszeit sollten die Kinder aber Angaben machen können beziehungsweise festlegen, wann ihrer Meinung nach ungefähr die Sonne auf- und untergeht.

15.1 Im oberen Teil des Übungsblattes haben die Kinder die Uhrzeiten nach Tag (gelb) oder Nacht (blau) einzufärben. Sie stellen hierbei fest, dass dies nicht einer Halbierung der Zeit von 1 bis 12 und 13 bis 24 Uhr entspricht, sondern dass es verschiedene Phasen dieser doppelten Zwölf-Stunden-Einteilung gibt. Es könnte auch in der Klasse diskutiert werden, inwieweit es sinnvoll ist, den Tag mitten in der Nacht beginnen zu lassen.

Im unteren Teil des Übungsblattes haben die Kinder Fragen zu beantworten (Schlafdauer, Wachdauer, Mitternacht etc.) und haben die Zuordnung nach gleichen Zeigerständen vorzunehmen, das heißt 8 Uhr und 20 Uhr, 9 Uhr und 21 Uhr etc. in einer Tabelle einzutragen. Hierbei können die Kinder erkennen, das es sich um eine Addition +12 handelt.

15.2 verlangt von den Kindern, die zwei zu einer Zeigerstellung gehörenden Uhrzeiten entsprechend dem Bild einzutragen (obere Hälfte) beziehungsweise umgekehrt einer Uhrzeit die entsprechende Zeigerstellung zuzuordnen (untere Seitenhälfte).

Ggf. kann aus Differenzierungsgründen eine Übertragung in das Heft vorgenommen werden, bei der die Kinder sämtliche vollen Stunden als Zeigerstellung und zugehörigen Zeiten aufmalen. Erfahrungsgemäß ergeben sich hierbei aber Schwierigkeiten bei der Kreiszeichnung, die eine feinmotorische Anforderung an die Kinder darstellt.

Schwierigkeiten wurden bei der Behandlung dieses Themas nicht beobachtet. In seltenen Fällen zeichnen die Kinder die Zeiger einer Uhr spiegelverkehrt, was auf eine Raum-Orientierungsstörung (Rechts-Links-Diskriminationsschwäche) hinweisen kann.

Erkennen der Analogien in der Strukturierung
der Zehnerabschnitte am Zahlenstrahl;
Verwendung von Strukturgleichheit bei Zahlraumabschnitten

Zur Darstellung des Problems werden
die Würfel benötigt.

Es bieten sich am Anfang der Stunde Zählübungen an: Hierbei sollten die Kinder von
einer Zehnerzahl ab weiter zählen oder von
einer Zehnerzahl ab rückwärts zählen (Ach-
tung: Häufige Fehler beim Rückwärtszählen!).
Im Sitzkreis sollte mit Hilfe der Demonstra-
tionswürfel das Problem dargestellt werden,
das die Illustration auf der Schulbuchseite
enthält, das heißt Darstellungen, bei denen die
Anzahl der Würfel beziehungsweise Quadrate
nicht eindeutig bestimmt werden kann, da
Teile abgedeckt sind. Jeweils lassen sich aber
Aussagen darüber machen, welche Anzahlen
möglich beziehungsweise welche Anzahlen

nicht möglich sind. Wie viele Würfel können es jeweils sein? Nur bestimmte Zahlen sind aufgrund der Darstellung möglich. Daneben gibt es multiplikative Zusammenhänge am Vorhang beziehungsweise Fenster. Für das verdeckte Fester ($5 \cdot 5$ oder $6 \cdot 5$ bzw. $5 \cdot 6$) gibt es mehrere Antwortmöglichkeiten, aber bestimmte Zahlen können eben nicht als Lösung auftreten.

Im rechten Teil der Schulbuchseite wird das gleiche Problem auf den Zahlenstrahl übertragen. Während die oberen beiden Zahlenstrahlabschnitte jeweils eine eindeutige Zuordnung zwischen Zahlen und Markierung auf dem Zahlenstrahl erfordern, sind die anderen Zahlenstrahle offen. Hier ist es davon abhängig, welche Zahlen für die großen Striche verwendet werden. So kann es sein, dass auf dem unteren Zahlenstrahl für den rechten großen Strich die 10 gewählt wird oder die 20 oder aber auch die 100. Dann ergeben sich verschiedene Möglichkeiten für die kleinen Striche: Sie können 9 sein oder 19, für den Fall, dass die 100 gewählt wurde, allerdings auch 99 oder 90, wenn die kleinen Schritte als Zehnerabschnitte interpretiert werden.

Die Offenheit der Aufgaben erfordert von den Kindern, dass sie ihre unterschiedlichen Lösungen begründen und mit den anderen Schülern vergleichen.

16.1 wiederholt noch einmal die Zahlenreihe in vorstrukturierten Zahlraumabschnitten im Zahlenraum bis 100. Der letzte der Zahlenstrahlabschnitte ist offen und die Kinder können je nach ihrem eigenen Kenntnisstand verschiedene Bereiche für sich auswählen. Rechts soll die Zahlenreihe von 0 bis 32 auch noch einmal von unten nach oben vervollständigt werden.

In **16.2** sollen zunächst in Analogie zur Schulbuchseite mögliche Würfelanzahlen notiert werden. In der unteren Hälfte werden verschiedene Zahlenstrahldarstellungen angeboten; die Kinder müssen sich entscheiden, wie sie die großen und kleinen Striche interpretieren. Eine Festlegung führt dazu, dass die gesamte Struktur festgelegt ist und keine weiteren Wahlmöglichkeiten mehr bestehen. Genau diese Strukturierung des Zahlenstrahles und die Analogie in den Zehnerabschnitten muss durch Vergleiche mit dem Partner oder mit den anderen Gruppenmitgliedern hergestellt werden. Die unteren beiden Zahlenstrahle sind offen, hier können die Kinder in den ihnen vertrauten Bereichen Strukturierungen vornehmen.

16.3 verlangt von den Kindern, Zahlen am Zahlenstrahl zu verorten. Hierbei werden zuerst die Fünferzahlen verortet, anschließend die Sechser-, Neuner- und Einerzahlen. Die Analogiebildung sollte dadurch offensichtlich werden. Die mittleren Streifen des Arbeitsblattes enthalten Fehler, die zu finden sind: 85 gehört in das nächste obere Kästchen und 40 ebenso. Im Unteren Abschnitt werden die Zahlen gesucht, die durch die Markierungen angegeben werden.

Es sind jene Kinder zu beobachten, die die Analogiebildung noch nicht vornehmen oder die Übertragung vom Zehnerraum auf die anderen Zehnerabschnitte nicht vollziehen. Insbesondere bei den Arbeitsblättern **16.2** und **16.3** dürfte dies offensichtlich werden. Diese Kinder, die häufig noch zählende Rechner sind, werden auch bei den Zahlenstrahldarstellungen der Schulbuchseite nur eine einzige Lösung finden und sich damit begnügen.

Das zählende Vorgehen ist auch bei der Zahlbestimmung am Zahlenstrahl (Übungsteil **16.3**) zu beobachten; die Kinder überschauen nicht simultan den vorstrukturierten Zahlenstrahl.

Einige Kinder könnten immer noch Schwierigkeiten beim Rückwärtszählen besitzen, insbesondere die Zehnerüberschreitung rückwärts stellt für einige, wenige Kinder zu diesem Zeitpunkt noch ein Problem dar. In diesem Falle sind Zählübungen unter Einbeziehung von Material notwendig, bei denen die Kinder über einen Zehner vorwärts zählen (67, 68, 69, 70, 71) und entsprechend den gleichen Abschnitt rückwärts zählen (71, 70, 69, …).

Es sollten auch jene Kinder weiter beobachtet werden, die die Schreibrichtung der Zahlen nach der Sprachabfolge vornehmen, das heißt zuerst die Einer und dann die Zehner schreiben. Darüber hinaus kann es noch vorkommen, dass Kinder die zweistelligen Zahlen invertiert schreiben, statt 72 schreiben sie 27, wobei sie das Zahlwort aber richtig benennen (das heißt aber auch: falsch lesen).

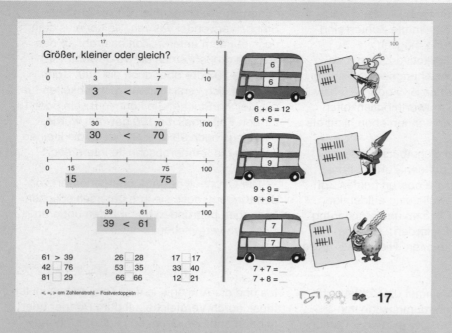

Größer, kleiner oder gleich?

3 < 7

30 < 70

15 < 75

39 < 61

61	>	39	26		28	17		17
42		76	53		35	33		40
81		29	66		66	12		21

<, =, > am Zahlenstrahl – Fastverdoppeln

6 + 6 = 12
6 + 5 = ___

9 + 9 = ___
9 + 8 = ___

7 + 7 = ___
7 + 8 = ___

17

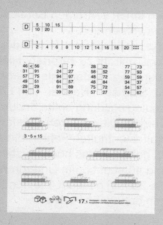

Es werden die Größer-, Kleiner- und Gleich-
relation am Zahlenstrahl und in symbolischer
Form behandelt; zusätzlich das Verdoppeln
und Fastverdoppeln in verschiedenen Repräsentationsebenen.

Für einige Schüler ist es noch hilfreich,
mit dem Material (Würfel) zu arbeiten. Nicht
alle Schüler werden allerdings das Material
benötigen, sondern können sich direkt dem
Zahlenstrahl und der Darstellung in linearer
Form zuwenden.

Als Einstieg bietet sich das Kopfrechnen in
variierter Form an: Es wird eine Zahl genannt
und es soll nacheinander eine größere und
eine kleinere Zahl gesagt werden.
  Anschließend werden Zahlen am Zahlenstrahl klassenöffentlich, zum Beispiel an
der Tafel, markiert und es ist die Größer-/
Kleiner-Relation anzugeben. Die Orientierung
am Zahlenstrahl beziehungsweise in der
geistigen Vorstellung von links nach rechts ist
ein wesentliches Moment zum Aufbau von
Größenvorstellungen. Die Kleiner-Relation

entspricht dann der Richtung von links nach rechts am Zahlenstrahl, die Größer-Relation der Richtung von rechts nach links.

Gleichzeitig sollten Aufgaben entsprechend der Schulbuchseite gewählt werden, die die Analogie des Zehnerraumes auf den Hunterraum verwenden: 4<8, 40<80.
Die Kinder sollten in das Heft möglichst viele Kleiner- und Größer-Aufgaben schreiben, die sie kennen oder die sie sich ableiten können. Eine Kontrolle sollte hierbei durch den Partner geschehen.

Als zweites Thema wird das Verdoppeln beziehungsweise Fastverdoppeln von Seite 13 wieder aufgenommen. Die Kinder sollten noch einmal die Eigenschaften des Doppeldeckerbusses beschreiben und hierbei Verdopplungsaufgaben nach freier Wahl bilden können. Als neues Element kommt hinzu, dass die Anzahlen in Strichlisten notiert werden, wobei hier aufgrund der Doppelzahlen entsprechend auch doppelte Strichlisten notiert werden müssen. Die Darstellung der Strichlisten entspricht im Zwanzigerraum der Verdopplungsstrategie am Zwanzigerfeld.

17.1 Nimmt die Verdopplungsaufgaben und die Größer-/Kleiner-Relation wieder auf. Hinzu kommen Ausgleichshandlungen mit Würfeln, die in Multiplikationsaufgaben überführt werden sollen. Es handelt sich hierbei um eine nun kompliziertere und differenziertere Wiederaufnahme des Themas aus der 1. Klasse.

Die Kinder sollten animiert werden, entsprechende Würfelbauten nach eigener Phantasie zu konstruieren, die sich jeweils in Multiplikationsaufgaben rückführen lassen. Zusätzlich sollten die Schüler die Würfelbauten in beiden Darstellungsformen, das heißt als Treppen und dann, umgeordnet, als Rechteck ins Heft zeichnen.

17.2 Die Verdopplungs- und Fastverdopplungsaufgaben werden nun auf schwierigere Zahlen im Hunderterraum erweitert. Die Kinder sollten neben den auf diesem Übungsblatt angegebenen Aufgaben selbst weitere Aufgaben erfinden und im Heft notieren.

Der zweite Teil der Aufgaben behandelt Strichlisten, die Fastverdopplungen darstellen. Hierbei geht es auch um das schnelle, simultane Erfassen von Strichlisten (Mengen) wobei sich die Strukturierung in Fünfern als günstig herausstellen sollte. Die Kinder sollten auch mit anderen Strichmengen experimentieren, die keine Strukturierung aufweisen und aus diesem Grunde schwieriger zu überblicken und simultan zu erfassen sind.

Der letzte Abschnitt behandelt Aufgaben mit Fastverdopplung, wobei die Abstände zwischen den beiden Summanden auch größer als eins sein können. Die Kontrolle sollte jeweils durch den Partner vorgenommen werden, Streitfälle sind ebenfalls von den Partnern untereinander zu lösen.

17.3 nimmt das Halbieren als Umkehrung des Verdoppelns in einer Kaufsituation auf. Die Preise sind jeweils zu halbieren, die Lösungen sind auf den jeweiligen Preisschildern einzutragen. Die Kinder können durchaus noch weitere Spielsachen im Heft aufmalen und mit Preisschildern versehen. Günstig ist es, eine Kaufsituation spielend von den Kindern vornehmen zu lassen, in welcher ein Kind, der Verkäufer, seine Waren mit Preisen auszeichnet, die dann halbiert werden müssen. Es kann bei ungeraden Zahlen möglicherweise Schwierigkeiten geben. Die Hälfte von 15 ist für deutsche Kinder schwer zu ermitteln, da die Erfahrung von 2,50 Euro als Hälfte von 5 Euro nicht immer vorhanden ist.

Schwierigkeiten können bei Kindern mit einer Rechts-Links-Störung auftreten, die die Größer-/Kleiner-Relation am Zahlenstrahl in der verkehrten Richtung wahrnehmen und entsprechend auf der symbolischen Ebene falsch notieren. In diesem Falle sind Orientierungsübungen zur Rechts-Links-Diskrimination angezeigt (siehe Lehrerband Klasse 1), zum Beispiel körperbetonte Übungen, Richtungsdiktate, geometrische Übungen mit Spiegelungen und das Nachzeichnen einfacher, möglichst sinnentleerter Formen etc.

Daneben dürften sich unterschiedliche Kenntnisse im Zahlenraum bis 100 zeigen, da insbesondere die Strukturierung der einzelnen Zehnerbereiche bei einigen Kindern noch unsicher sein kann. Dies ist aber zum aktuellen Zeitpunkt noch zu erwarten.

Möglicherweise können nicht alle Kinder die Strichlisten simultan und schnell überschauen, was eventuell mit einer noch unzureichenden Kenntnis der Fünferreihe zusammenhängt. Die Strichlisten sind zu Fünfern gebündelt und können dementsprechend auch schnell in Fünferschritten abgezählt werden. Dies ist aber möglicherweise bei einigen Kindern noch fehleranfällig.

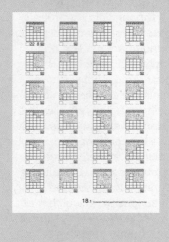

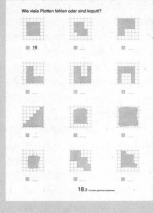

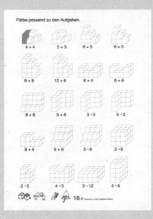

Aufgaben aus dem Mini-Einmaleins
in Sachsituationen erkennen und geschickt
nutzen; Vorgänger- und Nachfolgerzahlen
im Hunderterraum bestimmen.

Für die geometrischen Multiplikationsaufgaben
beziehungsweise das Nachlegen der Situation
der Schulbuchseite eignen sich die Würfel.
Darüber hinaus sollten sich die Kinder gegenseitig Aufgaben stellen; hierzu benötigen sie
das Heft.

Die Stunde sollte mit einer Kopfrechenphase
beginnen, wofür sich Aufgaben des Mini-Einmaleins eignen.
    Als Ausgangspunkt des weiteren Vorge-
hens dient die Illustration auf der Schulbuchseite. Verschiedene Bereiche fordern zum
(multiplikativen) Ausrechnen der Flächen oder
Anzahlen der Fliesen, Kacheln und Flaschen
heraus. Wie viele Kacheln sind beschädigt
und müssen ausgewechselt werden, wie viele

Plätzchen sind auf dem Tablett, wie viele Kacheln sind an der linken Wand, wie viele Kacheln fehlen an der rechten Wand? Lässt es sich geschickt berechnen, wie viele Flaschen in dem Kasten sind, wie viele passen überhaupt hinein, wie viele sind enthalten oder fehlen? Durch geschicktes Umlegen, unter Verwendung der Multiplikation, lassen sich diese Anzahlen leichter bestimmen als durch schlichtes Abzählen. Die Kinder sollten verschiedene Strategien vergleichen, wie sie auf die jeweiligen Anzahlen kommen und deren Güte und Brauchbarkeit untereinander diskutieren (Wie habe ich umstrukturiert? Was habe ich mir dabei gedacht?).

Daneben sollten sie eigene Rechtecke mit eingefärbten Mustern erstellen, die der Übungsseite **18.1** entsprechen. Im Kontext der Illustration ist es günstig, die Übungsseite

18.1 vor der Thematik Vorgänger-Nachfolger zu behandeln.

Die Aufgabe zu Vorgängern und Nachfolgern nimmt das Problem von Seite 16 erneut auf. Ausgehend von sehr einfachen Darstellungen sollte in dem Klassenplenum Nachfolger beziehungsweise Vorgänger von Zahlen gefunden werden. Hierbei kann es sich um Einerschritte, aber auch um Zehnerschritte (bei Zehnerzahlen) handeln. So ist auf der Schulbuchseite die Darstellung der Zahlenstrahle am sechsten Beispiel nicht eindeutig: Als Vorgänger und Nachfolger der 40 könnten 39 und 41 aber auch 30 und 50 benannt werden. Es ist nicht ratsam, hier eine vorschnelle Entscheidung zu fällen, sondern beide Möglichkeiten als potentielle Lösungen zuzulassen. Insbesondere die Vorgänger-Nachfolger-Beziehung ist bei Zehnerübergängen kritisch.

Die Übungsseite **18.1** sollte im Zusammenhang mit der Illustration verwendet werden. Es ist jeweils anzugeben, wie viele Kacheln schon verbraucht wurden (weiss) und wie viele Kacheln noch gebraucht werden (schraffiert). Die Kinder sollten sich in Partnerarbeit entsprechende Aufgaben überlegen, deren Schwierigkeitsgrad entsprechend ihrer Fähigkeit variieren kann und wird.
18.2 nimmt das Thema Vorgänger und Nachfolger im Zahlenraum bis 100 auf und wiederholt Zahlzerlegungen.

Da insbesondere die Vorgänger-Nachfolger-Relation bei Zehnerübergängen kritisch ist, kommt diesen Zahlen im Übungsteil eine besondere Bedeutung zu. Die letzte Aufgabe wird möglicherweise nicht von allen Kindern gelöst werden, weil die Nachfolgerzahl von 100 nicht bekannt sein muss. Hier könnte sich eine Diskussion darüber anschließen, wie es weitergehen wird, wobei eine häufige Fehllösung der Kinder die Zahl 200 ist (Zählweise häufig: 98, 99, 100, 200, 300, …).

Der nächste Aufgabentyp behandelt Zahlzerlegungen im Zahlraum bis 20 (Wiederholung aus der 1. Klasse). Es kann nicht prinzipiell davon ausgegangen werden, dass die Zahlzerlegungen in diesem Zahlenraum schon bei allen Kindern gefestigt sind, immer noch kommt es bei einigen zu Schwierigkeiten. Insbesondere Zehnerübergänge, die in diesen Zahlzerlegungen enthalten sind, stellen zuweilen noch Schwierigkeiten dar.

Zum Abschluss dieser Seite ist eine Wiederholung vorgesehen, bei der Zahlen im Hunderterraum am Zahlenstrahl verortet werden müssen. Möglicherweise benötigen einige Kinder noch die Würfel und sollten die Möglichkeit haben, eine Hunderterreihe mit Würfeln oder mit den Pappstreifen bezie-

hungsweise der Hunderterperlenkette handelnd auszulegen. Zwar ist die Illustration ebenfalls eine Würfelreihe, trotzdem kann es für einige, wenige Kinder noch hilfreich sein, mit dem konkreten Material umzugehen.
18.3 variiert in schwierigerer Form die Aufgaben von **18.1**. Hierbei sind sehr unterschiedliche Zerlegungen möglich, die multiplikativen Zusammenhänge steigern sich im Schwierigkeitsgrad auf dieser Seite.

Sehr wichtig erscheint es uns, dass die Kinder ihre Lösungen miteinander diskutieren, wobei sie für die Argumentation, das heißt zur Darstellung ihrer Lösungsstrategie Hilfslinien einzeichnen sollten. Empfehlenswert erscheint es uns, wenn einige, insbesondere die komplizierteren Aufgaben, hinterher mit unterschiedlichen Strategien an der Tafel besprochen werden. Hierzu eignet sich auch eine Overhead-Folie, auf die mit wasserlöslichen Farbstiften die Zerlegung eingemalt werden kann.

Das Erstellen von Hilfslinien, das skizzenhafte Lösen sollte relativ früh bereits als methodisches Vorgehen Unterrichtsgegenstand sein.
18.4 ist eine Variation insofern, als nicht mehr von den Würfelbauten auf die zugehörige arithmetische Operation geschlossen wird, sondern umgekehrt die arithmetische Operation vorgegeben ist und die Würfelbauten entsprechend einzufärben sind. Es ist eine relativ anspruchsvolle Aufgabenstellung, die das Vorstellungsvermögen der Kinder und das rasche Überblicken fordert. Insbesondere werden bei gleichen Würfelbauten unterschiedliche additive oder multiplikative Zusammenhänge gesehen, so dass die geometrischen Vorgaben jeweils anders strukturiert werden müssen.

Es dürfte für die meisten Kinder notwendig sein, die Würfelbauten in Partnerarbeit nachzubauen und die verschiedenen Aufgaben durch Auseinanderrücken und Zerlegen der Würfelbauten darzustellen. Dieses Auseinan-derrücken und Wiederzusammenfügen der Würfelbauten ist eine die Vorstellungsfähigkeit fördernde Tätigkeit.

Schwierigkeiten treten möglicherweise bei einigen Kindern auf, wenn Vorgänger oder Nachfolger von Zehnerzahlen zu bestimmen sind (Zehnerübergang). Hier helfen Zählübungen (vorwärts/rückwärts) in Einerschritten, aber auch in Sprüngen. Insbesondere das Rückwärtszählen im Hunderterraum mit Zehnerübergang sollte häufiger mit diesen Kindern durchgeführt werden.

Schwierigkeiten treten bei einigen Aufgaben der Seite **18.4** auf, wenn Kinder eine nicht hinreichende Vorstellungsfähigkeit haben, um die Würfelbauten in der Weise zu zerlegen, die den arithmetischen Vorgaben entspricht.

Diese Schwierigkeiten werden meistens durch die Partnerarbeit und das handelnde Zerlegen mit Hilfe des Materials gemildert. Die Kinder sollten aber weiter beobachtet werden.

Nicht alle Aufgaben auf der Seite **18.4** sind eindeutig, das heißt nur mit einer einzigen Lösung bearbeitbar, sondern es kann durchaus verschiedene Lösungen geben. Es sollte aber hinreichend sein, wenn die Kinder eine einzige Zerlegung gefunden haben. Es wird an dieser Stelle nicht auf das Finden sämtlicher Lösungen Wert gelegt.

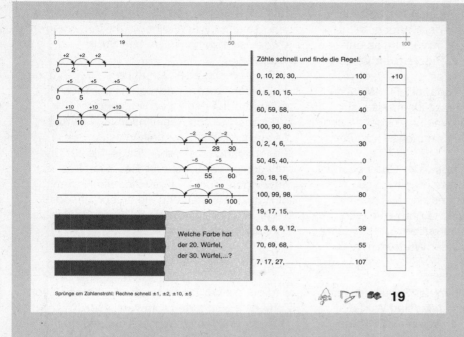

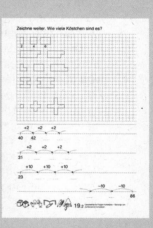

Sprünge am Zahlenstrahl und schnelles
Zählen ±1, ±2, ±5, ±10, Regeln finden
im Zahlenraum und bei Würfelketten.

Für die Würfelreihen werden einige Kinder
noch das Material benötigen, um die Würfelreihen nachzubauen und die entsprechende
Farbe der Würfel zu bestimmen.

Die Stunde sollte mit Kopfrechenaufgaben
beginnen, wobei die Schüler in Sprüngen
zählen sollten: Zehnerreihe, Fünferreihe und
Zweierreihe, vorwärts und rückwärts, wobei
der Start jeweils bei einer Zehnerzahl sein
sollte. Auch andere Reihen sind möglich und
können von einigen Schülern durchgeführt

werden, diese sollten aber dann im Heft
notiert werden. Als Richtlinie sollte gelten,
dass die Kinder eine Reihe in zehn Schritten
durchführen sollten, einige Kinder werden
darüber hinaus gehen und möglicherweise
auch den Hunderterraum überschreiten.
Dieses eigene Explorieren von überschreiten-

den Zahlräumen sollte unterstützt, aber nicht von allen Schülern gefordert werden.

Im Sitzkreis sollte eine Würfelreihe aufgebaut werden mit dem Problem, im Voraus zu bestimmen, welche Farbe der 20. oder 21. Würfel hat, der 30. oder der 50. Wichtig ist hierbei, dass die Kinder wechselweise die Begründung für ihre Vermutung angeben und quasi einen Beweis dafür herleiten (Argumentation).

In Partner- beziehungsweise Gruppenarbeit können die Kinder weitere regelmäßige Würfelreihen erstellen und entsprechend im Voraus bestimmen, welche Farbe die (von ihnen gewählten) Würfel haben. Hierbei dürfte der Schwierigkeitsgrad der Würfelreihen

deutlich variieren. Einige Kinder werden nur sehr einfache Würfelreihen erstellen, andere werden sich an kompliziertere Strukturen heranwagen.

Die Aufgaben der Schulbuchseite, Sprünge am Zahlenstrahl zu machen, sind in das Heft zu übertragen und zu vervollständigen.

Ebenso ist das Regelfinden eine Aufgabe, die zweigeteilt ist: Zum einen sollten die Kinder schnell von der Anfangs- bis zur Endzahl zählen, wobei sie die Regel implizit verwenden. Zum anderen sind die Reihen im Heft zu notieren und die entsprechende Regel in einer zusätzlichen Spalte (analog der Schulbuchseite) zu notieren.

19.1 nimmt die Aufgaben der Schulbuchseite auf und führt sie weiter. Jetzt sind Würfelreihen unterschiedlicher Komplexität vorgegeben. Es wird nicht erwartet, dass sämtliche Schüler die letzten beiden Aufgabenreihen lösen, da es sich hierbei um komplizierte Folgen handelt. Diese Aufgaben sind als Differenzierungsmaßnahme zu betrachten.

Das Vorwärts- und Rückwärtszählen in Sprüngen von einer beliebigen Zahl ab sollte von allen Schülern versucht werden, wobei es insbesondere bei den Zehnersprüngen nicht zu Schwierigkeiten kommen sollte. Als zusätzliche Frage könnte hierbei diskutiert werden, ob im Voraus schon angegeben werden kann, ob eine bestimmte Zahl in der Sprungreihe auftritt: Wenn ich von der 49 in Zweiersprüngen rückwärts gehe, kommt dann die Zahl 27 vor? Oder die Zahl 36? Hierbei

wird auf die gerade-ungerade Eigenschaft von Zahlen im Hunderterraum verwiesen.

19.2 verbindet multiplikative und regelhafte arithmetische Folgen miteinander. Die geometrischen Formen sollen zeichnerisch fortgesetzt werden, gleichzeitig aber auch die Anzahl bestimmt werden, wobei sich Regelhaftigkeiten entdecken lassen.

In Partnerarbeit können weitere geometrische Formen, die sich vergrößern lassen, untersucht werden. Diese Aufgaben sind dann im Heft zu zeichnen und die arithmetischen Folgen, die sich aus den Formen ergeben, zu notieren.

Entsprechend der vorangehenden Übungsseite sind auch hier im unteren Teil wieder Sprünge am Zahlenstrahl zu vollziehen, wobei die Schüler weitere Zahlenstrahlsprünge im Heft notieren sollten.

Schwierigkeiten können sich lediglich bei den komplizierteren Würfelreihen ergeben, die eine komplexe arithmetische Struktur haben. Da diese aber als Differenzierungsaufgaben verwendet werden, treten Probleme lediglich dann auf, wenn leistungsschwächere Schüler sich an ihnen versuchen.

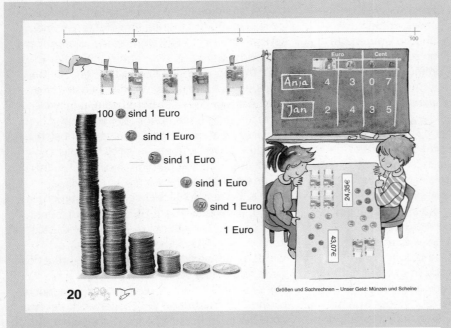

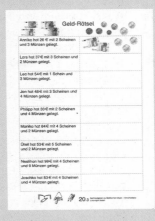

Vertiefender Umgang mit unserem Geld,
Einführung der Kommaschreibweise
bei Preisen, die die Einheiten Euro und Cent
trennt.

Es sollte genügend Spielgeld vorhanden sein,
so dass die Kinder in Einkaufssituationen
oder in Wechselsituationen die einzelnen
Preise und Geldbeträge darstellen können.

Nicht alle Kinder werden allerdings das
Spielgeld benötigen, einige werden aber
erst über das Spiel zu den Zerlegungen
gelangen.

Die Stunde sollte mit einer Kopfrechenphase
beginnen, bei der auch Preise verwendet
werden. Preise können addiert und Restbe-
träge ermittelt werden (Subtraktion).

Anschließend sollten die Kinder versuchen,
bestimmte Beträge mit Euro und Cent in unterschiedlicher Weise zu legen. Hierbei sollten
sie sehr viele verschiedene Varianten ausprobieren, einen bestimmten Betrag darzustellen.

Zwar dürfte es den Kindern keine Schwierigkeiten bereiten, von der DM auf den Euro
überzuwechseln, jetzt gibt es aber keine
5-Euro-Münzen mehr, wie es vorher 5-DM-
Münzen gegeben hat. Dies spielt bei den
Zahlzerlegungen zwar keine Rolle, aber bei
den Textaufgaben, die im Übungsteil folgen.

Die Kinder sollten versuchen, ihre Geldbeträge zu notieren. Hierbei wird es zu unterschiedlichen Darstellungsformen kommen –
getrennt nach Euro und Cent. Verschiedene
Darstellungsformen sind möglich und werden
sicherlich von den Kindern verwendet: 43 Euro

und 7 Cent, wobei das Wörtchen „und" eventuell benutzt wird. Einige Kinder werden aber auch hierauf verzichten, andere werden aufgrund ihrer Kenntnisse von realen Einkaufssituationen auch eine Kommaschreibweise einsetzen. Hierbei ergeben sich aber Probleme, da es den Kindern nicht immer geläufig ist, die Dezimalstellen voneinander zu trennen: Was bedeutet 43,7 gegenüber 43,70 oder 43,07 Euro? Erst durch das Auftreten solcher Unsicherheiten und Vieldeutigkeiten entsteht das Bedürfnis einer standardisierten Schreibweise. Die Kinder sollten dabei versuchen, Widersprüche zu erkennen und erst einmal für sich eine günstige Schreibweise zu finden.

Die genormte Schreibweise muss dann dennoch eingeführt werden, damit von allen Kindern (und den Erwachsenen außerhalb des Klassenzimmers) eine eindeutige Schreibweise verwendet wird. Sie dient der Kommunikation zwischen Personen und natürlich der Auszeichnung von Preisen im Alltag.

Auf eine Schreibweise mit hochgestellten und eventuell unterstrichenen Cents sollte zu diesem Zeitpunkt verzichtet werden, auch wenn die Schüler im Alltag solche Schreibweisen sehen.

Es ist sinnvoll, die dezimale Schreibweise an einer Stellenwerttafel einzuführen, wobei, entsprechend der Schulbuchseite, die Zehner und Einer Euro und die Zehner und Einer Cent in getrennten Spalten notiert werden. Hierbei ergeben sich dann Diskussionsanlässe, wie die Fünfer und Zweier Euro beziehungsweise Cent in die Spalten übertragen werden müssen. Das Bündelungsprinzip ergibt sich dann (fast) von selbst aus den Umtauschsituationen, sollte aber von den Kindern entdeckt und verwendet werden.

Die auf der Schulbuchseite angesprochene Frage, wie viele 1-Cent-Stücke denn 1 Euro sind oder 2-Cent-Stücke, 5-Cent-Stücke etc., kann von den Kindern direkt beantwortet werden; nur wenige Kinder werden hierbei das Spielgeld selbst verwenden müssen.
Der rechte Teil der Schulbuchseite dient noch einmal der Illustration der Stellenwerttafel und dem Bündelungsprinzip, sollte aber nicht als Einstieg verwendet werden. Die Schreibweise, die auf der Stellenwerttafel beruht, sollte von den Kindern selbst entwickelt werden. Führt man die Schulbuchseite zu früh ein, dann verhindert man die Reflexion über mögliche, ungünstige und günstige Schreibweisen.

Die Seite **20.1** kann erst nach einer intensiven Darstellung an der Stellenwerttafel als Übung eingesetzt werden. Es sind Übertragungen von Euro und Cent in die Kommaschreibweise vorzunehmen. Besondere Schwierigkeiten stellen jene Aufgaben dar, bei denen nur einstellige Centwerte angegeben sind und aus diesem Grund eine Kommaschreibweise mit Verwendung der Null gefordert ist. Prinzipiell ist darauf Wert zu legen, dass bei den Cents immer eine zweistellige Notierung erforderlich ist.

Im Bewusstsein der Kinder trennt das Komma die Euro vom Cent, so wie es dann später in der dritten Klasse die Kilogramm von Gramm, die Kilometer von Metern trennt. Das Komma trennt also die Einheiten, ohne dass ihm eine dezimale Bedeutung beigemessen wird. Aus diesem Grunde ist es notwendig, die Cents immer zweistellig zu schreiben, so wie später in der Kommadarstellung Gramm beziehungsweise Meter auch immer dreistellig geschrieben werden.
20.2 thematisiert die Kommaschreibweise, indem nun Euro- und Centbeträge durch Ziffern und mit Worten Euro und Cent bzw. den

Abkürzungen € und ct vorgegeben sind, die mit Komma geschrieben werden sollen. Dabei taucht in zwei Fällen die Angabe 0 Euro auf, die von den Kindern bewältigt werden muss.
20.3 variiert die Tauschsituation, wobei nun Textaufgaben vorgegeben sind. Hierbei handelt es sich um Problemaufgaben, die möglicherweise verschiedene Lösungen haben. Diese sollten von den Kindern gefunden werden. So hat beispielsweise die vorletzte Aufgabe die Möglichkeit, die 99 Euro mit je einem 50- und 20-Euro-Schein, zwei 10-Euro-Scheinen sowie neun 1-Euro-Münzen aber auch mit den genannten Scheinen sowie drei 2-Euro-Münzen und sechs 50-Cent-Münzen zu legen.

Die Seite lässt sich im Heft fortsetzen, indem die Kinder für einzelne Geldbeträge selbst notieren, wie viele Scheine und Münzen sie verwenden und welche unterschiedlichen Möglichkeiten es dafür gibt. Hierbei sollten sie versuchen, Geldbeträge zu finden, die auf drei oder vier verschiedene Weisen darstellbar sind.

Die Kontrolle sollte in Partnerarbeit geschehen, die Aufgaben können die Kinder sich auch wechselweise in Partnerarbeit stellen.

Schwierigkeiten treten an den Stellen auf, wo einstellige Centangaben in eine Kommaschreibweise übertragen werden müssen. Die häufige Fehlform, den einstelligen Centbetrag direkt hinter das Komma zu schreiben, ist hierbei zu beachten und zu korrigieren. Treten bei einzelnen Kindern diese Fehler gehäuft auf, dann ist eine erneute Darstellung an der Stellenwerttafel und eine direkte Übertragung der Schreibweise von dort vorzunehmen.

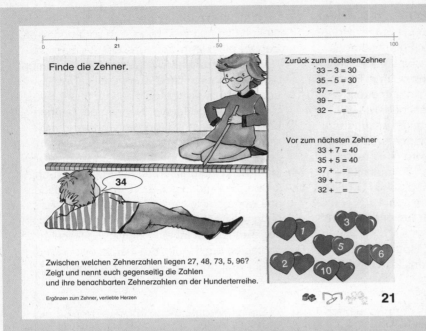

Finde die Zehner.

34

Zwischen welchen Zehnerzahlen liegen 27, 48, 73, 5, 96?
Zeigt und nennt euch gegenseitig die Zahlen
und ihre benachbarten Zehnerzahlen an der Hunderterreihe.

Ergänzen zum Zehner, verliebte Herzen

Zurück zum nächsten Zehner
$33 - 3 = 30$
$35 - 5 = 30$
$37 - \_ = \_$
$39 - \_ = \_$
$32 - \_ = \_$

Vor zum nächsten Zehner
$33 + 7 = 40$
$35 + 5 = 40$
$37 + \_ = \_$
$39 + \_ = \_$
$32 + \_ = \_$

21

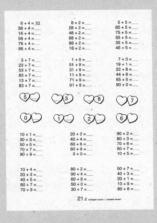

Ergänzungen zum Zehner in beide Richtungen, Wiederholung der „Verliebten Herzen",
Bestimmung des Zehnerintervalls,
in dem eine Zahl liegt.

Es kann für einige Kinder günstig sein, mit den
Würfelreihen oder Pappstreifen als Hunderter-
schlange zu arbeiten, andere Kinder werden
lediglich den Zahlenstrahl verwenden müssen.

Es wird vorgeschlagen, die Stunde mit
einer Schnellrechenphase zu beginnen, wobei
insbesondere die „Verliebten Herzen", das
heißt die Zehnerzerlegung, thematisiert werden sollte.
Das bekannte Problem, Zahlen am
Zahlenstrahl zu verorten, bei dem die
Zehnereinteilung vorgegeben ist, wird hier
variiert und fortgeführt. Die Kinder sollen jetzt
nicht nur die Zahl am Zahlenstrahl bestimmen,
sondern gleichzeitig die Intervallgrenzen,
das heißt die benachbarten Zehnerzahlen,
angeben. Hierbei bietet sich eine Sprechweise
an wie: „Die Zahl 34 liegt zwischen 30 und

40", wobei das Intervall auch gezeigt werden soll. Hierbei ist gleichzeitig mit beiden Händen das Intervall abzugrenzen. Entsprechende vielfältige Übungen sollten für viele Zahlen gemacht werden. Dies kann auch in Form von Kopfrechenaufgaben (am Anfang oder in der Mitte der Stunde) geschehen.

In einem nächsten Schritt ist anzugeben, wie weit man bis zum vorangehenden Zehner zurückgehen muss. Dies wird gleichzeitig symbolisch notiert: Von der 33 muss ich 3 zurückgehen bis zur 30, also $33 - 3 = 30$. In einem weiteren Schritt sollten die „Verliebten Herzen" wiederholt werden und überprüft werden, ob sie automatisiert sind. Schwierigkeiten sollten zu diesem Zeitpunkt bei den Kindern nicht mehr auftreten.

Analog der vorangehenden Aufgabenstellung ist nun die Ergänzung zum nächsten Zehner unter Zuhilfenahme der „Verliebten Herzen" vorzunehmen: Wie weit ist es von der 33 bis zum nächsten Zehner? Gleichzeitig wird das Ergebnis symbolisch notiert: $33 + 7 = 40$.

Dieser Aufgabentyp, Nennen der benachbarten Zehnerzahlen und vorwärts und rückwärts schreiten zu diesen Zehnern, sollte in den folgenden Stunden beziehungsweise variierend und intermittierend bis Ende des Schuljahres am Anfang der Stunden häufig wiederholt werden. Die Kenntnis der Addition beziehungsweise Subtraktion bis zu den angrenzenden Zehnern ist für eine Reihe von Rechenstrategien notwendig, das heißt sie ist notwendig für Aufgaben mit Zehnerüberschreitung.

21.1 greift die Aufgabe aus dem Schulbuch auf, das jeweilige Zehnerintervall zu finden, in dem einzelne Zahlen liegen. Es ist darauf zu achten, dass nicht nur die Zahl notiert wird, sondern dass das gesamte Intervall mit Stiften ausgemalt wird.

Darüber hinaus sollten die Kinder analoge Aufgaben im Heft fortsetzen, wobei sie sich in Partnerarbeit Zahlen nennen können. Die Kontrolle erfolgt ebenfalls über den Partner.

21.2 nimmt die Zehnerzerlegung, das heißt das Prinzip der "Verliebten Herzen", auf und erprobt es an Analogieaufgaben im Zahlenraum bis 100.

21.3 setzt die Aufgaben von **21.2** fort, wobei jetzt zum vorangehenden Zehner zurückgegangen wird. In der Mitte der Seite sind Verdopplungs- und Halbierungsaufgaben vorzunehmen, deren Format den Kindern bekannt ist. Im unteren Teil der Seite sind Subtraktions- und Additionsaufgaben als Umkehraufgaben zu notieren.

Es ist hierauf zu achten, dass der Bogen über den Zahlen mitgezeichnet wird. Es ist der Strategiebogen für die Ergänzungsstrategie bei Subtraktionsaufgaben. Von diesen einfachen Aufgaben ausgehend werden die Kinder später Aufgaben wie $51 - 48$ als Ergänzung rechnen, weil $48 + 3 = 51$ ist. Bei nahe beieinander liegenden Zahlen erweist sich diese Strategie als günstig. Die Schwierigkeit für die Kinder besteht darin, Zahlen als nahe beieinander liegend zu erkennen. Dieser Zahlensinn soll entwickelt werden, damit diese Strategien eingesetzt werden können.

21.4 Nimmt jetzt in veränderter Darstellungsweise das Problem der Nachbarzehner wieder auf. Hierbei müssen die Zahlen, die neben dem Zahlenstrahl stehen, in das Zehnerintervall gezeichnet werden und die jeweiligen Sprünge zum vorangehenden und nachfolgenden Zehner ausgeführt werden. Gleichzeitig sind die „Verliebten Herzen" auszufüllen, die mit dieser Zehnerzerlegung verbunden sind.

Schwierigkeiten sollten bei dieser Seite und den zugehörigen Übungsseiten nicht auftreten. Die Zehnerzerlegung und Zehnerergänzung zum vorangehenden beziehungsweise nachfolgenden Zehner sollte den Kindern geläufig sein. Allerdings ist auf jene Kinder zu achten, die die Zehnerzerlegung („Verliebte Herzen") noch nicht automatisiert haben. Gegebenenfalls sind bei diesen Kindern unter Zuhilfenahme der Finger statische Zehnerzerlegungen durchzuführen und zu automatisieren. In Förderzeiten (durchaus im normalen Unterricht) werden dabei mit Hilfe eines Stiftes, der zwischen die Finger geklemmt

wird, die Zerlegungen von den Kindern schnell erkannt. Das taktile und kinästhetische Moment unterstützt dabei den Lernprozess.

Liegt beispielsweise der Stift zwischen dem Zeigefinger und Mittelfinger der rechten Hand, dann befinden sich links des Stifts 7 Finger, rechts davon 3 Finger. So werden die Aufgaben beziehungsweise Zerlegungen $7 + 3 = 10$, $3 + 7 = 10$, $10 - 7 = 3$, $10 - 3 = 7$ schnell und ohne Zählen und ohne Bewegung der Finger gesehen. Analog lassen sich die anderen Zerlegungen an den beiden Händen zeigen.

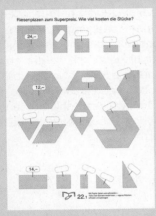

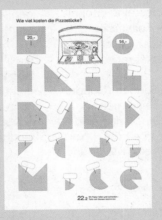

Propädeutik des Flächeninhalts
und des Bruchzahlbegriffs, der über Preise
von Flächenteilen angebahnt wird.

Zur Konstruktion von eigenen Flächen und
Flächenteilen benötigen die Kinder das Heft;
für das Falten einer Zaubertüte benötigen
die Kinder ein DIN-A4-Blatt.

Auch diese Stunde kann mit einer Kopfrechen-
oder Kopfgeometriephase beginnen.

Ausgehend von der Schulbuchseite sollte
anschließend diskutiert werden, wie viel verschieden große Pizzateilstücke kosten, die
von den drei Pizzabäckereien angeboten
werden. Wie sehen etwa die Teilstücke aus,

die 4 € kosten, oder jene, die 6 € kosten?
Es ist hierbei zu beachten, dass die Preise
durchaus schwierig gewählt wurden und einfache Zerlegungen nicht immer möglich sind:
Es kommt zu krummen Preisen.

Die Kinder sollten animiert werden,
mit eigenen Formen zu experimentieren und

unterschiedliche Preise für eine Gesamtform zu erproben und zu bestimmen, wie viel bestimmte Teile dann kosten. Dies sollte im Heft protokolliert werden. Hierbei wird nicht auf die Genauigkeit der Zeichnungen Wert gelegt, sie sollten durchaus skizzenartig ausfallen dürfen. Die Schülerinnen und Schüler müssen sich über die Größe und Präzision ihrer Zeichnungen selbst Gedanken machen. Eventuell müssen sie Nachzeichnen, wenn der Partner die Form nicht gleich erkennt.

Es empfiehlt sich, die Preise der Pizzen auch mit Spielgeld als Verkaufssituation spielen zu lassen.

Am rechten Rand ist eine Faltanleitung für eine Zaubertüte angegeben. Der feinmotorische Aufwand hierfür ist als nicht sehr hoch einzuschätzen, allerdings müssen die Kinder beim Falten sorgfältig vorgehen. Steckt man in die Tüte an der einen Seite etwas hinein und dreht sie dann um, so erscheint auf der anderen Seite eine identisch aussehende Tüte, die allerdings leer ist. Der Zaubertrick muss von viel Gerede und ablenkenden Bewegungen begleitet werden, damit das Umdrehen der Tüte unbemerkt bleibt. Diesen „Zaubertrick" sollte man den Kindern erst vormachen, um ihre Neugierde zu wecken, bevor sie die Zaubertüte selbst erstellen können.

22.1 nimmt das Problem der Flächen und Preise auf. Hier sind bei unterschiedlichen Formen (Quadrat, Sechseck, Rechteck) zu vorgegebenen Preisen die Teilpreise zu bestimmen. Die Aufgabe ist also eine doppelte, sowohl die geometrischen Teilstücke und deren Verhältnis zueinander (Fläche) ist zu bestimmen, als auch die entsprechenden Preise zu errechnen.

22.2 setzt mit schwierigeren Formen (Quadrat und Kreis) beziehungsweise Teilformen diesen Zusammenhang fort. Die Preise sind ebenfalls im Schwierigkeitsgrad erhöht, so dass sich auch „krumme Preise" (2,50 und 17,50) ergeben.

22.3 nimmt die Kaufsituation von Seite 20 erneut auf. Die Geldbeträge von einem Euro und hundert Euro sind in unterschiedliche Anzahlen von Münzen und Scheinen zu zerlegen, wobei die Kinder herausfinden müssen, ob es solche Zerlegungen überhaupt gibt. Die Aufgaben sind nicht immer lösbar, worauf die Kinder hingewiesen werden sollten. Im Heft können die Kinder weitere Zahlzerlegungen erproben und versuchen, in einer Tabelle darzustellen, welche Zahlbeträge sich überhaupt mit drei Scheinen oder Münzen darstellen lassen.

Schwierigkeiten können bei den Pizzapreisen auftreten, die nicht glatt aufgehen. Allerdings sollten zu diesem Zeitpunkt die Kinder wissen, was die Hälfte von 1 Euro ist. Für Kinder, die bei diesen Umrechnungen Probleme aufweisen, sollten Kaufsituationen nachgespielt werden, bei denen krumme Preise vorkommen.

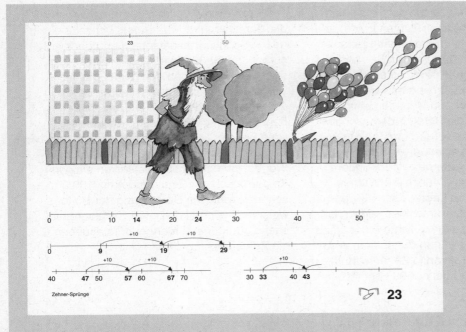

Zehner-Sprünge

Zehnersprünge von beliebigen Zahlen aus
vorwärts und rückwärts machen können.
Entsprechende Darstellungen am Zahlenstrahl
machen und Zehnersprünge in Zahlenfolgen
durchführen.

Zur Fortsetzung der Zahlenfolgen und
zum Konstruieren am Zahlenstrahl benötigen
die Kinder das Heft, wenn aus Differenzierungsgründen zusätzliche Aufgaben durchgeführt werden.

Die Stunde sollte mit einer Kopfrechenphase
beginnen, die die Zehnerreihe beinhaltet,
die Addition und Subtraktion mit glatten Zehnerzahlen (30 + 20, 70 − 30) und die Hunderterzerlegung in Zehner (große „verliebte
Herzen").

Die Kinder erinnern noch aus dem 1. Schuljahr die Figur des Riesen, der nicht wie
der Zwerg Einerschritte macht, sondern sich
in großen Zehnerschritten fortbewegt. Nun
kann der Riese aber bei jeder beliebigen Zahl
beginnen und seine großen Schritte machen.

Wohin kommt er, wenn er bei der 14 startet oder bei der 9, bei welchen Zahlen landet er? Kann er auf jede Zahl kommen, zum Beispiel die 83? Wo muss er dann starten?

Es gibt verschiedene Möglichkeiten, dieses Problem anzugehen: Zum einen werden aufgrund der vorangehenden Übungen einige Kinder sehr schnell die Struktur durchschauen, andere wiederum werden am Zahlenstrahl in Zehnerschritten messen, etwa durch Abtragen einer Zehnerlänge, wieder andere Kinder könnten eventuell noch die Würfeldarstellung zu Hilfe nehmen oder die Pappstreifen (was aber eher unwahrscheinlich ist). Als zweites könnte die Geschichte fortgesetzt werden, dass der Riese nun auf seinem Weg zurück kommt (Subtraktion in Zehnerschritten). Wo landet er, wenn er bei der 98 beginnt?

Einige Kinder werden bemerken, dass die Darstellung auf der Schulbuchseite der des 1. Schuljahres entspricht und dass entsprechend die Markierungen am Lattenzaun strukturell derjenigen der Würfel gleicht.

Darüber hinaus ist das Hochhaus nach oben offen, so dass sich die Anzahl der Fenster nicht genau bestimmen lässt. Wie viele Fenster könnten auf dem Hause sein? Es kommen allerdings nur Zehnerzahlen in Frage, wobei möglicherweise von einigen Kindern auch der Zahlenraum bis 100 überschritten wird. Die Darstellung der Ballons weist noch einmal darauf hin, wie vereinfachend strukturierte Mengendarstellungen für die Zahlerfassung sind.

23.1 nimmt die Geschichte des Riesen auf, wobei jetzt verschiedene Zehnersprünge am Zahlenstrahl durchgeführt werden. Im zweiten Abschnitt werden lediglich die Zahlenfolgen von unterschiedlichen Ausgangszahlen ab notiert. Es ist möglich, dass die Kinder noch weitere Zahlenfolgen beziehungsweise Ausgangszahlen im Heft erproben, dies ist aber nicht zwingend vorgesehen. Im unteren Teil wird der Zahlenraum bis 100 wiederholt, Zahlen werden am Zahlenstrich verortet.

23.2 stellt die Umkehrhandlung dar, indem in Zehnerschritten von verschiedenen Ausgangszahlen aus zurück gegangen wird. Entsprechend sind im zweiten Teil die Zahlen-

folgen von absteigender Art, wobei die Ausgangszahlen variieren. Der letzte Teil der Seite verlangt eine Strukturierung von Zahlenstrahlabschnitten. Hierbei ist jeweils die Mitte von zwei Zahlen anzugeben.

23.3 wiederholt die Zahlzerlegung im Zahlenraum bis 20 beziehungsweise bis 24 und Verdopplungs-/Halbierungsaufgaben ebenfalls im Zahlenraum bis 20. Weitere unterschiedliche Aufgabenformate (Mitte finden am Zahlenstrahl, Wiederholung des Mini-Einmaleins, Zahlverortungen am Zahlenstrahl, Multiplikation mit 10) dienen der Wiederholung. Sie haben auch die Funktion, diagnostisch jene Bereiche zu erfassen, wo einzelne Kinder noch Wiederholungsbedarf besitzen.

Schwierigkeiten sollten bei diesen Übungen nicht auftreten. Möglicherweise haben aber einige Kinder noch Probleme, die Mitte von Zahlenintervallen zu finden, etwa bei der Seite **23.2** die Mitte von 9 und 15. Hier sind dann Übungen in einfacheren, insbesondere mit geraden Zahlen begrenzten Intervallen vorzunehmen.

Richtungsumkehrungen, wie sie in anderen Aufgaben bei Rechts-Links-Diskriminationsschwächen erkennbar sind, sollten bei den Zehnersprüngen allerdings nicht auftreten. Ein solcher Fehlertyp ist extrem selten.

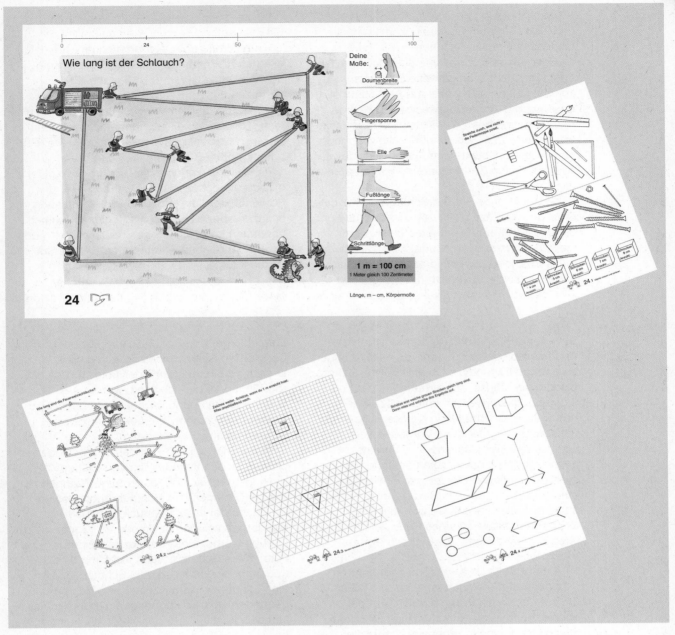

Längenmaße sollen erfasst und Umrechnung von Meter in Zentimeter vorgenommen werden; diverse Objekte werden ausgemessen.

Zentimetermaß, günstigerweise auch ein selbsterstelltes Zentimetermaß als Papierband, das aber nicht bei Null beginnt, sondern bei einer beliebigen krummen Zahl wie zum Beispiel 13. Für die Erstellung weiterer Spirolaterale im Anschluss an **24.3** eignet sich auch

Dreieckspapier (gleichseitige Dreiecke anstelle der Quadrate).

Die Kinder sollten verschiedene Sachen mit eigenen Körpermaßen ausmessen: Daumenbreite, Fingerspanne, Elle, Fußlänge und Schrittlänge. Es wird sich (wie schon in der ersten Klasse) herausstellen, dass die

individuellen Maße sehr unterschiedlich sind und von Kind zu Kind variieren. Den Kindern ist aus der ersten Klasse der Meter vertraut, nun kommt der Zentimeter als neue, verfeinernde Maßeinheit hinzu. Die meisten Kinder werden über ein Lineal verfügen, gegebenenfalls auch über ein Geodreieck, mit dem sie Objekte ausmessen können.

Bevor es aber zum direkten Messen mit dem Lineal beziehungsweise Geodreieck kommt, sollten eine Fülle von Aktivitäten stattfinden und diverse Objekte mit den Körpermaßen ausgemessen werden. Es ist günstig, wenn die Kinder Tabellen über die von ihnen gemessenen Objekte erstellen und die jeweiligen Einheiten (Daumenbreite, Fingerspanne etc.) angeben.

Die Illustration auf der Schulbuchseite dient dazu abzuschätzen, wie lang der Schlauch ist, der von den Feuerwehrleuten bis zu dem kleinen Monster aufgespannt wird. Die Kinder müssen sukzessive addieren, um herauszufinden, dass der Schlauch (Strich) genau 100 cm = 1 m lang ist. Dieser Zusammenhang

(100 cm = 1 m) dürfte den meisten Kindern bekannt sein.

Nun kommt aber das Umrechnen der eigenen Körpermaße in cm als Erweiterung hinzu. Wichtig ist hierbei, dass die Kinder Schätzungen vornehmen über die eigenen Körpermaße. Insbesondere ist (langfristig) zu festigen, dass eine Daumenbreite bei einem Kind ca. 1 cm ist und eine Schrittlänge ca. ein halber Meter (50 cm).

In weiterer Partnerarbeit sollten die Kinder mit „abgebrochenen Linealen" oder mit Papierstreifen, die eine Zentimetereinteilung besitzen aber nicht bei Null beginnen (selbst herstellen lassen!), Längen bestimmen. Die Teillängenbestimmung erfordert die Subtraktion. Meist sind mehrere Messungen notwendig, die zusammen die Gesamtlänge eines Objektes ergeben (wiederholte Addition).

24.1 verlangt von den Kindern das genaue Ausmessen verschiedener Objekte. Sie haben zu entscheiden, ob die Objekte (Stifte, Schere, Geodreieck, Pinsel, Federhalter) in die Federmappe passen oder, im unteren Teil des Bildes, welche Schrauben in welche Schachtel passen. Hier ist genaues Vorgehen und exaktes Anlegen des Lineals gefordert.

24.2 erweitert diese Problemstellung und greift das Feuerwehr-Schlauch-Thema wieder auf. Aneinander gelegte Streckenabschnitte müssen ausgemessen werden, um die Gesamtlänge jeweils eines Feuerwehrschlauches zu bestimmen. Dies sollte in Partnerarbeit geschehen.

Auf der Seite **24.3** werden sogenannte „Spirolaterale" erstellt, wobei es sich hier um sehr einfache Typen handelt. Auf der oberen Hälfte werden rechteckige Streckenabschnitte aneinander gesetzt, wobei die

Längenfolge 1, 1, 2, 2, 3, 3, 4, 4, etc. ist. Auf der unteren Seite handelt es sich um ein Dreiecks-Spirolateral mit der Folge 1, 2, 3 etc. Die Kinder sollten schätzen, wann sie einen Meter erreicht haben, wobei es üblicherweise zu einer Unterschätzung der bezeichneten Längen kommt.

24.4 erfordert von den Kindern, verschiedene Längen zu schätzen und zu vergleichen. Die bekannten optischen Täuschungen können die Schülerinnen und Schüler durchaus verwirren, da der erste Eindruck nicht mit dem Messergebnis übereinstimmt. Die Kinder erleben hierbei, dass dem ersten Eindruck und dem ersten Schätzversuch nicht immer zu trauen ist, sondern dass die Schätzung über eine Länge von dem Kontext, von den umgebenden Objekten abhängt und daher fehlerhaft sein kann.

Probleme treten auf diesen Seiten kaum auf, allerdings kann es zu Messfehlern kommen. Häufig setzen die Kinder das Lineal nicht bei der Nullmarke, sondern am Holzrand an, der aber nicht dem Mess-Null entspricht. Dadurch treten Fehler um einige Millimeter auf.

Wird ein selbst erstelltes Lineal, dass nicht bei Null anfängt, verwendet, dann kann es zu

Fehlern beim Messen kommen, wenn die Subtraktion nicht gelingt.

Auf die Handhabung des Lineals beziehungsweise des Geodreiecks (ungünstiger) sollte intensiv eingegangen werden. Es ist zu kontrollieren (Partnerarbeit!), dass die Handhabung methodisch sauber ist.

Eigene Strategien entwickeln, um Additionsaufgaben zu lösen.

Zur Bearbeitung der Aufgaben in Partner-
oder Gruppenarbeit benötigen die Kinder
Hefte, gegebenenfalls werden einige Kinder
auch das Material verwenden wollen
(Würfel, Pappstreifen).

Es ist wichtig, dass am Anfang der Stunde
keine Kopfrechenaufgaben vorangestellt
werden, da dies möglicherweise bestimmte
Rechenstrategien bei den Kindern nahelegt
und die Vielfalt der Lösungswege daher
unterbindet. Insbesondere sollte in dieser
Stunde nicht die Strategie der „Verliebten
Herzen" von der Lehrperson eingeführt werden oder in den Eingangsaufgaben verwendet
werden. Kopfgeometrie sollte an die Stelle
des Kopfrechnens treten.

Anschließend kann die Schulbuchseite
als Ausgangspunkt dienen. Es werden
verschiedene Situationen behandelt, in

denen eine Addition mit Zehnerübertrag vorkommt.

Waage: Wie groß muss das große Gewicht sein, damit die Waage im Gleichgewicht ist, wenn die kleinen Gewichte 47 und 26 (Gramm, muss aber nicht als Einheit verwendet werden) wiegen?

Würfelreihen: Anja hat 26 Würfel, Tim hat 47 Würfel. Wie viele haben beide zusammen?

Murmeln: Akira hat 47 Murmeln und bekommt von Kim zum Geburtstag noch 26 Murmeln geschenkt. Wie viele Murmeln hat Akira jetzt?

Kaufsituation: Sabine möchte das schnittige Auto für 47 € und den Ball für 26 € kaufen. Wie viel bezahlt sie?

Es können noch weitere Situationen von den Kindern gefunden werden, in denen die Addition von 47+26 auftritt.

Wesentlich ist aber, dass die Kinder zuerst in Partner-, dann Gruppenarbeit geeignete Strategien entwickeln, um diese Additionen mit Zehnerübertrag zu lösen. Die Aufgaben sollten an verschiedene Gruppen verteilt werden. Die wahrscheinlich auftretenden unterschiedlichen und von den Situationen selbst abhängigen Lösungswege sollten in der Klasse diskutiert werden. Wie macht man das bei den Würfeln, wie bekommt man vielleicht ganz anders die Lösung bei dem Waage-Problem?

Die Kinder können noch weitere Aufgaben nach der von ihnen favorisierten Lösungsstrategie bearbeiten und im Heft notieren. Leistungsstärkere Schüler können auch unterschiedliche Strategien bereits an dieser Stelle erproben.

25.1 wiederholt zu Beginn die Strategie der „Verliebten Herzen". Bei den folgenden Aufgaben sollte diese Strategie verwendet werden, das heißt am Zahlenstrahl ist die Zerlegung bis zur 10 zu markieren, dann der Bogen für den restlichen Teil des zweiten Summanden. Es handelt sich jeweils um Additionsaufgaben mit Zehnerübertrag, wobei der zweite Summand einstellig ist. An dieser Stelle ist die Strategie der Zehnerergänzung einzuhalten, auch wenn in der Stunde von den Kindern andere Strategien bevorzugt wurden. **25.2** verlangt von den Kindern, die Nachbarzehner zu finden und die Sprünge dahin zu machen. Es handelt sich um Wiederholungen von Seite **21.3** und **21.4**.

Fehler treten möglicherweise eher bei leistungsstärkeren Schülern ein, die eigene Lösungsstrategien bei dem Übungsteil verwenden und sich nicht an die Strategie der „Verliebten Herzen" halten wollen. Die hier vorgegebene Strategie sollte aber verbindlich für alle Schüler sein.

Schwierigkeiten treten nur bei solchen Schülern auf, die die Zehnerergänzung noch nicht automatisiert haben. Dies ist dann in Einzelübung zu wiederholen. Allerdings dürfte das Problem zu diesem Zeitpunkt nur sehr sehr selten auftreten.

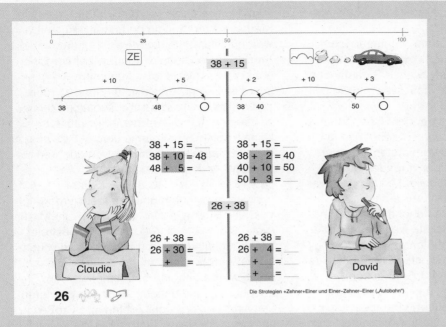

Kennen lernen zweier verschiedener Strategien zur Addition mit Zehnerübertrag; Notieren der Teilschritte dieser Strategien

Um die Aufgaben zu notieren und die Teilschritte zu berechnen benötigen die Kinder das Heft.

Mit aller Wahrscheinlichkeit sind die beiden hier zu behandelnden Strategien bereits bei der letzten Seite von den Kindern selbst entwickelt worden. Die Kinder sollten an dieser Stelle aufgefordert sein, möglichst viele verschiedene Lösungswege für die Aufgabe 38 + 15 zu finden. Während es bei der vorangehenden Seite genügte, eine einzige Lösungsstrategie zu haben, kommt es jetzt darauf an, sehr viele verschiedene Wege zu finden.

Für die Aufgabe 38 + 15 kann dies in einer kurzen Einzelarbeitsphase beginnen, in Partnerarbeit sollten die Kinder dann weitere Strategien zu finden versuchen.

Es bietet sich an, einen Austausch der Strategien über einen doppelten Sitzkreis herbeizuführen, so dass die Kinder die Strategien der anderen im direkten Austausch erfahren. Sämtliche Strategien sollten anschließend gesammelt und an der Tafel dargestellt werden.

Die auf der Schulbuchseite angegebenen Strategien sind:

– Zehner-Einer: der erste Summand bleibt unverändert und vollständig, im ersten Schritt werden die Zehner des zweiten Summanden addiert, dann die Einer des zweiten Summanden und

– Autobahn (oder eine andere Bezeichnung für diese Strategie): zuerst die Ergänzung bis zum nächsten Zehner vom ersten Summanden aus, der auch hier unverändert bleibt, dann die Zehner und schließlich die noch verbleibenden Einer bis zum Ergebnis.

Die Bezeichnung „Autobahn" wurde von einigen Kindern entwickelt, weil diese Strategie sie an das Autobahnfahren erinnert. Die Ergänzung zum nächsten Zehner, ein kleiner Schritt, ist wie die Autobahnauffahrt, dann wird sehr schnell und zügig in einem großen Schritt (die Zehner) vorangeschritten auf der (Zahlen-) Autobahn, während die letzte Addition der noch verbleibenden Einer die Autobahnabfahrt kennzeichnet.

Wichtig ist hierbei, dass die Kinder die Strategien in beiden Darstellungsformen, nämlich am Zahlenstrahl und in der symbolischen Schreibweise in schrittweiser Form, nebeneinander ausführen. Zur leichteren

Identifikation ist diesen beiden Strategien ein Kind, nämlich Claudia und David, zugeordnet worden. Die Kinder können diskutieren, ob die Strategie von Claudia, nämlich Zehner-Einer oder die von David, die „Autobahn" die günstigere ist und ob sie sie verwenden würden.

Es wird bewusst auf die Strategie „Zehner-zu-Zehner – Einer-zu-Einer" verzichtet, da sie keine Kopfrechenstrategie darstellt. Zwar kann auch in einem halbschriftlichen Verfahren die Strategie vorkommen und als

$$38 + 15 -> 30 + 10 = 40, 8 + 5 = 13, 40 + 13 = 53$$

von einigen Kindern angewendet werden.

Diese Strategie wird aber nicht vom MATHE-MATIKUS unterstützt. Sie hat den unbestreitbaren Vorteil, direkt und zügig auf die schriftlichen Verfahren hinzuführen, indem die Stellenwerte getrennt betrachtet werden. Sie hat aber ebenso unbestreitbar den gravierenden Nachteil, dass die Zahlen ihre Größe verlieren, indem sie in Ziffernreihen aufgespalten werden, dass Abschätzungen von den Kindern nicht mehr vorgenommen werden, und dass es ein Verfahren ist, dass in hohem Maße das kindliche Gedächtnis fordert und meist überfordert (vergleiche auch die allgemeinen didaktischen Hinweise in diesem Handbuch).

26.1 behandelt eine Fülle von Additionsaufgaben, die möglichst schnell gerechnet werden sollen. Der Beginn mit glatten Zehnerzahlen plus einer Einerzahl dürfte recht leicht sein, in der dritten Reihe sind allerdings sogenannte „Distraktoren" eingebaut, das heißt Aufgaben die statt der Addition die Subtraktion beinhalten, aber häufig von Kindern aufgrund des vorgesetzten Schemas als Addition weitergerechnet werden. Reihe 4 beinhaltet Ergänzungsaufgaben zum nächsten Zehner, hierbei sind allerdings ebenfalls sowohl Distraktoren als auch ein Fehler eingebaut, der von den Kindern gefunden werden sollte (35 + ... = 30). Das gleiche gilt für die fünfte Reihe (25 + ... = 20). Die letzten beiden Päckchenreihen stellen Ergänzungsaufgaben dar, die von den Kindern zum Teil schon automatisch behandelt werden, zum Teil die Ergänzung zum Zehner und dann darüber hinaus

beinhalten. Diese Aufgaben sollten als Differenzierung angesehen werden, da noch einige Kinder zu diesem Zeitpunkt damit Schwierigkeiten haben dürften.

26.2 behandelt die Strategie „Zehner-Einer", die auch am Zahlenstrahl dargestellt werden sollte.

26.3 beinhaltet die Strategie der „Autobahn", die ebenfalls am Zahlenstrahl dargestellt werden sollte.

Bei beiden Arbeitsblättern (**26.2** und **26.3**) ist darauf zu achten, dass die Lösung der Addition, das heißt der Ort, wo der letzte Bogen endet, umkreist werden soll. Dies sollte weiterhin prinzipiell von den Kindern vorgenommen werden, da bei anderen Strategien möglicherweise die Lösung über dem Bogen steht. Dies ist zum Beispiel bei Ergänzungsaufgaben der Fall, die den Kindern aus der ersten Klasse bereits bekannt sind.

Bei den Arbeitsblättern **26.2** und **26.3** soll immer die gleiche Strategie verwendet werden. Es kann vorkommen, dass Kinder sich nur für eine Strategie entscheiden und die andere überhaupt nicht anwenden wollen.

Dies muss nicht auf Schwierigkeiten hindeuten, auch wenn im Sinne des Arbeits-

blattes die Aufgaben nicht richtig gelöst wurden. Es kann zwar einerseits auf eine Unsicherheit hindeuten, es kann aber durchaus auch daran liegen, dass das Kind sich bei der Strategien bewusst ist und auch beide anzuwenden wüsste, aber sich bereits für eine entschieden hat.

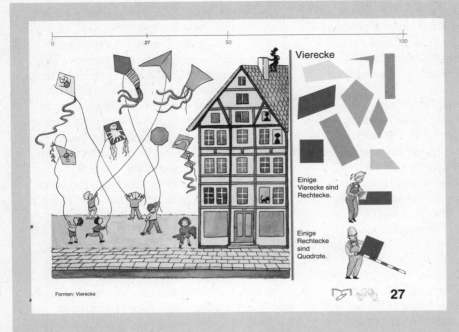

Formen: Vierecke

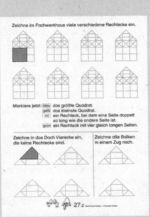

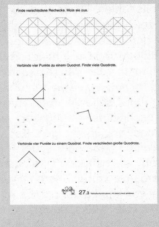

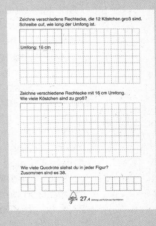

Verschiedene Vierecksformen kennen lernen und in der Umwelt aufspüren; Klassen-inklusionen erkennen: Einige Vierecke sind Rechtecke, einige Rechtecke sind Quadrate.

(Einige Drachen sind Quadrate; dies sollte aber nicht thematisiert werden, wenn es nicht von den Kindern selbst als Problem aufgeworfen wird.)

Für die Arbeit können die Kinder das Heft verwenden, um weitere Vierecke zu finden oder Konstruktionen entsprechend der Übungsseite **27.2** zu machen, die sie in Partnerarbeit durchführen.

Die Stunde sollte mit einer Kopfgeometrie-phase beginnen, um die Kinder auf die Thematik einzustimmen.

Als Ausgangspunkt der Vierecksuntersuchungen kann die Schulbuchseite dienen. Die Illustration beinhaltet eine Fülle unter-schiedlicher Vierecke und weiterer Formen, die die Kinder voneinander unterscheiden sollen. Bei den Fenstern gibt es als Teilvierecke unterschiedliche Formen. Aufgabe der Kinder ist es, möglichst viele verschiedene Vierecke zu finden und diese eventuell in das Heft zu übertragen. Die Kinder sollten versuchen, die von ihnen gefundenen Rechtecke vor allem am Haus zu beschreiben:

Welche Form haben die Vierecke, sind die Seiten gleich lang, finde ich am Haus verschiedene Vierecke?

Sind die Drachen auch Vierecke? Ist eine Figur, die über vier Ecken verfügt aber gebogene Linien hat, auch ein Viereck?

Es geht hier nicht um eine mathematisch saubere Definition, die von den Kindern entwickelt werden muss, sondern um Eigenschaften von Vierecken. Einige von den angegebenen Vierecken sind Parallelogramme, andere Drachen, einige Rechtecke beziehungsweise Quadrate.

Bei der Beschreibung der Vierecke kommt es häufig vor, dass die Quadrate nicht auch als Rechtecke (oder Drachen) angesehen werden. Die Eigenschaften der Vierecke sind herauszuarbeiten. Da die Kinder nicht über die Begriffe „senkrecht" oder „parallel" verfügen, müssen sie sich üblicherweise mit anderen Formulierungen behelfen. Wesentlich ist aber, dass die Begriffe, nicht die Worte (!) thematisiert werden. Wenn es nicht von den Kindern selbst diskutiert wird, dann sollte die Frage, ob ein Quadrat auch ein Rechteck ist, durchaus von der Lehrperson aufgeworfen werden.

27.1 verlangt von den Kindern, mit der Illustration der Schulbuchseite 27 zu arbeiten. Es sind verschiedene Ausschnitte aus der Illustration „unter der Lupe" zu sehen, wobei aber einige Details fehlen. Diese sind von den Kindern nachzuzeichnen. Die hier geforderte Fähigkeit ist die der visuellen Diskrimination und der Figur-Hintergrund-Diskrimination. Es müssen bestimmte Teile des Bildes in den Vordergrund treten, damit sie von den anderen, dem Hintergrund, isoliert werden können.

Im unteren Abschnitt der Übungsseite sind Zahlen am Zahlenstrahl einzutragen. Es handelt sich um eine Wiederholung der Aufgabe „Mitte finden", die hilft, den vorstellungsmäßigen Zahlenraum zu strukturieren. Diese Aufgaben sind etwas komplexer als die vorangehenden auf Seite 23.3, nehmen aber thematisch den gleichen Inhalt wieder auf.

27.2 ist ebenfalls eine Aufgabensammlung zur Figur-Hintergrund-Unterscheidung. Die Kinder sollten verschiedene Rechtecke in das Fachwerkhaus eintragen, wobei es nicht nur um Quadrate gehen sollte. Die Kinder sind weiterhin aufgefordert, dass größte und kleinste Quadrat anzumalen, ebenso ein Rechteck, bei dem eine Seite doppelt so lang ist wie die andere. Hierbei gibt es verschiedene Möglichkeiten, denn die Lage dieser Rechtecke kann sehr unterschiedlich ausfallen, ebenso bei den Quadraten. Die Aufgabe, ein Rechteck mit vier gleich langen Seiten zu finden, soll die Kinder dazu anregen, diese Eigenschaft weiter zu diskutieren und festzustellen, dass es sich dann hierbei um ein Quadrat handelt. Das heißt, unterschiedliche „Definitionen" für ein Viereck mit vier rechten Winkeln und vier gleich langen Seiten beziehungsweise entsprechende Wortgebungen sind möglich. In der unteren Hälfte sollte die Betonung auf Vierecken liegen, die keine Rechtecke sind. Die letzte Aufgabe verlangt von den Schülern, dass vorgegebene Dach in einem Zug zu zeichnen, wobei sie zwei verschiedene Lösungen finden sollten. Dies erfordert von den Kindern, dass sie ihren Ausgangs- und Endpunkt jeweils markieren.

27.3 nimmt die Thematik der unterschiedlichen Rechtecke auf und führt sie weiter. An der oberen Achteckreihe sind unterschiedliche Rechtecke zu finden, es dürfte allerdings den Kindern kaum gelingen, sämtliche Rechtecke anzumalen. Eine Frage könnte auch sein: Wie viele Rechtecke gibt es?

Auch bei den Aufgaben in der Mitte der Seite sind vier Punkte zu einem Quadrat zu verbinden. Die Schüler sollten versuchen, dies mit dem Lineal oder dem Geodreieck zu machen, und nachprüfen, ob es sich wirklich um Quadrate handelt: Winkel überprüfen und ausmessen! Auch hier wird nicht erwartet, dass sämtliche Quadrate gefunden werden, bei einigen kommt die Schwierigkeit hinzu, dass mehrere Punkte auf einer Geraden liegen und sich so ineinander verschachtelte Quadrate ergeben. Quadrate zu finden ist auch Gegenstand der unteren Aufgaben, die ebenfalls in Partnerarbeit gelöst werden sollten. Die Kinder sollten insbesondere verschieden große Quadrate finden.

27.4 verbindet Umfang und Flächeninhalt von Rechtecken miteinander. Die Kinder sollten unterschiedliche Rechtecke zeichnen, die jeweils 12 Kästchen groß sind und notieren, wie groß der Umfang ist.

Die umgekehrte Aufgabenstellung ergibt sich im zweiten Teil, wo der Umfang eines Rechtecks vorgegeben ist, aber verschieden große Rechtecke gezeichnet werden sollten. Die letzte Aufgabenreihe, die Bestimmung der Quadratanzahlen in den Figuren, ist etwas für kleine Forscher, da es sich hierbei um ein kombinatorisches Problem handelt. Systematisches Vorgehen ist von den forschenden Schülern gefordert um sicherzustellen, dass man sämtliche Quadrate gefunden hat.

Schwierigkeiten können einige Schüler bei der Unterscheidung zwischen Fläche und Umfang haben, auch wenn das Wort Fläche nicht verwendet wird. „Fläche" bedeutet hierbei die Anzahl von Kästchen/Quadraten, die eine Figur ausfüllen. Aber einigen Schülern könnte der Begriff Umfang noch nicht plausibel sein und mit Kästchenanzahl = Fläche verwechselt werden (es geht nicht um die Kenntnis des Wortes „Umfang").

Darüber hinaus können Fehler bei unsachgemäßer Handhabung des Lineals aufreten, so dass zwei Punkte nicht exakt mit dem Strich verbunden wérden und sich dadurch „Quadrate" ergeben, deren Eckpunkte kein Quadrat bilden.

Es ist darauf zu achten, dass die Kinder möglichst mit einem spitzen Bleistift und hinreichend exakt arbeiten. Der Umgang mit dem Lineal erfordert eine gewisse feinmotorische Beherrschung, bei der einige Kinder, häufig Jungen, noch nicht zufriedenstellende Ergebnisse aufweisen.

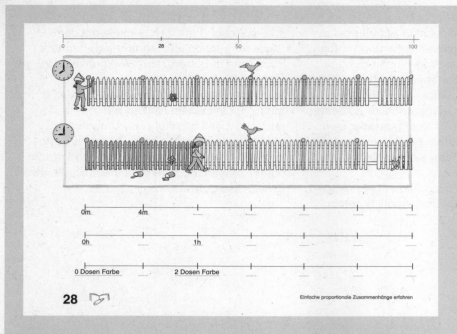

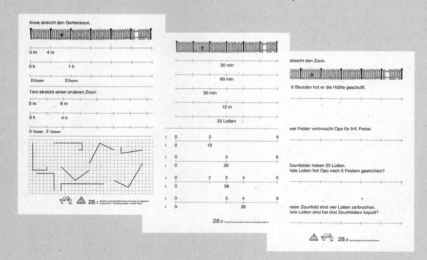

Erfahrungen im Umgang mit proportionalen Beziehungen sammeln; Übertragen proportionaler Beziehungen auf den Zahlenstrahl, Vorbereitung des doppelten Zahlenstrahls.

Für die Übertragung aus dem Schulbuch wird das Heft benötigt.

Die Stunde sollte mit einer Kopfrechenphase beginnen, die insbesondere Verdoppelungen und Halbierungen beinhaltet.

Anschließend wird die Geschichte von Anne erzählt, die einen Gartenzaun streicht. Für das Streichen von acht Metern benötigt Anne eine Stunde und verbraucht dabei zwei Dosen Farbe. Können wir schon im Voraus bestimmen, wie lange sie für zwölf Meter, sechzehn Meter, vierundzwanzig Meter benötigt? Können wir auch schon im Voraus sagen, wie viele Dosen Farbe sie jeweils für diese Längen brauchen würde?

Wie wäre es denn, wenn der Vater schneller arbeiten kann als Anne und für die acht Meter nur eine halbe Stunde braucht? Wie viele Dosen Farbe braucht er dann? (Natürlich genauso viel wie Anne, da es von der Zeit unabhängig ist.) Bei diesen Aufgaben sollten die Kinder mit unterschiedlichen Beziehungen experimentieren, sich Geschichten und Personen ausdenken, die unterschiedlich lange für die Arbeit benötigen. Man könnte auch eine Variante einführen, bei der der Großvater im Supermarkt eine besonders streichfähige Farbe findet, so dass er sechs Meter des Zaunes mit einer Dose streichen kann. Wie verändern sich jetzt die Beziehungen, können wir immer noch etwas voraussagen?

Auf **28.1** sind proportionale Beziehungen unterschiedlicher Art vorgegeben. Die Kinder sind gefordert, die Zahlen am Zahlenstrahl für die Länge des Zaunes, die benötigte Zeit und die Anzahl der Dosen, die zum Streichen verwendet werden, jeweils einzutragen. Sowohl bei diesem Zaun als auch bei der Illustration im Schulbuch könnte eine Diskussion darüber entstehen, ob die fehlenden Latten im Zaun mitgestrichen werden müssen oder in welcher günstigen Weise man sie vielleicht abziehen kann. Leistungsstarke Kinder könnten hierbei gefordert sein, sich Zeitverkürzungen auszudenken, für die anderen wird es ein schlichter linearer Zusammenhang. Der Aspekt der Zeitverkürzung durch die zwei fehlenden Latten stellt allerdings ein Problem dar, das nur annäherungsweise gelöst werden könnte.

Im unteren Teil des Übungsblattes müssen die Kinder Rechtecke konstruieren, bei denen Teile bereits vorgegeben sind. Hierbei sind unterschiedliche Lösungswege denkbar. So können Kinder durch Abzählen der Kästchen zu dem gesuchten Eckpunkt gelangen, sie können mit dem Geodreieck hantieren und die Seitenlängen der Rechtecke ausmessen. Es ist hierbei zu beachten, dass eine Figur sich nicht zu einem Rechteck ergänzen kann, da die Ausgangsfigur einen nicht-rechten Winkel besitzt.

28.2 vertieft das Moment der proportionalen Beziehungen. Hierbei ist in den ersten fünf Zahlenstrahlen jeweils nur die Zahl einzutragen. Es ist darauf zu achten, dass die Einheit (min, m, Latten) nicht unbedingt mitnotiert werden muss. An dieser Stelle besteht keine Notwendigkeit, ein schematisches Vorgehen und konstantes Mitschreiben der Einheiten einzuführen. Das wird an anderer Stelle geschehen. Im unteren Teil des Übungsblattes wird der doppelte Zahlenstrahl eingeführt, bei dem die Kinder die Übertragungen und Benennungen sowohl oberhalb als auch unterhalb des Zahlenstrahles vornehmen müssen. Er dient dazu, gleichzeitige Abhängigkeiten zu notieren, und zielt langfristig auf proportionale Beziehungen zweier Faktoren ab (Zeitdauer und Dosenverbrauch), die von einer dritten Variable (Lattenzahl beziehungsweise Länge) abhängig sind.

28.3 variiert die Situation des Zaunstreichens, wobei hier das Problem als Text vorliegt, die Kinder müssen also aus dem Text Übertragungen in die zeichnerische und eventuell rechnerische Form vornehmen. Die Kinder können und sollten versuchen, ihre Antworten unterhalb des Zahlenstrahles zu notieren und als Text wiederum zu schreiben. Die Kinder sollten sich zudem weitere Aufgaben in Partnerarbeit überlegen und gegenseitig stellen, wobei sowohl die Übertragung auf den Zahlenstrahl als auch die Antwort als Text notwendig sind.

Die Übertragung auf den Zahlenstrahl ist den meisten Kindern bekannt, so dass hierbei Fehler eigentlich nur in zweierlei Hinsicht auftreten können:

Die Zahlen sind zu schwierig und die Übertragung auf die Einheiten gelingt deshalb bei komplizierten Zusammenhängen nicht. So ist etwa die Übertragung von 33 Latten auf die anderen Einheiten möglicherweise schwierig. Zudem kommt es in der unteren Reihe bei der Übertragung „Dosen zu Latten" einmal zu der Beziehung 3 Dosen für 36 Latten und das andere Mal 4 Dosen auf 36 Latten. Dabei kann es bei wenigen Kindern zu Irritationen kommen.

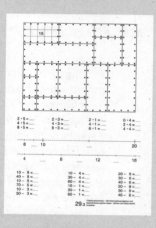

Entwicklung verschiedener und individueller Subtraktionsstrategien für Aufgaben mit Zehnerübertrag.

Möglicherweise benötigen die Kinder noch das Material (Würfel, Pappstreifen), um diese Subtraktionen auszuführen; empfehlenswert ist darüber hinaus das Heft für das

Erproben der gefundenen Strategien bei anderen, selbst gestellten Aufgaben.

Die Stunde sollte mit einer Kopfrechenphase beginnen, die die Addition und insbesondere die Subtraktion ohne Zehnerübertrag, günstigerweise mit einstelligem Subtrahenden, zum Gegenstand hat.

Anschließend sollten die Kinder in vier Gruppen die verschiedenen Situationen, die auf der Schulbuchseite dargestellt sind behandeln. Wichtig ist hierbei, dass die Kinder verschiedene Lösungswege versuchen und innerhalb der Gruppen die für dieses Problem nach ihrer Meinung angemessenste Strategie zu beschreiben versuchen.

– Waage: Wie schwer ist das unbeschriftete Gewicht, damit die Waage im Gleichgewicht bleibt? Hier wird sehr häufig von den Kindern eine Ergänzungsstrategie verwendet, das heißt, es wird versucht von der 28 bis zur 63 aufzuaddieren.

– Absägen eines Brettes: Hier sind beide Brettlängen bekannt, das Brett ist insgesamt 63 cm lang, ein 28 cm langes Stück wird abgesägt. Hierbei wird von den Kindern sehr häufig eine Subtraktionsstrategie, das heißt ein Abziehen, verwendet, wobei unterschiedliche Strategien (Zehner/Einer oder „Autobahn") zur Anwendung kommen.

– Murmelverkauf: Von den 63 Murmeln im Glas kauft das Kind 28. Wie viele Murmeln verbleiben noch im Glas? Auch hier sind unterschiedliche Lösungsstrategien von den Kindern zu beobachten.

– Kaufsituation: Artur kauft den Hampelmann für 28 Euro, er hat aber 63 Euro in seinem Portmonee. Wie viel Geld verbleibt ihm nach dem Kauf noch? Auch hier wird häufig eine Strategie der Zehner/Einer verwendet oder es wird die Strategie verwendet, dass von den 60 Euro 20 ausgegeben werden, so dass 40 verbleiben, die restlichen 8 werden dann mit

Zehnerüberschreitung gemacht, zuerst die 3 einzelnen Euro, die noch im Portemonnaie sind, dann noch weitere 5 von den verbleibenden 40 Euro, das heißt eine Strategie, die nahe an den Geldscheinen ist und das Wechseln und Tauschen berücksichtigt.

Hauptgegenstand sollte sein, die verschiedenen Lösungsstrategien in ihrer Angemessenheit auf die Situation zu überprüfen und zu bewerten. Es kann sich herausstellen, dass einige Kinder bei sämtlichen Situationen die gleiche Strategie verwenden, andere werden durchaus verschiedene Strategien zum Einsatz bringen wollen.

Es sollte zu diesem Zeitpunkt noch keine Bewertung durch die Lehrerin erfolgen, die Kinder sollten vorab Erfahrungen sammeln, ausprobieren und auf unterschiedlichen Wegen die gleiche Aufgabe rechnen.

In Einzelarbeit sollten sie dann versuchen, die von ihnen gefundenen und in der Klasse diskutierten Lösungswege an anderen Aufgabenstellungen zu erproben. Die Aufgabenstellung selbst ist den Kindern überlassen. Häufig kommt es dann allerdings zu Aufgaben ohne Zehnerübertrag, wobei das nicht unbedingt unterbunden werden sollte.

29.1 erfordert von den Kindern, die Strategie der „Verliebten Herzen", das heißt es wird schrittweise von dem Minuenden zurück gegangen, im ersten Schritt bis zum vorangehenden Zehner, dann den Rest. Es handelt sich sämtlich um Aufgaben mit einstelligen Subtrahenden.

29.2 verlangt von den Kindern schnelles Rechnen, anfangs bei einfachen Subtraktionsaufgaben, dann wieder mit Distraktoren, das heißt das Schema unterbrechenden Additionsaufgaben. Auch auf dieser Seite befinden sich wieder Fehler: so lässt sich zum Beispiel die Aufgabe 78 - ..... = 80 nicht lösen, ebenso nicht 34 - ..... = 58 oder 93 - ..... = 97. Die Fehler sind von den Schülern zu finden, gegebenenfalls werden sie von ihnen auch zu Additionsaufgaben korrigiert.

29.3 ist eine Wiederholung des Mini-Einmaleins, wobei sich die Kinder bei der Berechnung der Flächen Hilfslinien eintragen können, um sich so die Aufgabe zu vereinfachen und zu strukturieren. Häufig führt dies allerdings zum

Zählen, das aber lediglich beobachtet werden sollte. Es kann nicht davon ausgegangen werden, dass sämtliche Kinder bereits über die hier geforderten Einmaleins-Sätze verfügen und sie automatisiert hätten. Sie können aber auch durch schrittweise Addition zu den Ergebnissen gelangen. Die Lehrperson sollte die von den Kindern verwendeten, sicherlich sehr unterschiedlichen Strategien beobachten. Im zweiten Teil sind die Multiplikationsaufgaben in symbolischer Form vorgegeben, die von den Kindern zu berechnen sind. Es handelt sich um einfache Aufgaben der Fünfer-, Dreier- und Viererreihe. Die Aufgaben am Zahlenstrahl sind Wiederholungen, die jeweiligen Mitten zwischen Zahlen sind zu finden. Im zweiten Fall handelt es sich um einfache Schritte in Zweiersprüngen. Der letzte Abschnitt sollte wieder möglichst schnell gerechnet werden, es handelt sich um einfache Subtraktionsaufgaben mit einstelligem Subtrahenden und Zehnerzahlen als Minuenden.

Die Kinder sollten bei diesen Aufgaben keine Schwierigkeiten haben. Allerdings benötigen jene Kinder länger, die noch zählende Rechner sind und die Zehnerzerlegung noch nicht automatisiert haben. Auch hier dürfte es sich um einen sehr geringen Anteil handeln.

Diese Kinder sind aber intensiv zu beobachten, um zu diagnostizieren, ob basale kognitive Störungen vorhanden sind. Die bisher erworbene Erfahrung mit Zahlen und Zahlbeziehungen sollte das zählende Rechnen inzwischen ablösen.

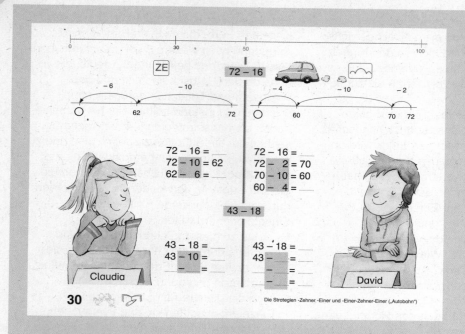

Die Strategien -Zehner, -Einer und -Einer-Zehner-Einer ("Autobahn")

Es werden die beiden Subtraktionsstrategien „Zehner-Einer" und „Einer-Zehner-Einer" („Autobahn") eingeführt.

Möglicherweise benötigen die Kinder noch das Material für diese Subtraktionsaufgaben, wahrscheinlich aber nur zu einem sehr geringen Teil.

Diese Schulbuchseite dient der Einführung der beiden Rechenstrategien, die den Kindern bereits von der Addition her bekannt sind. Aus diesem Grunde sollte auch das Vorgehen in ähnlicher Weise sein, wobei auch jetzt wieder die Vielzahl verschiedener Strategien und Rechenwege, die jedes einzelne Kind finden und notieren sollte, im Vordergrund steht. Die Aufgabe besteht für die Schüler also darin, sich möglichst viele verschiedene Lösungswege auszudenken, wie man diese Aufgabe rechnen könnte. Die meisten werden die Kinder bereits in den vorangehenden Stunden selbst entwickelt haben. Haben sich die

Kinder in Einzelarbeit Strategien ausgedacht, dann empfiehlt sich wieder der Doppelstuhlkreis, in dem die Kinder sich wechselseitig die verwendete Strategie erklären und vom anderen wiederholen lassen, um sicher zu stellen, dass sie vom Partner verstanden wurden. Er soll beide Strategien ja dann einem dritten Kind erzählen.

Wesentlich ist hierbei, dass die Kinder im Heft an verschiedenen Aufgaben die Lösungswege sowohl am Zahlenstrahl als auch in symbolischer Form notieren. Dieses halbschriftliche Notieren ist insbesondere bei der Subtraktion hilfreich, um klassische Fehlertypen zu verhindern.

Die Strategie „Zehner zu Zehner und Einer zu Einer", die in einigen anderen Schulbüchern propagiert und geübt wird, erscheint uns nicht sehr vorteilhaft (siehe den Kommentar zu die-

ser Strategie bei der Addition für Seite 26). Diese Strategie kann für die Addition noch möglich sein, wenngleich sie auch einen hohen Gedächtnisaufwand erfordert. Bei der Aufgabe 38 + 15 von Seite 26 ließe sich rechnen „30 + 10 und 8 + 5, also 40 + 13 = 53". Diese Strategie versagt aber bei der Subtraktion, da die Kinder dann häufig rechnen 70 - 10 = 60, 2 - 6 = 4, Ergebnis 64. Dieser sehr häufige Fehlertyp, der dann auch bei der schriftlichen Subtraktion in Klasse 3 zu beobachten ist, kann bei den hier vorgeschlagenen Strategien nicht auftreten. Die nicht günstige Strategie „Zehner zu Zehner, Einer zu Einer" dient bestenfalls dazu, die schriftliche Addition und Subtraktion, die ja spaltenweise vorgeht, vorzubereiten. Sie entspricht aber keineswegs den Denkweisen der Kinder, und es gibt auch kaum Erwachsene, die in dieser Form rechnen.

30.1 behandelt analog zur Addition die Strategie „Zehner-Einer", die auch am Zahlenstrahl dargestellt werden soll.

Auf Seite **30.2** soll nun wiederum in Analogie zur Addition die „Autobahn"-Strategie für die Subtraktion von allen Kindern erprobt und am Zahlenstrahl visualisiert weden.

Gerade rechenschwachen Kindern wird von Seiten der Eltern dadurch geholfen, dass die schriftlichen Verfahren vor den halbschriftlichen, kopfrechennahen Strategien erklärt werden. Die Kinder rechnen dann mit der für das Verstehen von Zahlbeziehungen weniger günstigen Strategie und sie schreiben zum Teil sogar die Zahlen „in erwachsener Weise" untereinander. Auch wenn sie häufig stolz darauf sind, wie Erwachsene rechnen zu können, so steht diese Strategie doch dem Kopfrechnen und damit dem Aufbau von Zahlbeziehungen entgegen. Das spaltenweise Zerlegen der Zahlen zerstört sie, es belässt die Zahlen nicht als Ganzheiten, mit denen man im Kopf operiert. Aus diesem Grunde sollte auch bei leistungsschwächeren Kindern darauf geach-

tet werden, dass diese Strategie nicht zur Anwendung kommt.

Die schriftlichen Verfahren, die dann in den höheren Klassen entwickelt werden, bedürfen intensivster Erfahrung im Umgang mit Zahlbeziehungen, weil sie sonst zu sinnlosen Automatismen verkommen. Gerade rechenschwächere Kinder flüchten sich in die schriftlichen Verfahren, weil sie bei diesen spaltenweise rechnen und die Zahlengrößen keine Rolle spielen. Sie dürfen weiterhin zählende Rechner sein: In jeder einzelnen Spalte wird der Zahlenraum bis 20 nicht überschritten, und diesen beherrschen auch rechenschwache Kinder durch schnelles Zählen.

Ein Weg zum Hunderterfeld: Die Geschichte der Königin

31

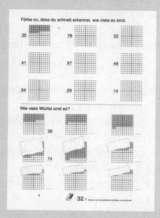

Bündelungen; Vorbereitung des Hunderterfeldes (nicht der Hundertertafel, in der einzelne Zahlen stehen); Vorbereitung eines Begriffs der dekadischen Struktur unseres Zahlsystems.

Die Kinder benötigen für die Gruppenarbeit die Würfel, es sollten möglichst alle Würfel der Kindern verwendet werden.

Es wird die Geschichte der Königin erzählt, die einen Schatz von Goldtalern hat:
Die Würfel, die im Sitzkreis in der Mitte liegen (in der Größenordnung von 50 bis 100).
Die Lehrerin (Königin) hat einen großen Haufen von Würfeln und möchte gerne wissen, wie viele dieser Goldstücke sie nun wirklich besitzt. Sie bittet die Kinder, dies herauszufinden. Die Kinder werden keine andere Möglichkeit haben, als die Würfel zu zählen, was eine recht mühsame Angelegenheit sein dürfte.

Die Geschichte fährt fort: Am nächsten Tag kommen die Bürger des kleinen Königreiches und liefern ihre Steuern in Form von weiteren Goldstücken ab: Neue Würfel kommen hinzu.

Aber die Königin gibt auch Geld aus, sie kauft etwas von den Tuchhändlern, sie kauft Gewürze und bezahlt ihren Hofstaat: Einige Goldstücke verschwinden wieder. (Die jeweiligen Anzahlen sind für die Kinder nicht sichtbar, die Handlung passiert sehr schnell und hinter dem Rücken der Lehrerin.)

„Wie viele sind es jetzt?" fragt sich die Königin, "ich möchte unbedingt wissen, wie viel Geld ich jetzt habe."

Wieder müssen die Kinder den Haufen von Goldstücken zählen, es bleibt ihnen keine andere Möglichkeit. Dies erscheint der Königin so mühsam, sie möchte nicht jeden Abend ihre Goldstücke einzeln zählen müssen, sie möchte das viel einfacher haben. Sie beauftragt ihre Ingenieure, eine Schatzkiste zu konstruieren, so dass sie auf einen Blick sofort sehen kann, wie viele Goldstücke in der Kiste sind.

Mit diesem Auftrag endet die Geschichte, und der Auftrag wird an die Kinder weitergegeben. In Gruppen sollten sie eine Schatztruhe konstruieren, bei der die Königin sofort, auf einen Blick oder zumindest ganz schnell sehen kann, um wie viele Goldstücke sie reicher oder ärmer geworden ist und wie viele sie jetzt noch besitzt. Die Kinder werden unterschiedliche Vorschläge machen, sie werden aber in der Regel auf etwas Ähnliches wie das Hunderterfeld kommen, das heißt Reihen, in die jeweils zehn Würfel passen. Die verschiedenen Lösungsvorschläge sollten von den Kindern diskutiert werden, wobei sicherlich auch andere Unterteilungen als die dekadische Struktur verwendet werden, insbesondere kleinere Unterteilungen wie Fünfer oder Zweier.

Die Wirksamkeit des Hunderterfeldes zum schnellen Überblicken dürfte durch die Problemsituation von den Kindern selbst erkannt werden. Es ist hierbei wichtig, dass das Hunderterfeld nicht von der Lehrperson eingeführt wird. Aus diesem Grunde ist es auch günstiger, wenn die Kinder in dem Schulbuch nicht schon umgeblättert haben und die folgende Schulbuchseite selbst nicht sehen. Das Hunderterfeld wird auf Seite 32 dann eingeführt.

Anmerkung: Dieses Hunderterfeld ist nicht identisch mit der Hundertertafel, auf der in 10 Reihen á 10 Feldern die Zahlen von 1 bis 100 notiert sind. Bei der Hundertertafel hat jede Zahl ihren Platz, das heißt, die 64 ist in der siebten Zeile an vierter Stelle. Damit steht aber nicht der Mengenaspekt oder Anzahlaspekt beziehungsweise Flächenaspekt wie beim Hunderterfeld, sondern der ordinale Zahlaspekt im Vordergrund. Die Zahl hat ihren Ort, ihre Stelle, ihre Platzierung; sie bezeichnet aber nicht die Menge sämtlicher Felder, die vorangehend waren. Dies erscheint uns aber der wichtigere Aspekt. Der ordinale Aspekt wird für das Rechnen und für das Entwickeln von Rechenstrategien kaum benötigt.

Nicht alle Kinder werden das Hunderterfeld entwickeln, manche werden eher unter ästhetischen Gesichtspunkten eine Schatztruhe entwerfen, andere werden andere Bündelungseinheiten benutzen. Dies sollte aber nicht als Schwierigkeit interpretiert werden.

Für eine „Klassenschatztruhe" sollten die ästhetischen Versuche der Kinder als Ausschmückung aufgegriffen werden.

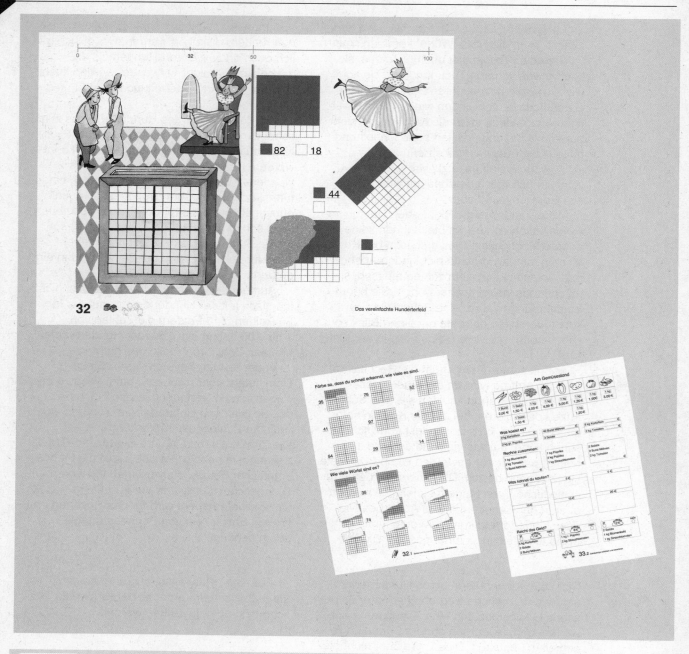

Vertiefung der Bündelung und des Hunderterfeldes; Ergänzen zum Hunderter und simul-
tanes Überschauen von Mengen. Verwenden
der dekadischen Struktur von Zahlen
in problemhaltigen Situationen.

Die Kinder sollten in Gruppen zu viert oder
sechst das Hunderterfeld mit ihren Würfeln
legen können, wozu sie das Material vollständig benötigen.

Die Stunde sollte mit einer Kopfrechenphase
beginnen, wobei das Zählen in Zehnerschritten vorwärts und rückwärts und die Addition
und Subtraktion mit glatten Zehnerzahlen
im Vordergrund stehen sollte.

Für das Nachfolgende ist es günstig, einen
Rahmen beziehungsweise eine Kiste zu
haben, die in etwa der Größe des Hunderterfeldes mit den Würfeln entspricht. In diese
Kiste können dann die Würfel gelegt werden
und die Kinder sind aufgefordert, sehr schnell

zu sagen, wie viele Würfel in der Kiste sind. Dies sollte, eventuell unter erneuter Aufnahme der Geschichte der Königin (die Ingenieure haben über Nacht die Schatztruhe konstruiert), zuerst im Sitzkreis geschehen. Es geht um das schnelle, quasi simultane Erfassen der Anzahlen, die in Zehner-Reihen und Einer-Rest strukturiert sind.

Eine schwierigere Variante wird dann verwendet, indem ein Teil der Würfel abgedeckt wird. Trotzdem sollten die Kinder in der Lage sein die Gesamtanzahl zu benennen, wenn sie sehen können, wie viele ganze Zehnerreihen und zusätzliche kleine Würfel (Einer) in dem Rahmen beziehungsweise der Kiste liegen.

Anmerkung: In den folgenden Stunden und sporadisch bis zum Ende des Schuljahres sollte diese Übung immer wieder am Anfang einer Stunde durchgeführt werden: Das schnelle, quasi simultane Erfassen von Men-

gen aufgrund der Dezimalstruktur. Hierzu wird ein solcher Rahmen/Kiste verwendet, des Weiteren ein Tuch zum Abdecken von Teilen der Würfel.

Die Kinder sollten für sich am Tisch in den Gruppen den Hunderteraufbau und entsprechend Würfelseiten nach oben legen, eine bestimmte Anzahl blau, den restlichen Teil rot. Sie sollten jeweils schnell bestimmen können, wie viele rote und wie viele blaue Würfel ihnen vorliegen und dies in einer Tabelle notieren. Es handelt sich hierbei um die Zerlegungen der Hundert. Entsprechende Übungen sind auf der Schulbuchseite angegeben. In Partnerarbeit können sich die Kinder auch wechselweise solche Aufgaben stellen: Ein Kind legt einen Hunderter mit einer bestimmten Zerlegung und deckt einen Teil des Hunderters zu. Das andere Kind muss sehr schnell sagen, wie viele blaue und wie viele rote Würfel insgesamt vorhanden sind.

32.1 nimmt dieses Problem auf, wobei die Kinder im ersten Teil die jeweiligen Anzahlen an dem Hunderterfeld einfärben müssen. Es spielt hierbei keine Rolle, ob sie das von oben nach unten oder von unten nach oben, von rechts nach links oder links nach rechts machen. Auch in der vorangehenden Klassensituation konnte die Kiste mit den Würfeln ja durchaus in verschiedene Richtungen gedreht sein, so dass sich nicht unbedingt eine fixe Darstellung einschleifen muss. Es erscheint im Gegenteil wünschenswert, wenn die Mengen in verschiedener Lage gezeichnet werden. Es ist lediglich darauf zu achten, dass die interne Struktur, das heißt die aneinanderliegenden Zehner und Einer, deutlich werden. Im zweiten Teil des Übungsblattes wird diese Aufgabenstellung variiert. Ein Tuch verdeckt die jeweiligen Würfel zumindest teilweise, so dass nicht mehr zählend in Einerschritten die Anzahl bestimmt wird.

Anmerkung: Die Kinder sollten aufgrund ihrer bisherigen Erfahrung, insbesondere aus dem Zahlenraum bis 20, die Kraft der 5, das heißt die Zerlegung der Zahlen im Zehnerraum mit Hilfe der Fünf, automatisiert haben. Aus diesem Grunde ist das Hunderterfeld in vier Teile zerlegt. Es handelt sich hierbei nicht um die Aufteilung in vier Fünfundzwanziger, sondern die Aufteilung dient dazu, die einzelnen Reihen besser und schneller zu strukturieren und jeweils nur Zahlen bis 5 beziehungsweise Additionen von 5 plus einer weiteren Zahl sichtbar zu machen, so dass das Erfassen schneller gelingt.

32.2 setzt die Übungen der vorangehenden Seite fort, wobei die Aufgabenstellung variiert. Zum einen müssen Felder eingefärbt werden, zum anderen müssen die Anzahlen von (zum Teil verdeckten) Feldern bestimmt werden.

Schwierigkeiten treten lediglich bei den Kindern auf, denen eine schnelle, quasi simultane Erfassung der Anzahlen bis 10 trotz einer Fünferbetonung und Strukturierung nicht gelingt. Hierbei handelt es sich in der Regel um zählende Rechner, die auch die Anzahl nur durch Abzählen zu bestimmen vermögen. Diese Kinder werden auch in den vorangehenden Stunden dadurch aufgefallen sein, dass

sie bei der Aufgabe, die Goldstücke der Königin zu berechnen, keine anderen Strategien als die Zählstrategie zur Verfügung hatten und bei der Konstruktion des Hunderterfeldes eher passiv waren. Allerdings dürfte ihre Zählstrategie auch in anderen Stunden bei Additions- und Subtraktionsaufgaben bemerkbar gewesen sein.

Kaufsituation: Geld, Preis und Wechselgeld

33

Umgang mit Geld, Wechselgeld auf Preise und vorhandenes Geld herausgeben, Preise abschätzen, Einkäufe planen.

Die Kinder benötigen für ihre Einkaufspläne das Heft; für die Spielsituationen sollte Spielgeld vorhanden sein.

Es wäre wünschenswert, wenn eine realistische Einkaufssituation mit Markt und Waage im Klassenzimmer hergestellt werden könnte. Verschiedene Obstsorten (Attrappen) sollten zum Verkauf stehen, ebenso Gemüsesorten, Blumen und andere Waren, die die Kinder vom Markt her kennen. Die Waren sind im Preis ausgezeichnet, es sollten auch „krumme" Preise wie 1,20 Euro oder 1,90 Euro auf den Preisschildern stehen.

In Partnerarbeit spielen die Kinder Käufer-Verkäufer mit wechselnder Rollenverteilung. Der Verkäufer muss die gekaufte Ware in einen Korb verpacken und auf den gezahlten Betrag das Wechselgeld herausgeben.

In einer zweiten Spielsituation sollten die Kinder mit einem zur Verfügung stehenden

Geldbetrag einkaufen gehen und ihren Korb füllen. Anschließend ist dann zu überprüfen, ob das Geld, das ihnen zur Verfügung steht, tatsächlich für diesen Einkauf reicht.

Auf Seite **33**.1 ist im Portmonee jeweils ein bestimmter Geldbetrag (5 € bzw. 10 €). Vorgegebene Anzahlen bzw. Gewichte von Gemüse, Obst oder Blumen sollen an den Ständen von der Schulbuchseite eingekauft werden.

In Partnerarbeit sollten jeweils die Preise ermittelt und dann berechnet werden, wie viel Geld man zurückbekommt bzw. ob das Geld reicht.

33.2 Hier müssen zunächst für Einkäufe am Gemüsestand Preise berechnet werden und

dann, komplexer, verschiedene Waren mit unterschiedlichen Gewichtsauszeichnungen addiert werden. Anschließend sollen Einkaufszettel erstellt werden, für die nur ein vorgegebener Höchstbetrag ausgegeben werden darf. Zum Schluß soll überprüft werden, ob ein bestimmter Geldbetrag ausreicht, das vorgegebene Gemüse zu kaufen.

33.3 und **33.4** enthalten analoge Aufgaben für Einkäufe am Obst- bzw. Blumenstand der Schulbuchseite 33.

Schwierigkeiten sollten weder in der Spielsituation noch mit den Übungsseiten auftreten.

Ängstliche Kinder tendieren dahin, die Einkaufslisten möglichst kurz und damit „sicher"

zu gestalten, damit das Geld auf jeden Fall reicht. Sie sollten aber animiert werden, möglichst umfangreiche Listen zu erstellen, um „an die Grenze" ihres Geldbetrages zu gehen.

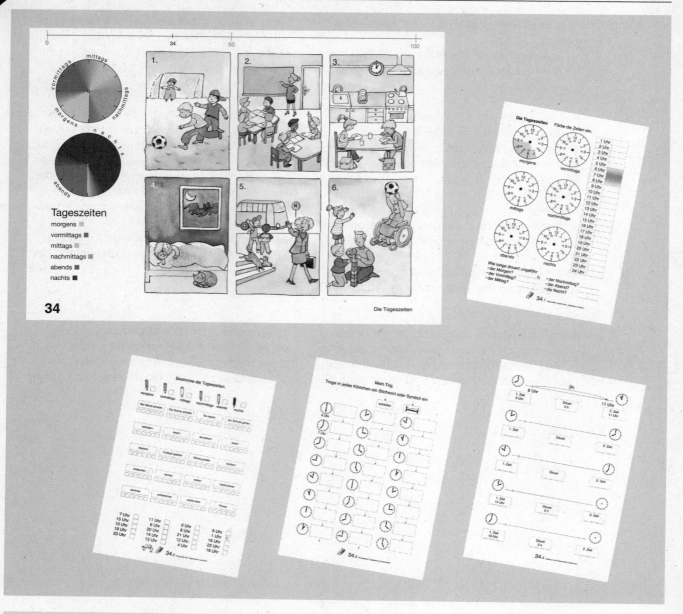

Weiterer Umgang mit der Zeit, die Tageszeiten
kennen lernen und Ereignisse des alltäglichen
Lebens den Tageszeiten zuordnen;
die Uhrzeiten den Tageszeiten zuordnen.

Möglicherweise benötigen die Kinder für
weitere Zeitbestimmungen und Übertragungen
das Heft (nicht zwingend notwendig).

Die Kinder berichten von ihrem Tagesablauf,
von den Handlungen, die sie insbesondere
außerhalb der Schulzeit durchführen,
von Handlungen, die die Eltern, Großeltern
und Geschwister machen. Da den Kindern
die Uhrzeiten und Zuordnungen zu dem
Tagesablauf bereits vertraut sind, liegt hier das
besondere Augenmerk auf einer möglichst
genauen Beschreibung und Benennung des
Tagesabschnittes, in dem die jeweiligen
Situationen stattfinden. Wann wird gegessen
(verschiedene Tageszeiten), wann schlafen
wir, wann spielen wir mit den Geschwistern,
wann spielen wir mit der Oma, wann gehen wir
in die Schule, wann ist der Weg zur Schule,
wann ist der Weg von der Schule zurück etc.?

An einer Uhr (Tafelbild oder Illustration des
Schulbuches) werden die einzelnen Tagesab-

schnitte eingefärbt. Die Aufgabe der Kinder ist es dann, die entsprechenden Handlungen und Situationen diesen Tageszeiten (morgens, vormittags, nachmittags, abends und nachts) zuzuordnen, gegebenenfalls auch die Uhrzeiten:
– Welche Tageszeit ist um 10 Uhr (vormittags)?
– Um 22 Uhr, 14 Uhr, 19 Uhr etc.?
Es ist hierbei wichtig, eine 24-Stunden-Zeiteinteilung zu verwenden, da es sonst zu Uneindeutigkeiten kommt, die an dieser Stelle nicht mehr notwendig sind. Die Kinder verfügen bereits über die Kenntnis der 24-Stunden-Uhr (anderenfalls mit einzelnen Kindern eine Wiederholung oder Erklärung in Partnerarbeit).

Darüber hinaus sollten die Kinder zuerst noch mit Hilfe des Tafelbildes beziehungsweise der Buchillustration, anschließend ohne deren Hilfe, angeben, wie lange die jeweiligen Tageszeiten dauern. So dauert
– der Morgen ca. 2 Stunden
– der Vormittag ca. 3 Stunden,
– der Mittag ca. 2 Stunden
– der Nachmittag ca. 5 Stunden
– der Abend ca. 3 Stunden und schließlich
– die Nacht ca. 9 Stunden.
Hierbei handelt es sich um die von uns vorgeschlagenen Dauern und Zeitbeziehungen. Allerdings sind diese nicht einheitlich festgelegt, sondern durchaus regional verschieden. Diese Freiheit muss sich die Lehrerin dann im Unterricht nehmen, abweichend vom Schulbuch andere Zeiten für Anfang und Ende einer Tageszeit festzusetzen.

34.1 verlangt zuerst, in zwei unterschiedlichen Darstellungsformen, nämlich der Uhr und einem tabellarischen Ablauf der Zeit von 1 bis 24 Uhr, die Tageszeiten einzufärben. Die Darstellungen an diesen beiden Repräsentationen sind unterschiedlich.

Nach dem Einfärben wird noch einmal die ungefähre Zeitdauer der Tageszeiten von den Kindern abgeschätzt.

34.2 verlangt von den Kindern nicht die Angabe von Zeiten sondern das Einfärben entsprechend der Schulbuchseite von Tageszeiten. Die Kinder müssen hierbei erkennen, dass es Handlungen gibt, die an mehreren Tageszeiten stattfinden können. So findet das Essen morgens, mittags und abends oder auch zwischendurch statt, das Fernsehen kann nachmittags und abends stattfinden, ebenso das Lesen, das Zähneputzen morgens und abends (ggf. auch mittags), das Einkaufen kann ebenfalls zu unterschiedlichen Tageszeiten stattfinden. Wann weinen Kinder (zu jeder Tageszeit kann dies passieren), sie malen in der Schule aber auch nachmittags und abends noch. Hier kommt es darauf an, die Ereignisse zu unterscheiden, die nur zu festgelegten Tageszeiten auftreten (z. B. Pause in der Schule) oder solche, die über den Tag hinweg variieren. Der untere Teil des Arbeitsblattes verlangt lediglich das Einfärben entsprechend den Tageszeiten, das heißt, hier werden Zuordnungen Uhrzeit – Tageszeiten vorgenommen.
34.3 erfordert etwas Kreativität von den Kindern. Den Uhrzeiten ist ein Stichwort oder ein Bildchen, ein kleines Symbol zuzuordnen. Es ist ein Ablauf über die 24 Stunden des Tages. Er dient dazu, dass die Kinder für sich jede einzelne Stunde des Tages mit eigenen Handlungen in Verbindung bringen. In diesem Sinne soll durch eine größere Wahrnehmung des Tagesablaufes ein intensiveres Erleben der Zeit gefördert werden. Zudem ist insbesondere der letzte Abschnitt für die Kinder schwierig, da sie neun Stunden lang schlafen, dies aber mit verschiedenen Symbolen und Bezeichnungen in Verbindung bringen können. Die Kreativität bei der Ausgestaltung gerade dieser Phase ist bei den Kindern sehr unterschiedlich.
34.4 hat als Thema Zeitabläufe. Die Zeitdauer wird am Zahlenstrahl dargestellt. Es gibt eine Anfangszeit, eine Zeitdauer und eine Endzeit, die jeweils am Zahlenstrahl zu markieren sind. Zusätzlich sind im unteren Teil des Arbeitsblattes Zeigerstellungen in die Uhren einzutragen.

Schwierigkeiten treten in der Klasse auf, wenn unterschiedliche Benennungen oder Verläufe von den Kindern diskutiert werden, unterschiedliche Einschätzungen über die Dauer des Morgens oder des Vormittags (ist der Morgen zwei Stunden oder drei Stunden lang oder nur eine Stunde, nämlich die Zeit zwischen Aufstehen und In-die-Schule-gehen?). Es sollte einsichtig sein, dass es sich hierbei um relativ willkürliche Festlegungen handelt, die Kinder also eine Übereinkunft treffen müssen. Es sollte aber nicht so schwierig sein, die Festlegung des Schulbuches zu übernehmen, falls nicht lokale Gegebenheiten und Sprachregelungen dem entgegenstehen.

Einige Kinder haben Schwierigkeiten, Zeitpunkt und Zeitdauer zu unterscheiden. Sie addieren oder subtrahieren auch Zeitpunkte (9 Uhr plus 13 Uhr), was nicht zulässig ist. Die Unterscheidung zwischen diesen beiden auf die Zeit bezogenen Begriffe stellt für manche Kinder ein nachhaltiges und längerfristiges Problem dar. Diese Unterscheidungsschwierigkeit tritt auch noch bei Kindern in höheren Klassen auf.

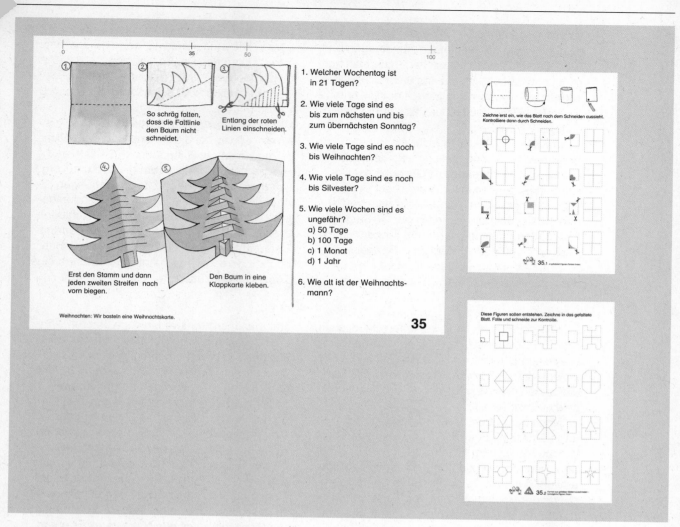

Basteln einer Weihnachtskarte, Übung der
Feinmotorik, Erstellung weiterer Standbilder;
Schätzen von Zeitdauern, Übung des räum-
lichen Vorstellungsvermögens.

Für das Erstellen der Weihnachtskarte
und für die Übungsseiten benötigen die Kinder
DIN-A4-Papier (eventuell genügt
DIN-A5-Papier), Schere und Klebstoff.

Diese Stunde wird passend in die Vorweih-
nachtszeit eingegliedert, ein bestimmter Zeitpunkt ist aufgrund der unterschiedlichen Schul-
jahresverläufe nicht vorgegeben. Es empfiehlt
sich, diese Stunde Anfang Dezember zu
machen.

Die Kinder schneiden eine symmetrische
Figur wie den Tannenbaum aus einem Blatt
Papier aus. Hierbei beachten sie die Faltlinie,
damit sich eine symmetrische Figur ergibt.

Die Kinder kennen bereits symmetrische
Figuren, die aus gefalteten Blättern entstehen.
Jetzt kommt ein neues Moment hinzu, die ein-
geschnittenen Streifen, die es ermöglichen,
die Schnittfigur in eine Klappkarte zu kleben.

Hieraus ergeben sich dann für weitere Figuren
vielfältige Möglichkeiten, sogenannte Klapp-
oder Springkarten selbst zu gestalten.

Das Vorgehen stellt eine gewisse Anforderung an die feinmotorische Fähigkeit der Kinder, insbesondere müssen sie mit der Schere
sehr genau schneiden, um parallele Schnittlinien für die Klebestreifen zu erhalten. Auch
dürfen diese Schnittlinien nicht bis an den
Rand der Figur fortgesetzt werden, da sonst
die Figur auseinanderfällt.

Erfahrungsgemäß macht das Ausschneiden
und Aufkleben auf eine Klappkarte den Kindern sehr viel Spaß. Es sollte zusätzlich die
Erstellung weiterer Klappkarten angeregt wer-

den, die nicht unbedingt weihnachtliche Motive beinhalten müssen. So gibt es Klappkarten, in denen ein Tisch und ein Stuhl aufspringen, eine Lampe erscheint etc. Die Kinder sollten mit solchen Klappkarten experimentieren.

Es ist wünschenswert, diesen Inhalt fächerübergreifend auch im Kunstunterricht zu behandeln und das Erstellen von solchen Springkarten zu erproben. In den Vorschlägen für den Kunstunterricht der Grundschule finden sich eine Vielzahl verwandter Möglichkeiten, die dann zur Erstellung einer Weihnachtskarte mitgenutzt werden können.

Rechts auf der Schulbuchseite finden sich Textaufgaben, die sich auf Zeitdauern beziehen. Hierfür wird ein Kalender gebraucht und das heutige Datum.

Die Kinder haben bereits den zyklischen Verlauf von Wochen kennengelernt. Diese

Kenntnis brauchen sie hier. Die Frage 5 verlangt von ihnen, Abschätzungen vorzunehmen, die sie multiplikativ, über Einmaleins-Reihen oder experimentell über sukzessive Addition oder auch schlicht abschätzend (ausgehend von Kenntnissen über bestimmte Multiplikationssätze, z. B. Kernaufgaben) herleiten können. Die Frage Nummer 6 wird zu einer Diskussion Anlass geben und sie wird sicherlich zu unterschiedlichen Antworten führen. Kindern fällt es meist sehr schwer, das Alter von Personen zu schätzen, insbesondere wenn diese sehr alt sind. Nun kann es aufgrund der Zusammensetzung der Klasse dazu kommen, dass verschiedene Kulturen mit ihren eigenen Mythen und Märchen vertreten sind. Die jeweiligen Altersschätzungen dürften dann entsprechend weit auseinander liegen.

Die Seite **35.1** verlangt von den Kindern, anhand eines zweimal gefalteten Papiers, aus dem eine Figur ausgeschnitten wird, anzugeben, welches Bild entsteht (welches Loch das Papier enthält), wenn es wieder aufgefaltet wird. Hierbei ist es notwendig, genau zu definieren, wie das Blatt gefaltet wird. Dies ist am oberen Rand der Übungsseite angegeben, wobei durch einen Punkt markiert ist, wo die Seitenmitte liegt. Trotzdem ist es erforderlich, dies in der Klasse vorzumachen, da es sich um eine Konvention handelt. Erfahrungsgemäß muss die Richtung des Faltens mehrfach vorgemacht werden. Die kleine Figur gibt jeweils in dem grauen Teil an, wie ausgeschnitten wurde, in die große Figur ist entsprechend einzuzeichnen, wo das Loch im aufgefalteten Blatt entsteht. Die Komplexität der Figuren und damit die Anforderungen an das Vorstellungsvermögen der Kinder nehmen auf der Seite von oben nach unten zu.

35.2 nimmt das Vorgehen der vorangehenden Seite auf, nun allerdings in umgekehrter Richtung. In der Darstellung des aufgeklappten Papiers ist angegeben, wo das Loch entsteht, nun ist quasi rückwärts der Prozess des Zusammenfaltens vorzunehmen und in dem kleinen, zusammengefaltet dargestellten Papier der Schnitt einzuzeichnen.

Für beide Übungsseiten ist es notwendig, dass die Kinder ihre Vermutung selbst überprüfen und das Papier jeweils selbst zusammen und wieder auseinander falten, um zu sehen, wie sich ein Schnitt in das Papier auswirkt.

Eine Kontrolle sollte auch hier innerhalb der Partnerarbeit geschehen, die Kinder sollten ihre Vermutungen vorab diskutieren und erst auf das Papier einzeichnen, wie sie schneiden wollen, bevor sie den Schnitt tatsächlich ausführen. Eine Diskussion zwischen den Kindern klärt mehr, als das Vormachen durch die Lehrperson.

Schwierigkeiten treten bei Kindern auf, die nicht über hinreichendes Vorstellungsvermögen verfügen. Die Raumorientierungsproblematik tritt auch hier zu Tage, da die Kinder in der Vorstellung das Blatt in die falsche Richtung falten. Dies kann diagnostisch bedeutsam sein und sollte registriert werden.

Ist ein Kind durch die Anforderung an die Raumvorstellung mit diesen doppelt gefalteten Papieren überfordert, so sollte es auf einfache Faltungen beschränkt bleiben. Eventuell sind

Wiederholungen aus der ersten Klasse, in der entsprechende Aufgaben bereits durchgeführt wurden, notwendig.

Sehr leistungsstarke Kinder können auch mit weiteren Faltungen experimentieren, so kann eine dritte Faltung vorgenommen werden, oder ein Blatt kann nicht halbiert gefaltet, sondern in Drittel gefaltet werden. Dadurch ergeben sich Figuren, die nicht mehr zwei aufeinander senkrecht stehende Symmetrieachsen haben und wesentlich komplexer ausfallen.

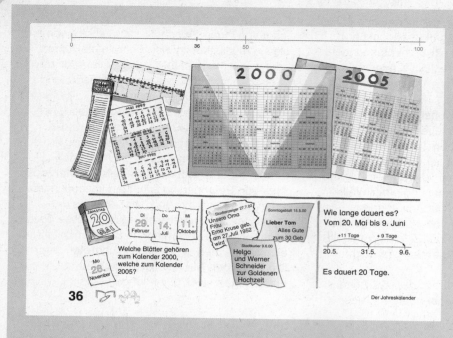

Erfahrungen im Umgang mit verschiedenen Kalendern, Kennen lernen des Jahreskalenders, vergleichen der Kalender aus verschiedenen Jahren und bestimmen von Zeitdauern; Zuordnung von Wochentagen und Datum.

Es ist günstig, für diese Stunde unterschiedliche Kalender zu verschiedenen Funktionen zur Verfügung zu haben: Wochenkalender, Jahreskalender, Monatskalender, kleine Kalender, große Kalender, in denen Aktivitäten eingetragen werden, Stundenpläne etc. Außerdem empfiehlt es sich, Jahreskalender aus verschiedenen Jahren zur Verfügung zu haben.

Auf der Schulbuchseite sind Jahreskalender von zwei verschiedenen Jahren angegeben. Durch Vergleiche stellen die Kinder fest, dass die Wochentage nicht in jedem Jahr gleich sind. Warum eigentlich? Warum verschieben sich die Wochentage für ein Datum immer um einen oder zwei Tage? Die Frage muss nicht abschließend beantwortet werden, da der Zahlenraum bis 100 verlassen wird, aber die Kinder könnten sich Gedanken machen, ob der erste Januar immer ein Montag (Wochenbeginn) sein muss und was denn dann der 31. Dezember zu sein habe. Die Schulbuchseite gibt Anregungen zu verschiedenen Fragestellungen:

– Kann ich ein bestimmtes Datum mit Wochentag einem bestimmten Jahr zuordnen?
– Kann ich aufgrund der angegebenen Daten Zeiten bestimmen?
– Wofür sind die verschiedenen Kalender gut? Welchen würde ich wofür benutzen?
– Welche kenne ich von zu Hause und wozu werden sie von meinen Eltern oder Geschwistern benutzt?
– Kann es Kalenderblätter geben mit Montag dem 1. Januar und Dienstag dem 1. Januar?
– Wenn ich weiß, was heute für ein Wochentag und Datum ist, kann ich dann schon sagen, welcher Wochentag mein Geburtstag hat? Oder Weihnachten? Oder der erste Mai?

Die Kinder sollten in Gruppen einen Jahreskalender erstellen, wobei eine Gruppe die Monate Januar, Februar, März, die zweite April, Mai, Juni, die dritte Juli, August, September und die letzte Oktober, November, Dezember bearbeitet. Den einzelnen Gruppen ist aber jeweils der Wochentag des ersten Datums (1.1., 1.4., 1.7., 1.10.) anzugeben, da sie diesen nicht im Voraus berechnen können. Der ersten Gruppe ist außerdem mitzuteilen, wie viele Tage der Februar in diesem Jahr hat (28 oder 29).

So entsteht ein Jahreskalender für das kommende Jahr, in dem verschiedene Ereignisse auch eingereiht oder markiert werden können. Die graphische Ausgestaltung des Gesamtblattes ist der Kreativität der Kindern überlassen.

Die Kinder müssen sich aber vorab einigen, wie sie die einzelnen Monatsblätter gestalten wollen, und dies sollte verbindlich für sämtliche Gruppen sein, damit ein homogenes und damit ästhetisch ansprechendes Werk entsteht. Zeitdauern können am Zahlenstrahl berechnet werden. Hierbei ist es aber günstig, dass die Kinder ein Problem in Partner- oder in Gruppenarbeit versuchen zu lösen:

Wie lange dauert es vom 28. April bis zum 5. Juni? Die Kinder sollten in der Partner- und Gruppendiskussion klären, wie sie dies günstigerweise berechnen und ob sie dies darstellen können. Einige Kinder werden auf eine Zahlenstrahldarstellung kommen, die ihnen ja aus anderen Kontexten her geläufig ist. Hierbei wird sich eine Strategie analog der „Autobahn"-Strategie herausstellen: Berechnen der Tage bis zum Monatsende, dann („Autobahn") den gesamten Mai mit 31 Tagen, schließlich die Tage bis zum Enddatum.

Entscheidend ist hierbei, dass diese Strategie nicht vorgegeben wird, sondern möglichst von den Kindern als Darstellungsform selbst entwickelt werden kann, indem ein für sie komplexes Problem vorgegeben wird.

36.1 verlangt von den Kindern die Zuordnung zwischen Wochentag und Datum auf verschiedenen Ebenen. Hierbei wird im ersten Teil der Wochentag gesucht, wobei das Jahr jeweils von den Kindern eingetragen wird. Normalerweise wird das aktuelle Jahr von den Kindern anhand des vorliegenden Kalenders notiert, leistungsstärkere Kinder tendieren häufig dazu, verschiedene Jahre auszuprobieren, weil ihnen das Aufsuchen an einem einzigen Kalender zu eintönig ist.

Der zweite Aufgabenblock verlangt von den Kindern das Umgekehrte aber in komplexerer Form. Sie müssen herausfinden, welches der zweite Dienstag, der dritte Freitag etc. eines Monats ist. Hierbei können eventuell Fehler auftauchen, da nicht immer ein fünfter Samstag im Oktober oder März vorhanden ist. Der letzte Block verlangt einen differenzierteren Umgang mit dem Kalender als die vorangehenden

Aufgaben und entsprechende Entscheidungen. Die Kinder müssen nun Entscheidungen treffen: Stimmt die Aussage? Für welchen Kalender (bei differenzierenden Maßnahmen)? **36.2** fordert von den Kindern, jene Kalenderblätter zu finden, die nicht zu dem Jahr passen. Sie können dies über die 7er-Reihe, das heißt die zyklischen Wochentage, herausfinden. Im unteren Teil des Übungsblattes werden die Aufgaben komplexer und verlangen zusätzliche Entscheidungen, die sie aber keineswegs arithmetisch überfordern. **36.3** behandelt Zeitdauern; oben die unterschiedlichen Zeitdauern der Monate sowie im unteren Teil die Berechnung von Zeitdauern am Zahlenstrahl. Im letzteren Falle ist sowohl die Darstellung am Zahlenstrahl mit den Monatsdaten und Zeitverläufen als auch die Lösung in der letzten Spalte anzugeben.

Kinder mit Figur-Hintergrund-Diskriminationsschwäche können Schwierigkeiten haben, in den Spalten und Zeilen des Kalenders die Daten aufzusuchen. Hierbei handelt es sich aber erfahrungsgemäß um sehr wenige Kinder. Diese Schwierigkeiten werden in der Partner- oder Gruppenarbeit meist aufgefangen, können aber diagnostisch hilfreiche Hinweise liefern.

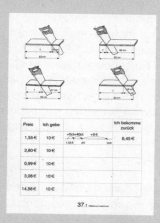

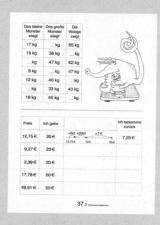

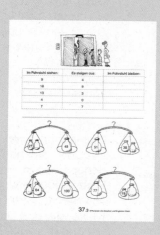

Verschiedene Sachsituationen zum Rechnen kennen lernen und unterschiedliche Rechenwege erproben; bei Sachsituationen Entscheidungen über Strategien treffen, die ergänzen, abziehen, addieren und multiplizieren nahelegen, aber auf unterschiedlichen Wegen bearbeitet werden können.

Einige Kinder benötigen eventuell noch das Material, sollten sich aber immer mehr von diesem lösen und die Darstellung am Zahlenstrahl verwenden.

Die Unterrichtsstunde sollte mit einer Kopfrechen- oder Kopfgeometriephase beginnen. Strategien sollten hierbei nicht diskutiert werden.

Anschließend sollten in Gruppen (analog zu Seite 29) verschiedene Sachsituationen gelöst werden, wobei insbesondere der Lösungsweg eine Rolle spielt. Hierbei sollten die Kinder versuchen, verschiedene Lösungswege für die ihnen vorliegende Sachsituation anzugeben. Die vier verschiedenen Situationen
– Absägen eines Brettes
– Waage mit Würfeln

– Murmeln verteilen
– Monster wiegen

sind auf vier Gruppen zu verteilen.
Die erste Situation legt ein Abziehen nahe, das heißt ein subtraktives Vorgehen nach der Strategie „Zehner-Einer" oder „Einer-Zehner-Einer" („Autobahn"). Die Strategie „Zehner zu Zehner und Einer zu Einer" dürfte bei dieser Situation kaum auftreten, da sie situationsunangemessen ist.

Die zweite Situation legt das Ergänzen nahe, da die nur halbvolle Schale der Kleiderbügelwaage aufgefüllt wird. Es lässt sich aber auch als Subtraktion berechnen. Die Frage ist hierbei weniger die konkrete Lösung. Damit nicht gezählt werden muss, sind die Anzahlen auf Zetteln angegeben, denn hier geht es mehr um das Vorgehen: „Wie könnten wir die Sache lösen?"

Die dritte Situation ist nicht lösbar, es befinden sich zuwenig Murmeln im Glas, um jedem Kind fünfzehn Murmeln zu geben. Dies setzt aber voraus, dass die Kinder entweder multiplikativ vorgehen oder durch sukzessive Subtraktion (73 - 15 - 15 - …) die Murmelmenge aufzuteilen versuchen. Eine weitere Lösungsmöglichkeit besteht darin, die 73 Murmeln durch Würfel darzustellen und an die Kinder zu verteilen. Es wird sich dann herausstellen, dass zwar drei Kinder 15 Murmeln erhalten, aber zwei nur 14.

Die letzte Situation ist eine schlichte Additionsaufgabe mit Zehnerübergang, die ebenfalls mit Hilfe unterschiedlicher Strategien gelöst wird. Auch hier kommen die Strategien „Zehner-Einer" oder „Autobahn" zum Einsatz. Es wird vorgeschlagen, dass anschließend die Gruppen (nachdem ein Sprecher ausgelost wurde) ihre Sachsituation vortragen und beschreiben sowie danach die verschiedenen Lösungswege (!) angeben, die sie verwenden können und auch eine Bewertung darüber vornehmen, wie sie abschließend entschieden haben zu rechnen.

37.1 behandelt die Situation des Absägen des Brettes, im unteren Teil eine Situation des Wechselgeldes. Beide Situationen könnten mit der gleichen Strategie berechnet werden, die Kinder verwenden aber häufig unterschiedliche Lösungswege für die beiden Situationen. Die Absägesituation führt auf eine Subtraktion, wobei auf dieser Übungsseite lediglich verlangt wird, das Ergebnis anzugeben. Das Wechselgeld wird hingegen häufig mittels Ergänzung berechnet, die am Zahlenstrahl darzustellen ist. Es ist darauf zu achten, dass die Zahlenstrahldarstellung zuerst vollzogen wird, erst anschließend sollte die numerische Lösung („Ich bekomme zurück") notiert werden.

37.2 behandelt die Monster-Waage-Situation. Hierbei sind unterschiedliche Teile zu berechnen, einmal das Gewicht des kleinen Monsters, das Gewicht des großen Monsters oder das Gesamtgewicht, das von der Waage angezeigt wird. In der unteren Hälfte des Arbeitsblattes ist erneut die Situation des Wechselgeldes dargestellt; die Kinder nehmen das Format der vorangehenden Seite auf, allerdings nun mit komplizierteren Zahlen.

37.3 beinhaltet eine neue Situation: das Aussteigen aus einem Fahrstuhl. Hierbei handelt es sich um relativ einfache Zahlen, die aber jeweils eine Subtraktion, das Abziehen, verlangen. Die Aufgaben im unteren Teil des Arbeitsblattes stellen erneut die Waage-Situation dar, die auf unterschiedlichen Wegen gelöst werden kann, nämlich als Ergänzung oder als Subtraktion. Beide Strategien sind möglich und können von den Kindern verwendet werden. Allerdings legt die Situation eher eine ergänzende Handlung nahe, das zweite kleine Gewicht muss zu dem ersten hinzugefügt werden, so dass durch dieses vorstellungsmäßige Hinzufügen eher das berechnen von … bis … im Vordergrund steht.

Schwierigkeiten treten bei diesen Aufgaben nicht auf. Manche Kinder haben allerdings noch Probleme mit der Kommaschreibweise bei Geldbeträgen. Dies wird aber meist in der Partnerarbeit korrigiert.

Zuweilen kommt es vor, dass bei den Wechselgeldaufgaben zuerst die Lösung im Kopf berechnet und erst anschließend eine Darstellung am Zahlenstrahl versucht wird. Dies sollte nicht geschehen. Dieses Vorgehen lässt sich teilweise an der falschen Lösung ablesen, aber nicht immer. Es ist daher auf die Vorgehensweise der Kinder zu achten.

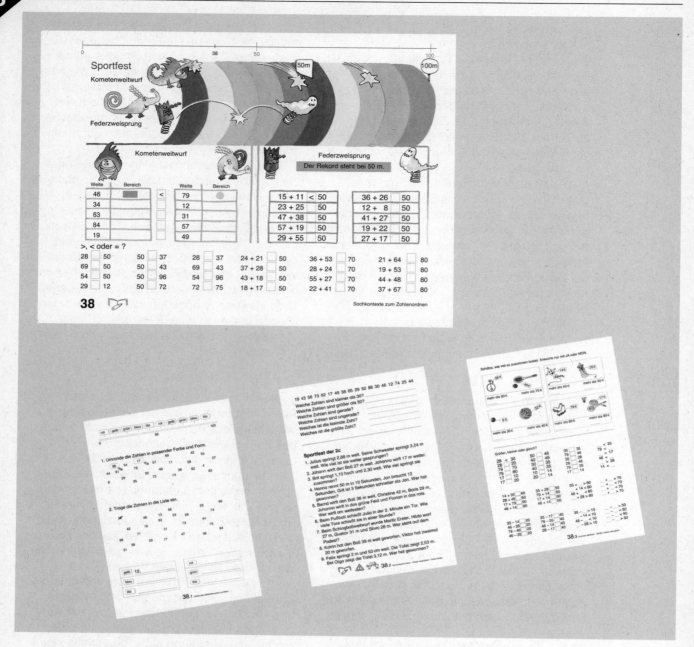

Anordnung von Zahlen, Abschätzen
von Zahlbereichen, Vergleiche von Zahlen und
Termen, Sachkontexte zum Zahlenordnen.

Für die Übungsseiten benötigen die Kinder
Buntstifte, die den Farben der Illustration auf
der Schulbuchseite entsprechen.

Als Einstieg kann die Illustration auf der
Schulbuchseite dienen. Verschiedene Sportarten werden vorgestellt wie Kometenweit-
wurf, Federzweisprung und weitere, die sich
die Kinder ausdenken können, zum Beispiel
Planetenstoßen oder Federpusten.

Die Kinder sind aufgefordert, dies mit
anderen Sportarten zu vergleichen und zu
sammeln, welche Weiten in den menschlichen
Sportarten erzielt werden.

Möglicherweise kennen die Kinder die Darstellung, bei der auch beim Sportfest bestimmte Bereiche abgegrenzt werden; lediglich

die Zehner sind an der Seite mit Schildern markiert. Dies betrifft das Diskuswerfen, Speerwerfen, Kugelstoßen, Hammerwerfen, möglicherweise kennen es die Kinder auch von Sportfesten für den Schlagballweitwurf.

Entscheidend für das Vorgehen ist, dass die einzelnen Bereiche zwischen den Zehnerzahlen farbig markiert sind. Die entsprechend von den Monstern erzielten Weiten sind farbig zu markieren, entsprechend der Farbe des „Sportplatzes".

Beim Federzweisprung ist zudem abzuschätzen, ob die erzielten Einzelweiten in ihrer Summe den Rekord über- oder unterbieten.

Es sollte mit sehr einfach abzuschätzenden Aufgaben begonnen werden wie 15 + 11, wobei die exakte Lösung gar nicht auszurechnen ist, sondern ein Überschlag schon ergibt, dass es kleiner als 50 ist, ebenso die Weite 57 + 19, die Summe ist offensichtlich größer als 50.

Dieses schnelle Schätzen steht im Vordergrund, wobei die Kinder durchaus Argumente für ihre Einschätzung abgeben können; eine exakte Bestimmung der Lösung sollte unterbunden werden. Selbst bei einer Aufgabe, die sehr nahe an der 50 liegt wie 23 + 25, sollte doch die Überlegung im Vordergrund stehen, dass beides kleiner oder höchstens gleich der Hälfte von 50 ist, so dass die Summe nicht 50 übersteigen kann. Auch bei Aufgaben wie 19 + 22 liegt das Ergebnis nahe bei 40, das heißt auf jeden Fall unter 50. Ähnliche Argumentationen sind zu verstärken, die Berechnung der exakten Lösung tritt in den Hintergrund. Die Aufgaben am unteren Teil der Seite sind in das Heft zu übertragen und dort zu lösen. Es beginnt mit sehr einfachen Zahlvergleichen, die zweite Hälfte beinhaltet den Vergleich von Termen mit Summen.

38.1 verlangt von den Kindern, die Zahlen entsprechend ihrem zugehörigen Abschnitt zu umranden und zu markieren. Da üblicherweise die Kinder nicht über beliebig viele verschiedene Farbstifte verfügen, benötigen sie hier lediglich fünf verschiedene Farben. Eine zusätzliche Unterscheidung besteht darin, dass die ersten fünf Zehnerabschnitte als Rechteck umfahren werden, die zweiten fünf Zehnerabschnitte als Kreise oder einfach abgerundet. Zwei Beispiele sind vorgegeben und illustrieren das Vorgehen. Der zweite Teil verlangt von den Kindern die Zuordnung der Zahlen zu bestimmten Zahlenabschnitten, wobei die Zahlen in Listen einzutragen sind.

38.2 fordert von den Kindern, Entscheidungen über Zahlen zu treffen und Größenbeziehungen zwischen den ungeordneten Zahlen herzustellen. Im zweiten Teil sind Sachaufgaben im Umfeld des Sportfestes angegeben, wobei auch sinnlose Aufgaben bzw. Texte, bei denen nichts gerechnet werden muss, vorkommen.

Diese Fehler sind von den Kindern zu finden (Aufgabe 3, 6, 8).

In einigen wenigen Aufgaben wird auch schon von der Kommaschreibweise Gebrauch gemacht, wie die Kinder es bereits von der Euro-Cent-Schreibweise her kennen. Diese sind als Differenzierungsaufgaben für leistungsstärkere Schüler gedacht und müssen nicht notwendigerweise von allen Kindern bearbeitet werden.

38.3 nimmt das Thema des Schätzens wieder auf, diesmal für Preise und Preisvergleiche. Im unteren Teil der Aufgabe müssen die Kinder das Kleiner-, Gleich- oder Größerzeichen eintragen beziehungsweise bei vorgegebenen Zeichen entsprechende Lösungen für Zahlen, Addition oder Subtraktion finden. Die letzte Spalte ist ein offener Aufgabentyp. Hierbei können Kinder verschiedene Zahlen, Summen und Differenzen eintragen. Die Kontrolle sollte über partnerschaftliches Arbeiten erfolgen.

Da das Schätzen und Überschlagen zu den komplexen kognitiven Anforderungen gehört, kann nicht erwartet werden, dass alle Kinder diese Aufgaben in der vorgeschlagenen Weise lösen. Viele werden doch genau ausrechnen.

Wesentlich ist uns aber, dass das Überschlagen mit seinen Argumenten zum Unterrichtsthema gemacht wird. Auch die leistungsschwächeren Kinder profitieren von der Diskussion, die die leistungsstärkeren führen. Ihre Nichtbeteiligung an der Diskussion sollte lediglich registriert, nicht aber überbewertet werden.

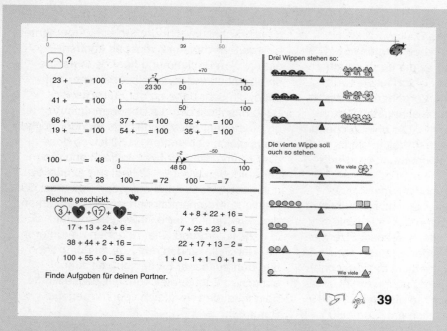

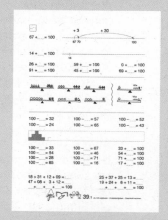

Erfahrungen mit der Ergänzungsstrategie und ihrer Umkehrung; geschicktes Rechnen bei Kettenaufgaben durch Vereinfachung, Erstellen eigener Aufgaben, die geschicktes Rechnen erfordern und Knobelaufgaben.

Für die Partnerarbeit sind Hefte notwendig, da Aufgaben von den Kindern für den Partner konstruiert werden müssen.

Zu Beginn der Stunde sollten in einer Kopfrechenphase Ergänzungsaufgaben im Zwanzigerraum gestellt werden und die „Verliebten Herzen" für die Zehn beziehungsweise die „Großen Herzen" für die Hundert wiederholt werden.

Die Kinder sind aufgefordert, die Aufgaben der Schulbuchseite in ihr Heft zu übertragen und dort zuerst einzeln und dann in Partnerarbeit zu lösen. Hierbei sollten sie die vorgegebene Strategie der schrittweisen Ergänzung verwenden. Bei den Aufgaben der zweiten

Doppelzeile ist die Lösung in das Heft zu übertragen, nachdem eine entsprechende Zeichnung am Zahlenstrahl, ebenfalls im Heft, durchgeführt wurde. Entsprechende Aufgaben sind für die Subtraktion durchzuführen.

Die Kettenaufgaben müssen in schriftlicher Form vorliegen. Eine mündliche Darbietung von Kettenaufgaben führt dazu, dass ein Summand nach dem anderen abgearbeitet wird und geschicktes Rechnen kaum möglich ist.

Beim schriftlichen Rechnen sollten die Kinder erst zusammengehörige beziehungsweise vereinfachende Zahlenpaare finden und diese als Herzen umranden. Dazu ist es notwendig, dass die Aufgaben in das Heft geschrieben werden. Die Vereinfachungen sind in mehrfacher Hinsicht möglich, einmal dadurch, dass sich Zahlenpaare geschickt zu glatten Zehnern verbinden lassen, andererseits dadurch, dass sich Entsprechendes auch durch die Subtraktion ergeben kann.

Die beiden Aufgaben in der rechten Spalte sind Forscheraufgaben, die von den Kindern experimentelles Vorgehen und Knobeln zusammen mit logischen Überlegungen verlangen. Sie können als Differenzierungsaufgaben eingesetzt werden, da sie von den Kindern relativ viel Zahlgefühl verlangen.

39.1 Auf der Seite werden die Formate von der Schulbuchseite aufgenommen, das Ergänzen bis 100 am Zahlenstrahl, Ergänzen lediglich in symbolischer Form sowie die Umkehrung, die Subtraktion von 100. Im unteren Teil werden die Subtraktion und das Ergänzen als Umkehrung in der symbolischen Darstellung deutlich. Die anderen Formate wie Forscheraufgaben und geschicktes Rechnen sollten hier von den Kindern aufgrund der Erfahrungen mit der Schulbuchseite selbsttätig vorgenommen werden. Die Kinder müssen nicht unbedingt die Kettenaufgaben durch Vereinfachung lösen, in Partnerarbeit sollte dies aber als geschicktes Vorgehen diskutiert und zusammenfassend in der Klasse noch einmal dargestellt werden. Die letzen beiden Aufgaben sind offene Aufgaben. Die Kinder müssen selbst geschickt Zahlen wählen, die sich zu 100 ergänzen lassen. Hier kann es zu sehr unterschiedlichen Antworten kommen, zu sehr einfachen, glatten Zehnerzahlen, aber auch zu sehr komplexen Lösungen von Schülern.

39.2 verlangt von den Kindern Zahlensinn. Aus den am oberen Rand angegebenen sechs Zahlen sind jeweils passende auszusuchen, so dass die vorgegebenen Bedingungen erfüllt sind. Es sind immer verschiedene Lösungen möglich und zu finden. Bei dem Zahlenrätsel wird eine Zahl aus der obersten Zahlenreihe, den vorgegebenen sechs Zahlen, charakterisiert. Diese ist zu finden. Das heißt für die erste Aufgabe „Die Zahl ist kleiner als 40. Sie ist ungerade" kommt lediglich die 27 als Lösung in Frage.

Da es sich um durchaus knifflige Aufgaben handelt, können diese als Differenzierung eingesetzt werden. Nicht alle sind zwingend von sämtlichen Schülern zu bearbeiten.

Schwierigkeiten sind lediglich bei den Knobelaufgaben zu beobachten; diese werden nicht von allen Kindern gelöst. Sie erfordern ein hohes Maß von abstraktem Vorgehen, das nicht von sämtlichen Schülern geleistet werden kann. Aufgrund der Kenntnis der individuellen Besonderheiten der Schüler der Klasse sollte es aber möglich sein, kritische Schüler vor Misserfolg bei solchen Aufgaben fernzuhalten oder, ersatzweise, sie mit Partnern zusammenzubringen, so dass ein gemeinsames Lösen der Aufgabe wahrscheinlich ist.

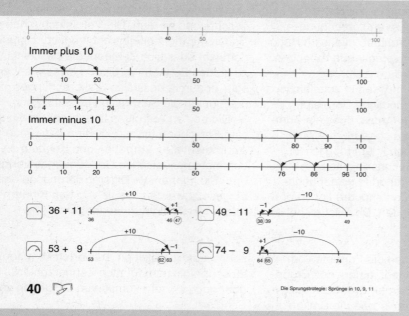

In Zehnersprüngen springen im Hunderterraum und davon abgeleitete neue Strategien
kennenlernen: „vor-vor", „vor-zurück",
„zurück-zurück" und „zurück-vor".

Die Kinder brauchen für die Übertragung
der Aufgaben und der Darstellung am Zahlenstrahl das Heft; für einige, wenige Kinder kann
es noch sinnvoll sein, Material, insbesondere
die Pappstreifen zu verwenden.

Die Kinder sollten am Anfang der Stunde,
quasi als Kopfrecheneinstieg, von verschiedenen Zahlen beginnend in Zehnersprüngen
vorwärts und rückwärts gehen. In der Klasse
sollten entsprechende Aufgaben gestellt
werden, das heißt, eine Anfangszahl wird
gegeben, und die Kinder können (auch im
Chor) rhythmisch springen. Es kommt darauf
an, dass diese Sprünge relativ zügig gemacht
werden und nicht durch Einzelberechnung
verlangsamt werden. Beginnt man beispielsweise bei der Zahl 7 kommt von den Kindern

schnell die Folge 17, 27, 37, ... Ebenfalls sollte in Rückwärtssprüngen von Neunzigerzahlen ab gesprungen werden. Es handelt sich hierbei um Wiederholungen, die die Kinder bereits auf Seite 19 gemacht haben.

Diese Strategien werden jetzt für Additions- und Subtraktionsaufgaben von 9 und 11 genutzt, wie dies im Zwanzigerraum bereits in der ersten Klasse geschehen ist (später werden diese Strategien für analoge Berechnungen bei ±29, ±39, ±31, ±21 verwendet). Die Strategiezeichen und die Benennungen sollten aus der ersten Klasse übernommen werden. An verschiedenen Aufgaben sind diese Strategien zu üben, wobei es günstig ist, immer mit der Addition/Subtraktion mit 10 zu beginnen und davon jeweils abgeleitet die Addition/Subtraktion von 9 und 11.

Der Übungsteil nimmt diese Idee in unterschiedlicher Darstellungsform wieder auf. **40.1** verlangt von den Kindern, ausgehend von der Sprung-Addition + 10, Nachabaraufgaben abzuleiten. Die Kinder sind hierbei angehalten, immer die einfachste Additionsaufgabe zuerst zu berechnen und dementsprechend die daneben liegenden Aufgaben, die sich im zweiten Summanden und damit im Ergebnis nur um 1 unterscheiden, zu bestimmen (Nachbaraufgaben).

Im zweiten Teil des Übungsblattes sollten die Kinder Sprünge am Zahlenstrahl im Heft durchführen, wobei es sich um eine Fülle von Sprüngen handelt, die von unterschiedlichen Anfangszahlen ausgehen. Dabei kann es durchaus zu schwierigen Aufgaben kommen, wenn Sprünge beispielsweise um plus 11 von der 8 gestartet werden. Gerade die Zehnerüberträge beziehungsweise die Zehnerschwelle bei solchen Sprüngen ist dann zu beachten.

Bei den Sprüngen am Zahlenstrahl treten bei jenen Kindern Schwierigkeiten auf, die zwar erkannt haben, dass die Addition um 9 ein um 1 niedrigeres Ergebnis gibt als die Addition um 10, sich dies aber in einer Sprungreihe nicht entsprechend fortsetzt. Nach einem zweifachen Sprung um 10 ist das Ergebnis um 2 größer als bei zwei Sprüngen um 9. Häufig kommt es zu einer Übertragung von der Zehnersprungreihe auf die Neunersprungreihe, wobei bei jedem einzelnen Schritt lediglich um 1 zurückgegangen wird. Hierbei müssen die Kinder angehalten werden, jede einzelne Sprungreihe isoliert und unabhängig von der anderen durchzuführen.

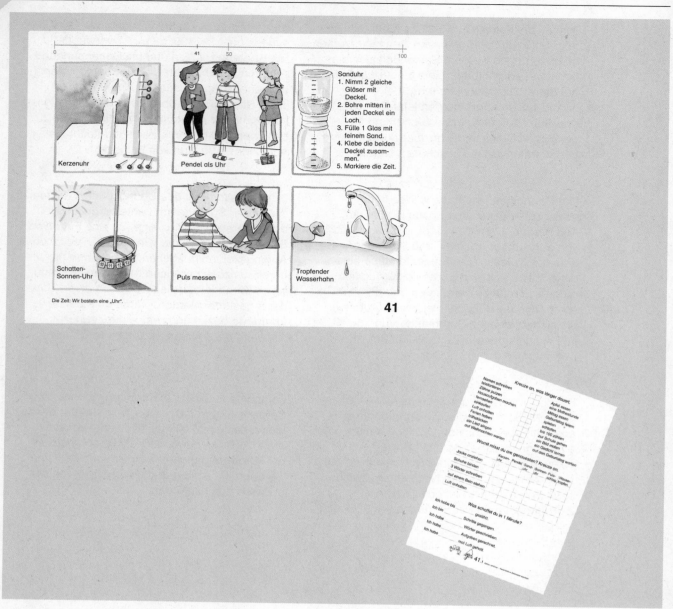

Die Zeit: Wir basteln eine „Uhr".

41

Zeiten mit verschiedenen Messinstrumenten messen, Brauchbarkeit und Geschichte verschiedener Uhren kennen lernen, körpereigene „Zeitmesser" kennen lernen; Erleben, dass zur Zeitmessung Bewegung notwendig ist; Verschiedene Zeitmesser für unterschiedliche Zeitdauern konstruieren.

Es bietet sich an, dieses Thema in den Sachunterricht mit zu integrieren und fächerübergreifend vorzugehen. Verschiedene Materialien sollten für dieses Thema vorhanden sein: Kerzen und Stecknadeln beziehungsweise Pins, ein Seil und Gewichte für die Pendel, Marmeladengläser oder Joghurtbecher, ein großer, mit Erde oder Sand gefüllter Behälter für die Sonnenuhr, eine Blechbüchse, in die ein winziges Loch am unteren Rand gekerbt ist, aus dem Wasser heraustropfen kann (ersatzweise der Wasserhahn, der tropft).

Die Kinder sollten beschreiben, welche verschiedenen Uhren sie kennen. Es wird zu einer Aufzählung der im Haushalt befindlichen oder in der Umwelt vorkommenden üblichen Uhren führen: Wecker, Küchenuhr, Digitaluhr am Herd, Armbanduhr (digital oder analog), Zeitanzeiger am Videorekorder, Kuckucksuhr, Standuhr, Kirchturmuhr, Bahnhofsuhr, Säulenuhren in der Stadt.
   Das Problem, das den Kindern gestellt werden sollte, ist, ob sie jetzt ohne die üblichen technischen Uhren in der Lage

wären, Zeitmessungen vorzunehmen. Können wir in irgendeiner Weise messen, wie lange die Schulstunde dauert oder wie lange es dauert, wenn ich einen Satz an die Tafel schreibe? Können wir vergleichen, ob etwas länger oder kürzer dauert, ohne eine Armbanduhr oder Klassenzimmeruhr zur Hand zu haben? Können wir Vorgänge vergleichen, die nicht gleichzeitig beginnen oder gleichzeitig enden, und trotzdem entscheiden, ob das eine länger oder kürzer dauert als das andere?

Hierfür sollten unterschiedlich lange Ereignisse gewählt werden, zum Beispiel der Tafelanschrieb oder Luftanhalten einerseits, das heißt relativ kurze Zeitdauern, andererseits die Schulstunde oder gar der Schulvormittag, das heißt lange Zeitdauern, für die man andere Meßgeräte (Kerze, Sonnenuhr) verwenden muss.

Die Kinder sollten in Gruppen die verschiedenen Uhren herstellen und miteinander vergleichen. Insbesondere sollten sie bei den Pendeln Beziehungen herstellen zwischen der Länge des Pendels und der Zeitdauer (Messen der Pendellänge und des Gewichts).

Die Verbindungen zum Sachunterricht und zum Werken oder Kunstunterricht lassen sich leicht herstellen. Insbesondere bietet sich ein Lernzirkel an beziehungsweise ein Lernen an Stationen. Die Kinder sollten sämtliche verschiedenen Zeitmesser kennen lernen und miteinander vergleichen sowie sie in unterschiedlichen Situationen auf ihre Genauigkeit und Güte hin erproben. Bestimmte Zeitmesser wie die Sanduhr oder das Pendel sind ungeeignet, lange Zeitverläufe hinreichend gut zu erfassen, andere sind dagegen ungünstig bei kurzen Zeitdauern wie die Schatten-Sonnen-Uhr.

41.1 verlangt von den Kindern, Zeitdauern im Vergleich abzuschätzen. Was dauert länger, was geht schneller? Bei den verschiedenen Vergleichspaaren kann es durchaus von Schüler zu Schüler zu unterschiedlichen Einschätzungen kommen, für den einen kann das Frühstücken länger dauern, als ein Bild zu malen, beim anderen ist es umgekehrt; ein kurzes Gedicht lernt sich schneller, als ein Lied zu singen, für den einen ist es bis Weihnachten länger hin als bis zum Geburtstag, für andere Kinder zu diesem Zeitpunkt umgekehrt. Im zweiten Teil des Übungsblattes sollten die Kinder anstreichen, welches Zeitmessinstrument die jeweilige Aktivität am genauesten zu messen gestattet. Die Kinder können die Tabelle im Heft erweitern und zusätzliche Aktivitäten, etwa die vom oberen Teil des Übungs-

blattes, noch aufnehmen und in tabellarischer Form darstellen. Für den letzten Teil bedarf es einer Stoppuhr oder einer Armbanduhr mit Sekundenzeiger (eine Digitaluhr wird nicht empfohlen, da mit ihrer Hilfe keine anschaulichen Beziehungen zur Zeitdarstellung entwickelt werden können).

Diese Aktivitäten müssen in Partnerarbeit gemacht werden, da ein Kind die Aktivität ausführt und das andere Kind die Zeit misst. Anschließend wird die gleiche Aktivität in umgekehrter Rollenverteilung durchgeführt und die Partner können ihre Angaben miteinander vergleichen. Dies kann bei abweichenden Messungen zu der Überlegung des Mittelwertes führen, sollte aber nicht unbedingt forciert werden.

Schwierigkeiten werden bei diesen Tätigkeiten nicht beobachtet. Allerdings ist die Fähigkeit der Kinder, Zeitschätzungen vorzunehmen, sehr unterschiedlich entwickelt. Diese Unterrichtseinheit und die in diesem und den folgenden Schuljahren durchzuführenden Aktivitäten zum Thema Zeit haben unter anderem aber gerade das Ziel, Zeitvorstellungen aufzubauen.

Allerdings muss angemerkt werden, dass gerade die Zeit eine Größe ist, die in hohem Maße von subjektiven Gegebenheiten

und dem Alter abhängt. So kann eine Viertelstunde in einer Situation, zum Beispiel das Warten auf die Pause, furchtbar lang erscheinen, die gleiche Zeitdauer, etwa die Pause selbst, relativ kurz. Zum anderen ist das Erleben der Zeit abhängig von der Intensität der in ihr ablaufenden Ereignisse. Aus diesem Grund erscheint in jungen Jahren die Zeit bis zum nächsten Geburtstag unendlich lang, im Alter schwinden die Jahre zu schnell dahin.

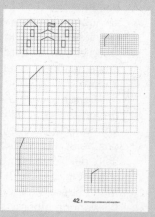

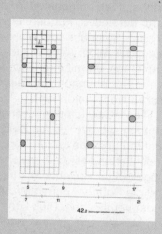

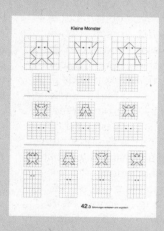

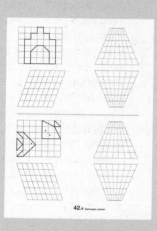

Geometrische Aktivitäten mit verzerrenden
Darstellungen, Verkleinern, Vergrößern,
schmal Machen und Verbreitern.

Da erfahrungsgemäß den Kindern diese
Aktivitäten sehr viel Spaß machen, ist es
günstig, entsprechendes Papier als Kopier-
vorlagen vorrätig zu haben.

Zum Einstieg ist eine Kopfgeometriephase
geeignet. Hierzu eignet sich die anzahlmäßige
„Vergrößerung" von Würfeln: Ein Würfel wird in
allen drei Ebenen durchgeschnitten (gesägt).
Wie viele kleine Würfel entstehen? Wie sehen
sie aus, wenn ich den Ausgangswürfel vorher
rot angemalt habe? Wie viele kleine Würfel
benötige ich, wenn ich einen noch größeren
Würfel bauen möchte?

Als Ausgangspunkt des weiteren Vorgehens kann die Illustration der Schulbuchseite
dienen. Die Kinder sehen hierbei eine Menge

verschiedener Situationen, in denen Verzerrungen, Vergrößerungen und Verkleinerungen etc. vorkommen. Einige dieser Situationen sind den Kindern im Laufe ihres Lebens schon begegnet, eventuell war bereits ein Kind auf der Kirmes im Spiegelkabinett, hat Erfahrungen mit dem Werfen von Schatten an die Wand, kennt die verzerrende Wirkung des Schattens auf dem Fußboden, das Vergrößern durch mit Wasser gefüllten, kugeligen Aquarien, Spiegelbilder im Löffel usw.

Die Kinder sollten Gelegenheit bekommen, über ihre Erfahrungen zu berichten und zu beschreiben, was das jeweilige Verzerren des Spiegel- beziehungsweise Schattenbildes hervorgerufen hat. Wie könnten wir das zeichnen, wie ist das Verhältnis von Ursprungsobjekt und verzerrt wiedergegebenem Bild.

Es bietet sich sogar an, dass die Kinder über ihre Erlebnisse einen kleinen Bericht schreiben und versuchen, zeichnerisch darzustellen, wie die beiden Objekte sich zueinander verhielten (Mathematiktagebuch).

Auch mit Hilfe des Tageslichtprojektors lassen sich verzerrende Bilder an die Wand werfen. So ist je nach Steilheit des Bildes eine Verzerrung gegeben, die den Verzerrungen auf der Übungsseite **42.4** entsprechen, durch Verschieben des Tageslichtprojektors näher an die Wand heran oder weiter weg ergeben sich Vergrößerungen und Verkleinerungen, obwohl offensichtlich die Folie, das heißt das gemalte Bild, gleich bleibt.

Der Übungsteil nimmt das Thema auf und erfordert von den Kindern, dass sie verschiedene Vergrößerungen/Verkleinerungen und Verzerrungen vornehmen.

42.1 verlangt von den Kindern Verkleinerungen und Vergrößerungen sowie im unteren Teil schmal werdende und breit werdende Bauwerke. Die Kinder können unter ästhetischen Gesichtspunkten Bewertungen über die verschiedenen Darstellungen anstellen, sie sollten aber auch versuchen zu beschreiben, welche Eigenschaften der Ausgangsfigur gleich bleiben und welche nicht. So bleiben die Längenverhältnisse bei Verkleinerungen und Vergrößerungen gleich, bei den unteren beiden Darstellungen (schmal beziehungsweise breit werden) hingegen nicht. Die Winkel bleiben erhalten, und was parallel war ist auch weiterhin parallel. Dies wird allerdings als Eigenschaft erst ins Bewusstsein rücken, wenn die Übungsseite **42.4** behandelt wird.

42.2 stellt eine Fortsetzung der vorangehenden Übungsseite dar, wobei hier deutlich wird, dass bei Verzerrungen Kreise nicht mehr Kreise bleiben, sondern sich zu Ellipsen verändern. Am unteren Rand der Übungsseite sind Wiederholungen am Zahlenstrahl vorgesehen. Hierbei sind die jeweiligen Mitten zwischen vorgegebenen Zahlen zu finden und einzutragen.

42.3 ist eine weitere Fortsetzung, diesmal mit dem Thema der kleinen Monster, die nun im Gegensatz zur ersten Klasse nicht nur verkleinert und vergrößert werden, sie werden auch verzerrt.

42.4 treibt die Verzerrung noch weiter. Dieses Blatt kann auch als Differenzierung eingesetzt werden, da die entstehenden Figuren schwieriger sind und größere Fähigkeiten von den Kindern verlangen. Die Ergebnisse sind lustig, sie sehen im oberen Teil des Übungsblattes aus, als würde man das Objekt aus einer bestimmten Perspektive her sehen, nämlich von oben herab oder von unten hinauf blickend, da sich jeweils ein Fluchtpunkt ergibt. Die zeichnerische Gestaltung verlangt von den Kindern bei sämtlichen Übungsblättern, dass sie sich sehr genau über die Kästchen und die Richtung der Striche bewusst werden.

Jene Kinder könnten Schwierigkeiten besitzen, bei denen eine Orientierungsstörung vorliegt. Allerdings dienen diese Übungen auch dazu, die Orientierungsstörung fördernd anzugehen.

Der Jahreskreis: Ereignisse richtig zuordnen

43

Für weiterführende Aufgaben wird das Heft
benötigt.

Die Kinder werden gefragt, welche verschiedenen Jahreszeiten sie kennen und ob sie sich erinnern, was sie in den einzelnen Jahreszeiten gemacht haben.

Es werden Aktivitäten gesammelt, die den einzelnen Jahreszeiten zuzuordnen sind. Hierzu bieten sich Partner- beziehungsweise Gruppenarbeit an. Die Kinder sollten für die vier Jahreszeiten Listen mit Aktivitäten erstellen. Zudem sollten sie angeben, welche Monate mit welchen Jahreszeiten zusammenhängen, wobei nicht unbedingt vorausgesetzt wird, dass alle Kinder sämtliche Monatsnamen kennen. Auch die Reihenfolge der Monate ist im Allgemeinen noch nicht sicher.

Die Kinder sollten aus ihren Listen und zugehörigen Bildern, die sie für die verschiedenen Monate und Jahreszeiten malen können, ein großes Klassenplakat erstellen.

Die Frage, welcher Monat denn nach dem Dezember kommt, führt sehr schnell dazu, dass die Darstellung in Form eines Kreises sich als günstig erweist, ähnlich wie die Darstellung an der Uhr.

Es kann nicht davon ausgegangen werden, dass die Kinder wissen, wie viele Tage jeder einzelne Monat besitzt. Auch wenn sie bereits bei der Kalendererstellung (Schulbuchseite 36) auf diese Angaben gestoßen sind, so kann dieses Wissen nicht als verfügbar vorausgesetzt werden.

Ist noch ein Exemplar der von den Kindern erstellten Kalender in der Klasse vorhanden oder irgendein anderer Kalender, dann sollten die Kinder in den Jahreskreis nun eintragen, wie viele Tage die Monate haben (Vorsicht beim Februar!).

Im Schulbuch ist eine Faustregel angegeben, mit der die Kinder sich merken beziehungsweise selbst ableiten können, welche Monate 30 oder 31 Tage haben; der Februar ist als Sonderfall zu behandeln. Das Abzählen an den Knöcheln und Vertiefungen zwischen den Fingerknöcheln sollte vorgemacht, und es sollte überprüft werden, so dass jedes einzelne Kind dies auch tun kann. Hierbei ist Voraussetzung, dass die Kinder die Monatsnamen für das gesamte Jahr aufsagen können (Übung im Klassenchor!).

43.1 nimmt die Schulbuchillustration wieder auf; die Kinder sollten passende, dem betreffenden Monat zugehörige Bilder hineinmalen. Es handelt sich um eine kreative Aktivität, wobei die schönsten Exemplare ausgestellt werden können, wenn Konsens herrscht, dass ausnahmsweise ein Blatt aus dem Übungsteil entnommen wird.

Im zweiten Teil des Arbeitsblattes sind Ereignisse einzutragen, die den Kindern geläufig sind. Allerdings weiß nicht jedes Kind das Datum seines Geburtstages oder das Datum des Geburtstages des Vaters oder der Mutter, es kann diese aber bis zum nächsten Schultag zu Hause erfragen. Weitere Ereignisse oder Feste nach eigenem Belieben sollten eingefügt werden.

43.2 behandelt die Monate; im ersten Abschnitt der Reihenfolge nach. Als Lösungshilfe sind in spiegelverkehrter Schrift die Monate in der Mitte abgedruckt. Zusätzlich muss die Anzahl der Tage angegeben werden. Die Fragen zu den Monaten sind unterschiedlicher Natur, zum einen wird nach der Reihenfolge aber auch nach der Schreibweise gefragt. In der Tabelle sind zeilenweise die Nachbarmonate zu benennen.

43.3 verlangt von den Kindern, Textaufgaben zu lösen und Sachzusammenhänge mit dem Thema Zeit herzustellen. Vorsicht: Einige Aufgaben sind nicht lösbar oder in dem Sinne offen, dass (fast) beliebige Lösungen vorkommen können. Es ist günstig, wenn die Kinder sich bei den Textaufgaben verständigen und die Lösbarkeit beziehungsweise Unlösbarkeit von Aufgaben diskutieren.

Nicht alle Kinder kennen die Reihe der Monatsnamen, aber dies ist kein Hinweis auf eine basale kognitive Störung, sondern eher ein Problem des Alltagswissens. Die Kinder kamen bis jetzt in sehr unterschiedlichem Ausmaß mit Monaten und ihren Namen in Berührung. Kinder mit vielen Geschwistern und entsprechend vielen Geburtstagen haben sich in höherem Maße über die Abfolge der Monate in einem Jahr Gedanken gemacht als Kinder aus Kleinfamilien. Dieser Wissensvorsprung macht sich nun bemerkbar, ohne dass er diagnostisch überbewertet werden sollte.

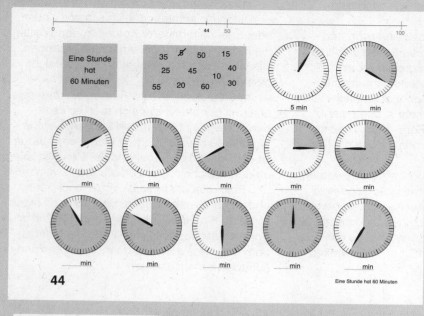

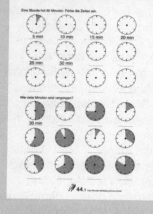

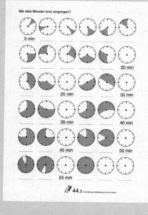

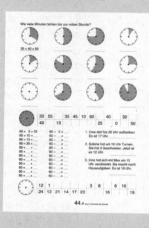

Die Fünfereinteilung der Stunde,
die Bewegung des großen Zeigers und
die entsprechende Zeiteinteilung kennen
lernen; Verbindung der Zeit und der Zahlen
auf der Uhr mit der Multiplikationsreihe.

Es sollte eine Demonstrationsuhr vorhanden
sein, bei welcher nicht notwendigerweise
der kleine Zeiger automatisch mitläuft,
wenn der große Zeiger gedreht wird.
(Es kann sogar für einige Kinder vorteilhaft
sein, wenn kein kleiner Zeiger vorhanden ist.)
Es geht nicht um die Bestimmung des
Zeitpunktes sondern um Zeitdauern,
weshalb der kleine Zeiger manchmal irritie-
rend wirkt. Anmerkung: Die bei uns übliche

Zeiteinteilung in Stunden und Minuten geht
auf nicht-dezimale Rechensysteme zurück,
die statt der 10 die 60 als Basis verwendeten.
   Diese Basis hatte für den Handel und
für andere Alltagsaktivitäten den Vorteil,
dass sich leichter Teile berechnen lassen:
60 ist durch zwei, drei, vier, fünf, sechs, zehn,
zwölf, fünfzehn, zwanzig und dreißig teilbar,
in diesem Sinne also wesentlich praktischer
als die 10.

Zu Beginn der Stunde sollte sichergestellt sein, dass die Kinder wissen, dass eine Stunde sechzig Minuten hat. Wie viele hat dann eine halbe Stunde? Wie viele Minuten hat eine Viertelstunde, eine Dreiviertelstunde? Die jeweilige Zeigerstellung sollte an der Demonstrationsuhr gezeigt werden. Anschließend sollten sich die Kinder überlegen, wo der große Zeiger steht, wenn von einer vollen Stunde (Ausgangspunkt des großen Zeigers ist die 12) 35 Minuten vergangen sind.

Üblicherweise zeigt sich, dass die Kinder über sehr unterschiedliche Kenntnisse der Uhr verfügen und ihre Umgehensweise mit der Uhr sehr unterschiedlich ist, ihr Wissen über diesen Inhalt der zweiten Klasse wohl am heterogensten ausfällt. Einige Kinder können die Uhr noch gar nicht ablesen, andere können sehr

gekonnt die Uhr genau auf die Minuten einstellen und ablesen.

Wesentlich ist nun, den Zeitablauf an der (Analog-) Uhr mit der Fünferreihe in Verbindung zu bringen. Steht der große Zeiger auf der Eins, dann sind fünf Minuten vergangen, fünf kleine Intervalle, das heißt vier kleine Striche und dann der größere Strich der Eins wurden überstrichen. Steht der große Zeiger auf der Zwei, dann sind weitere fünf Minuten vergangen etc.

Gerade schwächere Schüler bedürfen einer ausgiebigen Erfahrung mit der Demonstrationsuhr. Gegebenenfalls sollten Untergruppen innerhalb der Klasse gebildet werden, um den Kindern Gelegenheit zu geben, diese Erfahrungslücken aufzufüllen.

44.1 nimmt anfangs in systematischer Weise die Verbindung „Stellung des großen Zeigers" – Fünferreihe wieder auf. Die Kinder sollten die gesamten Flächen, die der große Zeiger von der zwölf ausgehend überstreicht, ausmalen. Es ist wichtig, dass die Zeitdauer als Fläche gesehen wird und nicht als einzelne Stellung. Die Unterscheidung zwischen Zeitpunkt und Zeitdauer ist ein wesentliches Moment und Lernziel in diesem Bereich.

Im zweiten Teil des Arbeitsblattes wird das Umgekehrte verlangt. Jetzt werden allerdings in unsystematischer Weise Überstreichungen des großen Zeigers (= Flächen) vorgegeben und die entsprechenden Zeitdauern sind einzutragen.

44.2 stellt eine Wiederholung von **39.2** dar, es sind Zahlenkombinationen zu bilden, Größenordnungen sind zu schätzen und Zahlenrätsel zu lösen.

In Partnerarbeit sollten sich die Kinder weitere Zahlenrätsel ausdenken, das heißt versuchen, aus sechs Zahlen, die sie sich selbst auswählen dürfen, neue Rätsel und Charakteristika für Zahlen zu finden. Diese sollten sie als Text dem Partner vorlegen, der die entsprechende Zahl aus dieser, von ihnen selbst gebildeten Zahlenmenge herausfinden muss. Die Texte und selbst erstellten Rätsel sollten

in einem Klassen-Rätselbuch gesammelt werden.

44.3 wiederholt die Aufgaben von **44.1**, allerdings sind die Zeitdauern jetzt nicht mehr nur von der zwölf ausgehend zu bestimmen, sondern von einer beliebigen Zeigerstellung aus. Hierzu empfiehlt es sich, an der Demonstrationsuhr erneut in der Klasse diese Zeitdauern bestimmen zu lassen.

Unterrichtsgegenstand ist das Ablesen einer Analoguhr, das Vergleichen von Zeigerstellungen und Bestimmung der dazwischen liegenden Zeitspanne. Dies geschieht über die Bestimmung von Kreisausschnitten. Ein anderes Problem läge vor, wenn Anfangszeitpunkt und Endzeitpunkt als Zahlen gegeben sind und die Zeitspanne zu berechnen ist. Diese Übungen sind hiervon verschiedene Darstellungen und werden auch dementsprechend im Kopf anders repräsentiert.

44.4 variiert das Thema der Zeit, indem nun die Ergänzung zur vollen Stunde gesucht ist. Zusätzlich sind Textaufgaben enthalten, bei denen zu entscheiden ist, ob diese Aufgaben zu rechnen sind oder nicht.

Im unteren Teil sind zur Wiederholung von den Kindern die beiden Uhrzeiten zu finden, die einer Zeigerstellung zuzuordnen sind.

Schwierigkeiten treten bei den Kindern auf, deren Erfahrung im Umgang mit der Analoguhr sehr gering ist und die noch Schwierigkeiten haben, die Uhr abzulesen. Dies sollte in Förderstunden in Einzel- oder Kleingruppenarbeit geschehen. Wichtig ist das schnelle, direkte Erfassen von Zeigerstellungen.

Möglicherweise treten bei Kindern mit Orientierungsstörungen Fehler auf, die die

Uhrzeiten spiegelverkehrt angeben, wenn in der Darstellung auf der Schulbuch- oder Übungsseite Uhren ohne Ziffern vorliegen. Dann kommt es zu Verwechslungen zwischen vier Uhr und acht Uhr, da sich in der Vorstellung der Kinder die Uhr andersherum dreht.

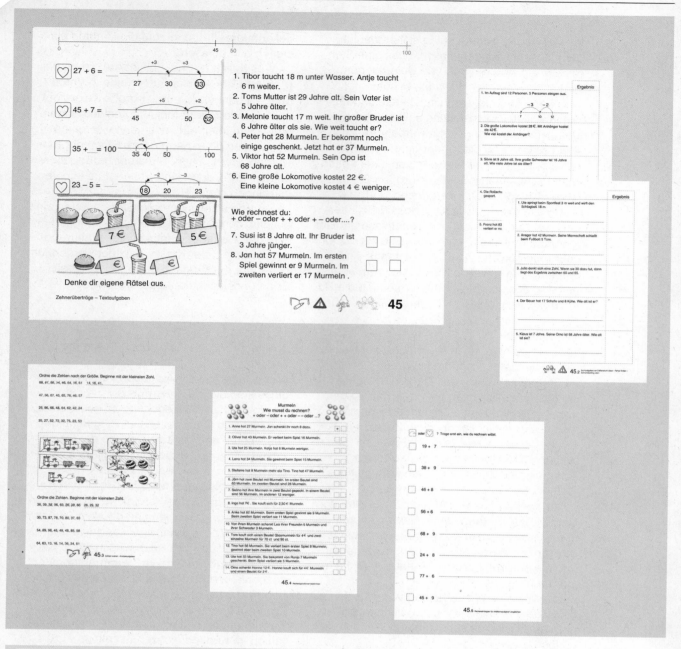

Wiederholung der Addition und Subtraktion
mit Zehnerübertrag, Strategie der Ergänzung
zum Zehner, „Verliebte Herzen";
Text- und Knobelaufgaben.

Für das Entwickeln eigener Textaufgaben
und Stellung von Problemen für den Partner
benötigen die Kinder das Heft. Ebenso
zur Herstellung eigener Knobelaufgaben.

Am Anfang der Stunde sollten die „Verliebten
Herzen" wiederholt werden (schnelles Kopfrechnen), anschließend können in der Klasse
als Kopfrechenaufgaben einfache Additionsaufgaben gelöst werden, bei denen der zweite
Summand einstellig ist, aber eine Zehnerüberschreitung vorliegt, etwa 38 + 4.

Ein weiterer Typ von Kopfrechenaufgaben
sollte darin bestehen, dass die Kinder in
Sprüngen von einer Zahl bis 100 ergänzen
und hierbei Schritte zum nächsten Zehner
machen und dann zur 100 (Aufgabentyp
38 + _ = 100). Hierfür kann man die Klasse in
Gruppen einteilen, die eine sagt den nächsten

Zehner, die andere bestimmt die Entfernung bis zum nächsten Zehner. Beispiel: Zu der Zahl 38 sagt die eine Gruppe 40 und die andere sagt 2, die Ergänzung zum Hunderter (60) wird von beiden Gruppen angegeben.

Die Schüler übertragen anschließend die Aufgaben, die in der rechten Spalte der Schulbuchseite sind, auf den Zahlenstrahl. Hierbei müssen sie entscheiden, ob eine Lösung überhaupt möglich ist, denn es kommen auf der Schulbuchseite, wie auch auf den Übungsseiten, Fehler vor. Bei den Aufgaben 7 und 8 sollten die Kinder zuerst in Gruppen diskutieren, wie sie die Aufgaben lösen würden. Hier geht es nicht darum, eine numerische Lösung anzugeben, sondern die Rechenoperation zu finden. So ist beispielsweise bei der Aufgabe 8 zuerst eine Addition und dann eine Subtraktion zu rechnen; in die Kästchen neben der Aufgabe sind dementsprechend die Zeichen „Plus" und „Minus" einzutragen.

Die Knobelaufgaben sind in diesem Falle nicht zur Differenzierung gedacht, sondern sollten von allen Schülern bearbeitet werden. Das Vorgehen der Schüler ist bei diesen Aufgaben erfahrungsgemäß sehr unterschiedlich, und sie sollten beschreiben, wie sie die Lösung erhalten. Verschiedene Wege sind möglich. So gibt es Schüler, die durch Experimentieren herausfinden, wie viel ein Brötchen und ein Getränk kosten, andere gehen systematisch heran, indem sie feststellen, dass das Austauschen von einem Brötchen in ein Getränk den Gesamtpreis um 2 Euro erniedrigt, ein nochmaliges Austauschen würde wiederum um 2 Euro Verminderung führen, also insgesamt auf 3 Euro. Dementsprechend kostet ein Getränk 1 Euro und davon wiederum abgeleitet ein Brötchen 3 Euro. Die Kinder sollten sich selbst Rätsel hierzu ausdenken und sie den Partnern vorlegen.

Die Seiten **45.1** und **45.2** enthalten Textaufgaben, die auf dem Zahlenstrahl darzustellen sind, vorausgesetzt allerdings, es gibt eine Lösung. Bei einigen Aufgaben ist eine Lösung nicht möglich, bei anderen Aufgaben gibt es verschiedene Lösungen. Die Fehlersuche, die Entscheidung über Sinnhaftigkeit oder Unsinnigkeit wird nicht immer von den Schülern erkannt.

45.3 verlangt von den Kindern Zahlen, die in einer ungeordneten Reihe angegeben sind, der Größe nach zu ordnen. Es sollte davon abgesehen werden, einen Hinweis auf die Strategie zu geben, etwa dass nach den Zehnern geschaut werden sollte und anschließend, wenn diese gleich sind, nach den Einern. Es kann sein, dass die Kinder eine hiervon unterschiedliche Strategie verwenden (wie übrigens sehr viele Erwachsene auch), da sie eher eine vorgestellte Anordnung linearer Art, etwa an einem Zahlenstrahl, vornehmen und hierbei von links nach rechts die Zahlen durchlaufen.

In der Mitte der Seite sind weitere Knobelaufgaben angegeben, die als Vorlage für selbst zu erstellende Aufgaben dienen.

45.4 fordert von den Kindern, die zu den Textaufgaben zugehörige Rechenoperation zu bestimmen. Hierbei handelt es sich bis Aufgabe 8

um jeweils eine Operation, ab Aufgabe 9 sind zwei Operationen erforderlich, um auf die Lösung zu gelangen. Die numerische Lösung wird hier nicht erwartet, sondern nur die Angabe der erforderlichen Operationen (und entsprechend der Anzahl der Operationen).

Bei der Aufgabe 7 sind möglicherweise auch zwei Operationen erforderlich, je nachdem, welche Frage gestellt wird. Fragt man danach, wie viele Murmeln im zweiten Beutel sind, dann wird lediglich eine Subtraktion verlangt, wenn man fragt, wie viele Murmeln Selina insgesamt hat, dann wird erst eine Subtraktion und anschließend eine Addition (oder umgekehrt) erwartet.

45.5 verlangt von den Kindern, eine Entscheidung bei (relativ einfachen) Aufgaben über die anzuwendende Strategie zu treffen. Sie sollten zuerst das Strategiezeichen eintragen und erst anschließend die Rechnung am Zahlenstrahl durchführen. Beide Strategien, die der „Verliebten Herzen" und die der Sprungaddition, sind den Schülern bekannt.

Allerdings ist ihnen freigestellt, auch eine andere Strategie als die am oberen Rand gekennzeichneten zu verwenden. Wenn sie hierfür ein Strategiezeichen zur Verfügung haben, dann tragen sie es ein, anderenfalls bleibt das Kästchen leer.

Schwierigkeiten sind üblicherweise hier nicht zu beobachten, die unterschiedlichen Rechenstrategien der Kinder sollten lediglich registriert werden.

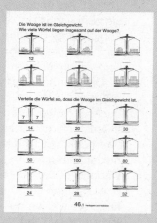

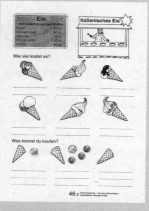

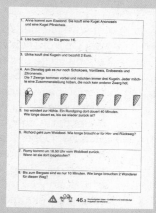

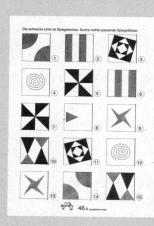

Das Halbieren und Verdoppeln in verschiedenen Kontexten, auch geometrischen Sachverhalten, erproben; Rechnen mit Geld und mit Zeiten; Knobelaufgaben am Kalender, der Hundertertafel und anderen Zahlenfeldern üben und Regelmäßigkeiten/Muster erkennen.

Wird der Eisverkauf handelnd durchgeführt und werden in Spielsituationen verschiedene Zusammenstellungen geprobt, dann ist Spielgeld erforderlich. Ist eine Balkenwaage in der Klasse vorhanden, so kann sie für die arithmetischen Aufgaben des Übungsteiles verwendet werden.

Die Stunde sollte mit einer Kopfrechenphase beginnen, die das Verdoppeln und Halbieren beinhaltet.

Als Ausgangspunkt für das weitere Vorgehen kann die Illustration der Schulbuchseite dienen. Es sind verschiedene Situationen und Sachverhalte dargestellt, die von den Kindern entdeckt werden können und zum weiteren Vorgehen animieren:

Spiegelungen an der Wasseroberfläche können dazu führen, dass die Kinder selbst Bilder mit Spiegelungen entwerfen; gegebenenfalls können sie Fehler einbauen und vom Partner finden lassen.

An der Eisdiele sind verschiedene Preise für Eiskugeln und Zusätze wie Sahne, Streusel etc, angegeben. Die Kinder sollen sich nach ihren eigenen Wünschen Eisportionen zusammenstellen und die Preise berechnen.

Die Entfernungen zu verschiedenen Ausflugszielen sind am Wegweiser angegeben. Die Kinder sollten eine Rundwanderung planen und die erforderliche Zeit berechnen. Sie können hierbei auch unterschiedliche Aufenthaltsdauern einkalkulieren.

Hierbei ist zu beachten, dass die Zeitangaben nur für einen Weg gelten und der Rückweg genauso lange dauert. Dieses reversible Denken sollte zwar von allen Kindern geleistet werden können, wird aber von einigen durchaus übersehen.

Darüber hinaus bleibt es unklar, ob die in gleiche Richtung abzweigenden Ziele, Bergsee und Höhle oder Waldbad und Rathaus, notwendig auf einer Linie legen müssen. Es stellt sich dann die Frage, ob es vom Bergsee genau 20 Minuten bis zur Höhle dauert, vom Waldbad 15 Minuten bis zum Rathaus, oder ob auch andere Wege möglich sind.

Es kann angeregt werden, einen Plan der Gegend zu machen, der in etwa den Angaben, das heißt Abstände = Zeitdauer, entspricht.

Mit der Balkenwaage werden Mengen verglichen und Halbierungen beziehungsweise Verdopplungen vorgenommen. Die Kinder können mit wesentlich mehr Würfeln (oder anderem Material wie zum Beispiel Wendeplättchen, Steckwürfel, aber auch nicht-mathematische Objekte wie Schrauben, Bleistifte etc.) experimentieren.

An einer Folie oder an der Tafel sollte das Zahlenquadrat 1 bis 25 sichtbar sein. Ein $2 \cdot 2$ Quadrat wird eingerahmt und die Additionen in den Diagonalen durchgeführt. Ist es Zufall, das sich in beiden Richtungen das gleiche Ergebnis einstellt?

In einem zweiten Schritt werden die Subtraktionen senkrecht von unten nach oben im gleichen Quadrat berechnet. Auch hier stellt sich die Frage, „Ist es Zufall, dass sich für beide Rechnungen das gleiche Ergebnis ergibt?" Diese Aufgabe wird an weiteren kleinen $2 \cdot 2$ Quadraten untersucht.

Als Differenzierungsmaßnahme können die gleichen Aufgabentypen am Hunderterfeld oder an einem Monatskalender durchgeführt werden. Lässt sich schon im Voraus immer bestimmen, was das Ergebnis der Subtraktion ist? Lassen sich bestimmte kleine Quadrate finden, so dass die Diagonalsummen 14 oder 20 sind? Kann als Ergebnis jede beliebige Zahl sich einstellen? Einige Kinder werden herbei erkennen, das bei dem $5 \cdot 5$ Feld sich bei der Addition nur gerade Zahlen ergeben können, genauso bei dem Kalender. Die Subtraktionsergebnisse sind am Fünfundzwanzigerfeld immer 5, unabhängig von der Lage des kleinen Quadrates, am Kalender sind sie immer 7. Wäre dies bei einem anderen Monat anders? Am Hunderterfeld können sich bei der Addition nur ungerade Zahlen ergeben, die Subtraktion ergibt immer 10.

46.1 vertieft den Aspekt des Halbierens und Verdoppelns, der bei der Schulbuchseite bereits thematisiert wurde. Es handelt sich um Aufgaben mit der Balkenwaage, die den Kindern bereits aus der ersten Klasse vertraut sein dürften.

46.2 stellt in bildhafter Form Sachaufgaben dar, bei denen die Kinder die Preise für unterschiedliche Eiswaffeln berechnen müssen. Es ist darauf zu achten, das die Schokoladenstreusel mit berücksichtigt werden.

Im unteren Teil des Übungsblattes können die Kinder mit dem verfügbaren Geld planen und sich unterschiedliche Eiswaffeln selbst zusammenstellen.

46.3 stellt Sachaufgaben zu dem Bild der Schulbuchseite dar. Die Kinder müssen hierbei nicht nur die Sachaufgaben lösen, sondern auch die unlösbaren und mehrdeutigen Aufgaben herausfinden. Darüber hinaus sollten sie im Heft weitere Geschichten erfinden, die lösbar oder auch unlösbar sein können. Diese werden dann in Partnerarbeit bearbeitet. Sie können in einem Klassenrätselheft gesammelt werden.

46.4 und **46.5** verlangen von den Kindern, zu den vorgegebenen Bildern die entsprechenden Spiegelbilder zu finden. Hierbei ist insbesondere auf die Orientierung zu achten, da die Bilder in unterschiedlichen Orientierungen auftreten.

Schwierigkeiten können lediglich dann auftreten, wenn die Kinder die Verdopplungen im Zahlenraum bis 20 noch nicht sicher beherrschen und dementsprechend nicht auf andere Zahlenräume übertragen können.

Darüber hinaus können Fehler bei der Spiegelungsaufgabe, Seite **46.4** und **46.5**, auftreten. Wird dies bei Kindern beobachtet, die auch in anderen Situationen Umkehrungen, Klappungen oder Spiegelungen in inadäquater Weise vornehmen, dann könnte dies ein weiterer Hinweis für eine Orientierungsstörung sein. Dies sollte weiter beobachtet werden, möglich sind Fördermaßnahmen, die gezielt die Orientierungsstörung angehen.

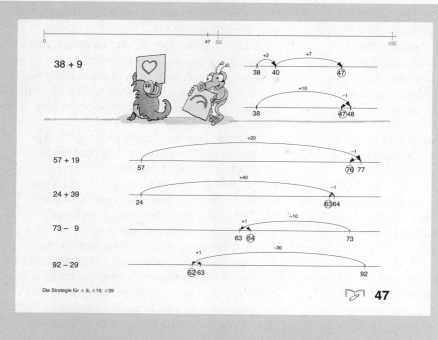

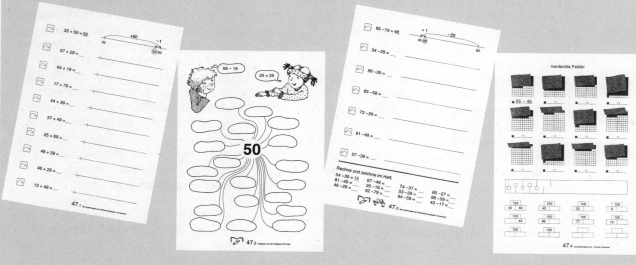

Die Kinder erproben zwei unterschiedliche Strategien: Die Zehnerergänzung („Verliebte Herzen") und die Sprung-Strategie bei Aufgaben, bei denen der zweite Summand eine Neunerzahl ist (9, 19, 29,...). Die Kinder sollen herausfinden, welche für sie selbst die geeignete Strategie darstellt.

Die Kinder benötigen für diese Aufgaben das Heft, weitergehendes Material ist nicht erforderlich. Nur wenige Kinder werden bei der Sprungstrategie noch auf die Pappsteifen zurückgreifen wollen.

Die Stunde sollte mit einer Kopfrechenphase beginnen, die insbesondere Zehnersprünge vorwärts und rückwärts enthält.

Es wird vorgeschlagen, dass die Kinder sehr kurz, ca. zwei bis drei Minuten, in Einzelarbeit zwei Aufgaben am Zahlenstrahl lösen, bei denen die zweite Zahl eine Neunerzahl darstellt, zum Beispiel 57 + 19.

In einem zweiten Schritt sollten die Schüler in Partnerarbeit sich wechselweise erklären, wie sie die Aufgabe gelöst haben. Wesentlich ist hierbei das Verständnis der Strategie des Partners.

In einem dritten Schritt sollten die Kinder in einem doppelten Stuhlkreis einem dritten Kind erklären, wie der Partner (!) die Aufgaben gelöst hat. Es ist wichtig, das die Strategie des anderen Kindes erläutert wird, nicht die eigene Strategie. Dies soll zu einer stärkeren Auseinandersetzung mit der gegebenenfalls nicht verwendeten Strategie führen.

Anschließend sollten die Kinder die Aufgaben der Schulbuchseite nach beiden möglichen Strategien, der Sprung-Strategie und der Zehnerergänzung („Verliebte Herzen") zu lösen versuchen und am Zahlenstrahl darstellen. Auch hierbei ist es wichtig, dass von den Kindern beide Strategien bei der gleichen Aufgabe durchgeführt werden. Die Ergebnisse sind jeweils von den Partnern zu kontrollieren und auch die Darstellung am Zahlenstrahl zu bewerten und gegebenenfalls Verbesserungen zu diskutieren.

47.1 verlangt von den Kindern die Verwendung der Sprung-Strategie bei einer Reihe von Aufgaben. Hierbei ist keine Wahlmöglichkeit vorgesehen, die Kinder sollten sämtlich diese Strategie bei den Aufgaben der Übungsseite verwenden.

47.2 fordert von den Kindern, viele Aufgaben zu finden, bei denen sich 50 als Ergebnis einstellt. Hierbei ist nicht unbedingt eine Beschränkung auf Addition und Subtraktion vorgesehen, es können auch Multiplikationsaufgaben vorkommen. Divisionsaufgaben, etwa $100 : 2$ oder auch sprachlich ausgedrückt „Die Hälfte von 100", werden seltener beobachtet, sollten aber dann zum Thema in der Klasse gemacht werden. Die Kinder können darüber hinaus weitere Aufgaben zu 50 finden und diese in ihrem Heft notieren. Die Aufgaben sollten anschließend diskutiert und zu einem großen „50"-Plakat gestaltet werden.

Zu Differenzierungszwecken können auch weitere Zielzahlen gefunden werden, die einen unterschiedlichen Schwierigkeitsgrad aufweisen, zum Beispiel 30 oder 39.

47.3 stellt eine Fortsetzung von **47.1** dar; an dieser Stelle sollten alle Kinder die Sprung-Strategie „Zurück-vor" verwenden. Diese

Strategie ist eine dem Kopfrechnen Erwachsener sehr naheliegende Verfahrensweise, die die Flexibilität des rechnerischen Denkens erhöht. Am unteren Rand sind Aufgaben gleicher Struktur angegeben, die jetzt ohne Zuhilfenahme des Rechenstrichs gelöst werden. Die Ergebnisse sind vom Partner zu kontrollieren.

47.4 thematisiert das Hunderterfeld (nicht die Hundertertafel!).Die Kinder müssen jeweils angeben, wie viele schwarze Felder und wie viele weiße Felder vorhanden sind („Hunderterergänzung").

Das Muster sollte von den Kindern fortgesetzt werden, es stellt insofern eine höhere Schwierigkeit als andere Muster dar, als der Dreierrhythmus der geometrischen Figuren Quadrat, Kreis, Dreieck mit einem Zweierrhythmus oben – unten verbunden ist.

Die unteren Zahlenpyramiden sind jeweils Hunderterergänzungen. Einige von diesen Zahlenpyramiden sind offen gestaltet, so dass die Kinder eigene Zahlen finden können, die sich auf 100 ergänzen. Hier werden die Kinder unterschiedlich kreativ sein und der Schwierigkeitsgrad der von ihnen gewählten Zahlen wird sehr verschieden ausfallen.

Auf dieser Seite und den zugehörigen Übungsseiten sollten sich keine Schwierigkeiten ergeben. Fehler treten möglicherweise bei den Zahlenpyramiden auf, indem die Hunderterergänzung um einen Zehner zu groß gewählt wird. Hierbei handelt es sich um einen häufig bei Schülern zu beobachtenden Fehler, indem die Einer zu Zehner ergänzt werden und die Zehner davon getrennt zu Hundert. Beispiel: $77 + 33 = 100$. Diese Fehler sind bei dem Hunderterfeld allerdings seltener beobachten weshalb dies zu Fördergründen herangezogen werden sollte. Kinder, die solche Fehler aufweisen, sollten intensiver mit dem Hunderterfeld arbeiten.

Es ist hierbei zu beachten, das die Hundertertafel, auf der die Zahlen von 1 bis 100 in

zehn Reihen notiert sind, zum Erfassen und zur Zehnerergänzung weniger hilfreich ist (siehe auch Kommentar zu Schulbuchseite 31). Die Hundertertafel betont den ordinalen Aspekt von Zahlen: Jede Zahl hat ihren Ort, sie bedeutet aber nicht notwendigerweise die Menge (Fläche) der vorangehenden Zahlen insgesamt inklusive der genannten. So ist die Zahl 65 ein bestimmtes Feld der Hundertertafel, ohne dass den Kindern bewusst ist, dass die Menge der vorangehenden Felder (inklusive des Feldes 65) die Zahl 65 ausmacht. Unter diesem Aspekt wird sehr häufig dann die Hunderterergänzung von den Kindern an der Hundertertafel gar nicht gesehen, sie sperrt sich gegen die kardinale Sichtweise von Zahlen.

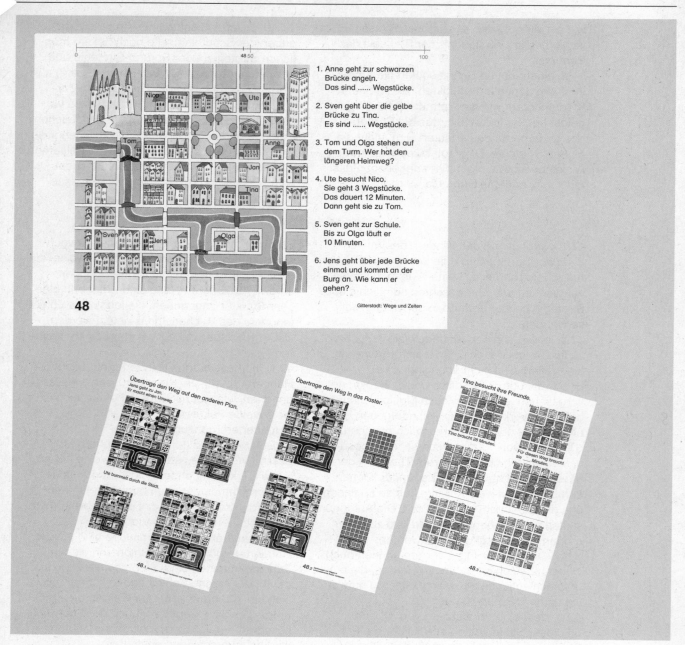

48

Gitterstadt: Wege und Zeiten

1. Anne geht zur schwarzen Brücke angeln. Das sind ...... Wegstücke.

2. Sven geht über die gelbe Brücke zu Tina. Es sind ...... Wegstücke.

3. Tom und Olga stehen auf dem Turm. Wer hat den längeren Heimweg?

4. Ute besucht Nico. Sie geht 3 Wegstücke. Das dauert 12 Minuten. Dann geht sie zu Tom.

5. Sven geht zur Schule. Bis zu Olga läuft er 10 Minuten.

6. Jens geht über jede Brücke einmal und kommt an der Burg an. Wie kann er gehen?

Wege in der Gitterstadt finden und mit Zeiten kombinieren; lineare Zusammenhänge kennen lernen (Propädeutik des Funktionsbegriffs); Verkleinern und Vergrößern; Schulung des Orientierungsvermögens.

Für die Vergrößerung und Verkleinerung sollten die Schüler das Heft zur Hand haben (Karopapier).

Die Stunde kann mit einer kopfgeometrischen Phase beginnen, die Orientierungsübungen beinhaltet (mit verbundenen Augen laufen, Vorstellen, dass man drei Schritte nach links und vier nach hinten macht etc.).

Ausgangspunkt des weiteren Vorgehens kann die Schulbuchseite sein. Es lassen sich verschiedene Fragen stellen:
– Wie viele Wegstücke sind es von Nico bis Anne, wie viele von Sven zu Olga?

– Wenn Ute für eine Wegstrecke 5 Minuten braucht, wie lange braucht sie dann zu Anne?

– Wie lange braucht sie bis zu Jens?

– Wenn Nico bis Ute 20 Minuten benötigt, wie lange braucht er dann für ein Wegstück?

Weitere Fragen sind am rechten Rand der Schulbuchseite angegeben, die als Ausgangspunkt für eigenständige Berechnungen dienen.

Die Kinder sollten eigene Fragestellungen entwickeln und entsprechende Berechnungen für verschiedene Wegstücke und Umwege angeben.

– Wie lange dauert es einmal um den Block zu laufen?

– Wie lange braucht man vom Schloss bis zum Turm?

– Oder bis zur Insel?

Die Kinder können dies auch mit ihrem eigenen Weg zur Schule vergleichen, für den sie allerdings eine Skizze anfertigen sollten. Auch hier sollten Längen mit Zeiten in Verbindung gebracht werden.

48.1 verlangt von den Kindern, Wege von einem Plan auf einen anderen Plan zu übertragen. Ändern sich jetzt eigentlich hierbei die Zeiten, wenn ich einen anderen Stadtplan verwende? Es handelt sich zwar einerseits um eine geometrische Aktivität, diese ist aber eingebettet in einen Kontext, der zu weiteren Untersuchungen Anlass gibt.

48.2 stellt die gleiche Aufgabe dar, hier sind allerdings größere Anforderungen an das Orientierungsvermögen der Kinder gegeben, da die Häuser in dem kleineren Plan nicht mehr eingezeichnet sind. Es bedarf also einer Übertragung auf ein freies Wegegitter.

Auf Seite **48.3** wird die Verbindung zwischen Weglängen und der erforderlichen Zeitdauer gesucht. Die Kinder müssen also aus der Anfangsangabe die Zeit berechnen, die für die langen Wege benötigt werden. Hier sind verschiedene Strategien denkbar: Zum einen können die Weglängen verglichen und so die entsprechenden, proportionalen Zeiten berechnet werden. Zum anderen kann ein Zurückgehen auf die Zeit, die Tina für einen einzelnen Wegabschnitt benötigt, als Ausgangspunkt dienen, die allerdings erst berechnet werden muss.

Probleme könnten bei Kindern mit visuellen Orientierungsstörungen auftreten, die ihnen die Übertragung von Wegenetzen auf einen neuen, verkleinerten Plan erschweren. Dieses Problem sollte allerdings diagnostisch bei diesen Kindern bekannt sein. Es wäre sehr unwahrscheinlich, wenn dieser Fehler hier zum ersten Mal beobachtet würde.

Weitere Fehler treten dann auf, wenn die Kinder in der Addition (kleiner Zahlen) noch nicht sicher sind und damit Fehler bei der Berechnung der Gesamtzeiten für längere Wege machen.

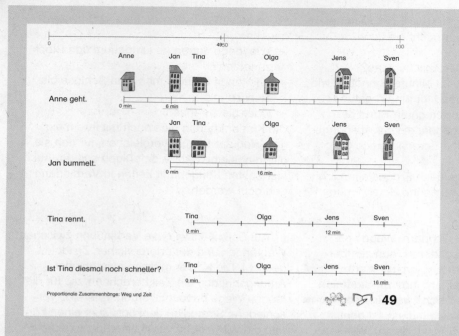

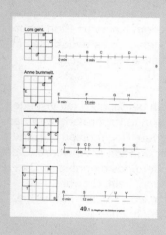

Proportionale Zusammenhänge zwischen
Wegen und Zeiten vertiefen, Zusammenhänge
variabel am doppelten Zahlenstrich
darstellen.

Die Kinder benötigen für die Einzel- und
die Partnerarbeit das Heft.

Da diese Seite eine Vertiefung der vorangehenden Schulbuchseite darstellt, kann im
Prinzip ein nahtloser Übergang geschehen.
Es handelt sich um eine fortschreitende
Schematisierung in dem Sinne, dass noch
immer das Ausgangsbild der linken Seite 48
benutzt werden kann, nun aber eine Darstellung nicht mehr an den Wegen in der Gitterstadt erfolgt, sondern direkt eine Übertragung
auf den einfachen oder doppelten Zahlenstrahl stattfindet.

Ausgangspunkt sollte wiederum die Schulbuchseite sein, da hier schon Vorgaben
gemacht sind und den Kindern einfache Wege

der Gitterstadt vorgegeben sind. Die Schwierigkeit, die sich auf dieser Seite für die Kinder auftut und die sie als Problem lösen sollen, besteht in den unterschiedlichen Geschwindigkeiten, die die Kinder für die einzelnen Wegabschnitte benötigen. Ein Kind geht in normalem Tempo (Anne), ein Kind sehr langsam (Jan), ein weiteres Kind rennt sehr schnell (Tina).

Zu Differenzierungszwecken können noch weitere schnellere oder langsamere Zeiten für Personen (oder Tiere, wenn es den Kindern Spaß macht) erprobt werden. Jens könnte mit dem Fahrrad fahren, Olga könnte einen kleinen Hund spazieren führen und noch langsamer laufen als Jan, Opa geht am Stock und kann noch langsamer laufen als Olga etc.

Immer geht es um den Zusammenhang zwischen Wegstrecken und der benötigten Zeit: Je schneller jemand läuft oder fährt, desto weniger Zeit benötigt er für die einzelnen Wege.

49.1 stellt eine Erweiterung der Schulbuchseite dar. Hier sind Wege im Gitter eingezeichnet, zusätzlich Buchstaben, die z. B. für Ortsnamen stehen könnten und die von den Kindern auf den Zahlenstrahl übertragen werden müssen. Die einzelnen Wege werden von den Kindern in unterschiedlicher Zeit durchlaufen, die Wegabschnitte sind dementsprechend zu berechnen.

Der Sachverhalt auf Seite **49.2** ist den Kindern aus der Klasse 1 bekannt: In der Stadt sind Baumaßnahmen für die Straßen vorgesehen, so dass nicht mehr alle Kreuzungen befahrbar sind oder Hindernisse vorliegen. Nico braucht auf seinem Weg zu Jan jetzt länger, da er Umwege fahren muss. Die Kinder sind hierbei frei, eigene Wege zu erproben, denn Vorgaben über den Umweg, den Nico macht, sind nicht gegeben. Aus diesem Grunde können sich bei den Kindern verschiedene Lösungen einstellen, wenn unterschiedliche Wege gegangen werden. Entsprechend ist der untere Teil der Übungsseite frei, hier können die Kinder entweder die gleichen Ausgangszeiten von oben übernehmen, sie können aber auch neue erproben.

Insbesondere leistungsstärkere Kinder werden hier verschiedene Zeiten für den Fußweg und für das Fahrradfahren ausprobieren.

Schwierigkeiten sind nicht bekannt. Einige Kinder haben aber Schwierigkeiten mit dem Dritteln oder Vierteln von Zeiten, es gelingt ihnen jedoch meist durch Ausprobieren. Es geht an dieser Stelle nicht um das Wissen um multiplikative Zusammenhänge oder gar um das Beherrschen der Division. Sollten Kinder die Ergebnisse nicht wissen, zum Beispiel ein Viertel von 8, dann könnten sie dies über systematisches Ausprobieren erreichen.

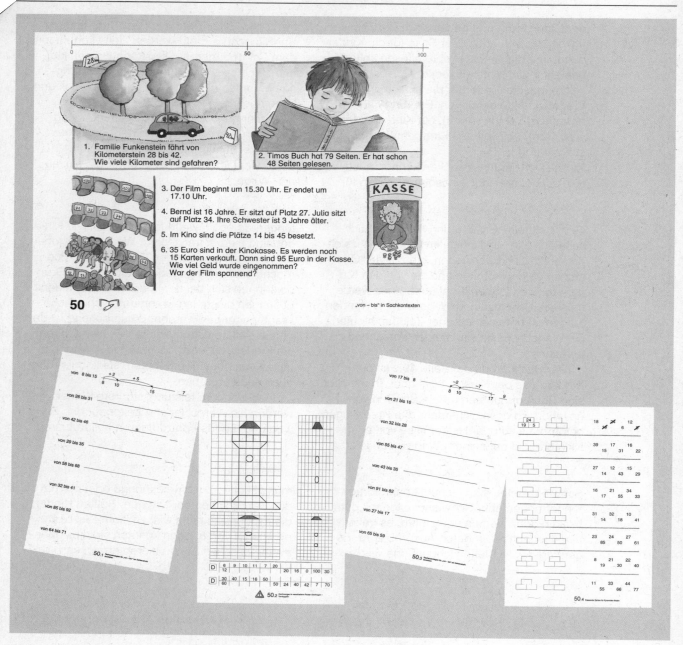

Die Strategie „Von – Bis" in Sachkontexten kennen lernen und in verschiedenen subtraktiven Situationen anwenden können.

Die Kinder benötigen für die Herstellung eigener Geschichten das Heft; einige Kinder werden möglicherweise bei den Ergänzungsaufgaben noch Material ihrer Wahl benötigen, um ihre Rechnungen zu überprüfen.

Die Stunde sollte mit einer Kopfrechenphase beginnen, die Additionsaufgaben zum Inhalt hat.
Die Aufgaben aus dem Schulbuch werden an Gruppen von Kindern verteilt. In der Anfangsphase sollten die Kinder in Einzelarbeit versuchen, die Aufgabe zu lösen und ihre Strategie darzustellen.

In Partnerarbeit sollten die möglicherweise unterschiedlichen Strategien, die bei den einzelnen Aufgaben verwendet werden, besprochen werden, bevor in der Gruppe eine gemeinsame Lösungsstrategie erarbeitet wird. Es erscheint zu diesem Zeitpunkt wichtig, dass die Gruppe sich auf eine Strategie einigt und diese auch geeignet darzustellen versucht.

Die Aufgabe 5, „Im Kino sind die Plätze 14 bis 45 besetzt.", ist sicherlich insofern die schwierigste der Seite, als sie nicht durch die Umformung 45 - 14 gelöst werden kann, sondern durch 45 - 13. Diese zusätzliche Anforderung macht sie aus diesem Grunde für leistungsstärkere Kinder geeignet. Im Anschluss an die Gruppenarbeit sollten die einzelnen Gruppen (Sprecher wird ausgelost!) ihre Aufgabe und Lösungsstrategie in der Klasse darstellen. Es könnte für diese Seite ein Lösungsplakat erstellt werden.

Es ist darauf zu achten, dass die Lösungsstrategie nicht nur sprachlich dargestellt wird, sondern günstigerweise am Rechenstrich. Hier werden sich für die einzelnen Aufgaben möglicherweise verschiedene Strategien zeigen:

– Sprünge in Zehnern beziehungsweise, bei den Zeitaufgaben, in ganzen Stunden
– Ergänzen bis zum nächsten Zehner und dann Zehnersprünge (beziehungsweise Ergänzen zur vollen Stunde)
– Subtraktion von der größeren Zahl bis zur kleineren Zahl mit ähnlichen Strategien wie die ersten beiden.

Die Schwierigkeit der Aufgabe 5 sollte in der Klasse besprochen werden. Hierzu könnte auch ein Spiel helfen, in dem, für kleinere Zahlen, die Kinder sich auf die Stühle setzen: So können zehn Stühle aufgestellt werden, die Plätze acht, neun und zehn werden von Kindern besetzt. Wie viele Stühle sind noch frei? Wie viele Stühle sind besetzt? Es wird deutlich, dass die letzte Frage nicht durch die Aufgabe 10-8 gelöst und beantwortet werden kann.

Die Seite **50.1** nimmt die Strategie „Von – Bis" auf und verlangt eine Darstellung am Zahlenstrahl. Hierbei ist es durchaus möglich, dass die Kinder verschiedene Strategien verwenden, so beispielsweise bei der Aufgabe „Von 32 bis 41" einen Sprung machen von der 32 zur 42 (+10) und dann von der 42 einen Schritt zurück gehen zur 41.

50.2 verlangt von den Kindern, eine Figur aus einem Karogitter in andere Karogitter zu übertragen. Hierbei handelt es sich um Verzerrungen (Verbreitern und Verlängern) beziehungsweise Verkleinerungen. Die Kinder werden primär diskutieren, wie sich das Aussehen der Figuren als ganzheitliches Bild verändert, aber weniger, welche Eigenschaften erhalten bleiben und welche nicht.

Im unteren Teil des Arbeitsblattes sind Verdopplungsaufgaben im Zahlenraum bis 100 angegeben, die zweite Reihe enthält auch einen Fehler, der von den Kindern gefunden werden muss (Es gibt keine Zahl, deren Doppeltes 7 ist).

Die Kinder sollten animiert werden, weitere Verdopplungsaufgaben zu finden und ebenfalls weitere Figuren in ein Karoschema einzutragen und zu vergrößern und zu verkleinern. Die Kinder können sich überlegen, ob sie auch Verzerrungen in gleicher Form vornehmen können wie auf dem Übungsblatt **50.2**: In der einen Richtung wird die Breite halbiert und in

der anderen Richtung wird die Höhe halbiert. Wenn auf dem Karopapier des Heftes Figuren vorgegeben werden, die nur geradzahlige Maße enthalten, dann lassen sich auch solche Verzerrungen in beiden Richtungen vornehmen. Dies kann als Forschungsauftrag verteilt werden. Haben die Kinder einmal dieses Prinzip erkannt, so werden sie selbst sehr viele Figuren herstellen und entsprechende Verzerrungen vornehmen können.

Die Übungsseite **50.3** nimmt die Strategie von Seite **50.1** wieder auf. Allerdings wird nun das Ergänzen „Von – Bis" in umgekehrter Richtung vorgenommen. Es ist von einer großen Zahl zu einer kleineren zu springen, wobei ein Zehner zu überschreiten ist. Die Strategie „Von – Bis" ist am Zahlenstrahl darzustellen und die Kinder sollten weitere Aufgaben selbst konstruieren und in ihrem Heft notieren. Die Kontrolle der Ergebnisse erfolgt über die Partner.

50.4 verlangt von den Kindern Zahlensinn. Sie müssen die vorgegebenen Zahlen auf der rechten Seite des Blattes so kombinieren, dass sie Zahlenpyramiden ergeben. Die Kontrolle erfolgt über den Partner. Die Kinder können bei Bedarf selbst Zahlenpyramiden entwickeln und sie als Aufgaben in ähnlicher Weise wie auf dem Arbeitsblatt dem Partner vorlegen.

Schwierigkeiten treten in dieser Phase nicht auf. Gelegentlich wird beobachtet, dass einige Kinder (nicht nur jene mit einer Orientierungsstörung!) bei den Aufgaben der Übungsseite **50.3** den Zahlenstrahl in umgekehrter Richtung verwenden, das heißt, dass sie die größere

Zahl links markieren und dann in Schritten nach rechts zur kleineren Zahl springen. Diese Kinder sollten angeregt werden, den Zahlenstrahl in der richtigen Orientierung, das heißt die Zahlen der Größe nach von links nach rechts, zu zeichnen.

Die Multiplikation als Muster

51

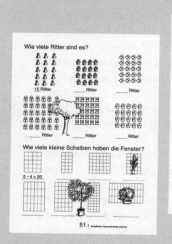

Wie viele Ritter sind es?

15 Ritter _____ Ritter _____ Ritter

_____ Ritter _____ Ritter _____ Ritter

Wie viele kleine Scheiben haben die Fenster?

5 · 4 = 20

51.1 Multiplikative Zusammenhänge erkennen

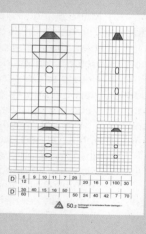

50.2

50.3

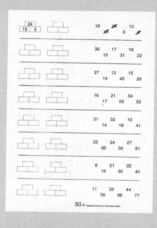

50.4

Vertieftes Verständnis multiplikativer Zusammenhänge, Multiplikation als Flächenmodell,
Ausnutzen multiplikativer Verfahren und
Kenntnisse in unterschiedlichen Situationen
als Vereinfachung der sukzessiven Addition.

Einige Kinder werden versuchen, die geometrischen Muster und Flächen zur Anzahlbestimmung nachzubauen; hierzu benötigen sie
die Würfel (oder andere Gegenstände). Die
meisten Kinder werden allerdings auf das
Material verzichten wollen.

Ausgangspunkt kann ein Tafelbild (oder Folie)
eines Fensters mit vielen kleinen Scheiben
sein, die nicht alle sichtbar sind, sondern von
einer Figur, einer vorbeigehenden Person
oder einem Baum verdeckt werden. Die Frage
stellt sich, wie viele kleine Scheiben in dem
großen Fenster vorhanden sind und ob es
Möglichkeiten gibt, dies leicht und ohne gro-

ßen Aufwand zu bestimmen. Auch hier sollten die Kinder erst in Einzelarbeit und dann in Partnerarbeit versuchen, Lösungen zu erarbeiten. Die Lösungswege werden in der Regel unterschiedlich ausfallen, einzelne Gruppen werden ein Ergebnis abzählend finden, andere werden die Lösung mit Hilfe der wiederholten Addition ermitteln, andere werden andere multiplikative Sätze als Erleichterung verwenden.

In einem nächsten Schritt kann das Bild der Schulbuchseite als Ausgangspunkt genommen werden. Hierzu sollte eine Geschichte über ein Schloss, Reiter, Burgfräulein o. Ä. erzählt werden (wenn das Thema ausgeweitet werden kann, dann sollte fächerübergreifend das Leben in früheren Zeiten mitbehandelt werden). Anzahlen werden möglichst nicht genannt. Die Fragen können von den Kindern selbst

gestellt werden und es können Untersuchungen anfangen, wie groß denn die Anzahl der Reiter, die Anzahl der Scheiben, die Anzahl der Beete, der Backsteine, der Gitter der Falltür etc. sein mag.

Möglicherweise werden die Kinder bei der Falltür oder bei nicht offensichtlichen Einheiten wie bei einigen Fenstern versuchen, über Abmessen mit dem Lineal zu Ergebnissen zu gelangen. Solches Vorgehen ist durchaus wünschenswert und sollte unterstützt werden. An einigen Stellen ist die Lösung nicht eindeutig. Es ist aber immer eine bestimmte Anzahl möglich, bestimmte andere Anzahlen sind nicht möglich.

Die Kinder können auch die einzelnen geometrischen Muster ins Heft übertragen.

51.1 verlangt von den Kindern die Anzahlbestimmung, wobei es unterschiedliche Strategien geben kann. Einige Kinder werden durch Abzählen versuchen, die gesamte Zahl zu ermitteln, andere Kinder werden bekannte Ergebnisse des Mini-Einmaleins verwenden und gegebenenfalls erweitern. Hier sind unterschiedliche Strukturierungen der jeweiligen Muster möglich ($5 \cdot 6$ kann zurückgeführt werden auf $5 \cdot 5 + 5$ oder $6 \cdot 6$ kann zurückgeführt werden auf $3 \cdot 3$ und wiederholte Addition, $7 \cdot 5$ auf $5 \cdot 5 + 2 \cdot 5$ etc.). Die Kinder sollten animiert werden, entsprechende Vereinfachungen auf dem Arbeitsblatt hervorzuheben und durch Hilfslinien zu betonen.

51.2 erfordert die Berechnung bestimmter Multiplikationsreihen (Dreier-, Fünfer- und Viererreihe) und in der Situation der Reitergarde wiederzuerkennen. Die Aufgaben liegen als Multiplikations- und als Divisionsprobleme vor. Hierbei müssen die Kinder beachten, dass einige Aufgaben Fehler enthalten: So ist es in der mittleren Reihe nicht möglich, mit Fünferreihen 22 Reiter aufzubauen, in dem letzten Abschnitt ist es nicht möglich, mit Viererreihen 13 Reiter aufmarschieren zu lassen.

51.3 verlangt von den Kindern, in der Vorstellung (!) die Quadratflächen zu ergänzen und zu bestimmen, wie viele Fliesen gebraucht werden.

Insbesondere leistungsstärkere Schüler sollten animiert werden, ohne Hilfslinien auszukommen und sich direkt die Multiplikationsaufgabe zu überlegen. Auch bei den schwächeren Schülern sollte das Bilden der Multiplikationsaufgabe im Vordergrund stehen, das heißt das geschickte Verwenden der Multiplikation in solchen Flächenkontexten. Das Ergänzen der Fliesen in den Bildern und damit die Möglichkeit, die einzelnen Fliesen abzuzählen, sollte anfangs nicht stattfinden, erst

zum Schluss kann dem kindlichen Bedürfnis, diese Muster farbig zu gestalten nachgegeben werden.

51.4 ist eine Knobelaufgabe, bei der die Kinder das geometrische Muster fortsetzen sollen und Regelhaftigkeiten bei der Anzahlbestimmung erkennen können. Die Kinder sollten von der vierten Figur ab versuchen, das Muster der Zahlenfolge zu bestimmen, ohne die Figur selbst malen zu müssen.

– Erkenne ich Regelmäßigkeiten?
– Habe ich eine Vermutung wie es weiter geht?
– Kann ich voraussagen, wie die fünfte Zahl oder die zehnte Zahl aussieht?

Jetzt erst sollten die Kinder dazu animiert werden, ihre Vermutungen zu überprüfen. In den Gruppen sollte aber die Begründung im Vordergrund stehen.

– Warum ist die Zahlenfolge der zweiten Reihe genauso wie bei der dritten (Quadratzahlen)?
– Kann ich die Figur so umbauen, das sich Quadratzahlen ergeben?

Im unteren Abschnitt sollten die Kinder versuchen, möglichst schnell zu rechnen und hierbei auch die verschiedenen Rechenoperationen beachten. Kinder tendieren dazu, päckchenweise immer die gleiche Operation zu rechnen, auch wenn verschiedene Operationszeichen dort stehen.

Die Ergebnisse sollten anschießend entweder klassenöffentlich besprochen werden oder vom Partner kontrolliert werden. Es besteht auch die Möglichkeit den Kindern eine bestimmte Zeit zu Verfügung zu stellen (zum Beispiel fünf Minuten) und sie notieren zu lassen, wie viele Aufgaben sie richtig gerechnet haben (Schnellrechentest mit Selbstkontrolle).

Schwierigkeiten treten bei der Schulbuchseite nicht auf und die Kinder haben verschiedene Strategiemöglichkeiten, um die Multiplikationsaufgaben zu lösen. Es ist nur zu beachten, welche Kinder eine wiederholte Addition vornehmen, welche Kinder bereits das Mini-Einmaleins (oder Teile daraus) auswendig wissen und einsetzen können, welche Kinder bekannte Multiplikationssätze zur Erleichterung bei komplexeren Aufgaben verwenden etc. Die unterschiedlichen Strategien sind zu beachten, und es sollte bereits im Unterricht darauf Wert gelegt werden, dass verschiedene Rechenstrategien zur Sprache kommen.

Einige Kinder werden mit dem Blatt **51.3** Schwierigkeiten haben, wenn sie über unzureichende Größenvorstellungen beziehungsweise entsprechende Defizite im visuellen Bereich verfügen. Einige Figuren sind mit Absicht so gewählt, dass sie keine einfache und zu schlichte Gliederungsmöglichkeit zulassen, so etwa die ersten beiden Aufgaben der untersten Reihe. Hier müssen Beziehungen über entferntere Bereiche hergestellt werden, um die Multiplikationsaufgabe zu erkennen.

Die Zahlenfolgen werden nicht von allen Kindern gelöst werden, sie stellen einen „Forschungsgegenstand" dar. Es sollte daher auch nicht eine Lösung von jedem Kind verlangt werden.

Die Schnellrechenaufgaben geben im diagnostischen Sinne Einblick in die Rechenfertigkeit von Kindern, sagen aber nicht unbedingt etwas über die Strategie aus, die die Kinder verwenden.

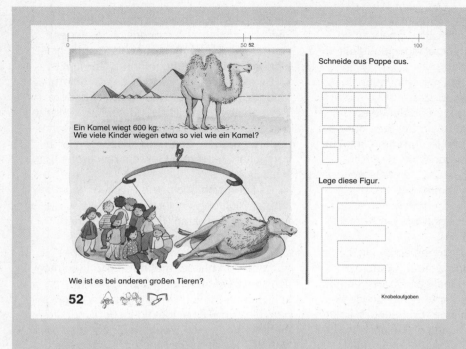

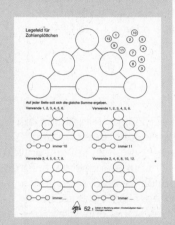

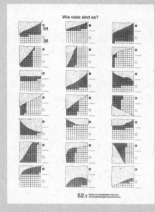

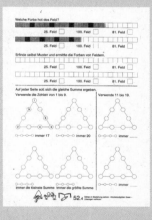

Unbekannte Sachverhalte erproben und Strategien entwickeln, für die nur unzureichende Information vorliegen; Geometrische Zusammenhänge entdecken, systematisches Probieren.

Für die „Kamelaufgabe" benötigen die Kinder das Heft, in das sie ihre Lösungsversuche eintragen; für die Geometrie- Knobelaufgabe müssen sie aus Pappe Streifen möglichst genau ausschneiden, um sie auf die Figuren legen zu können. Es ist hierbei vorteilhaft, Karopapier auf Pappe zu kleben (und zu folieren), um hiervon die benötigten Streifen abzuschneiden.

Auf der Schulbuchseite steht die illustrierte Aufgabe „Ein Kamel wiegt 600 Kilogramm. Wie viele Kinder wiegen etwa so viel wie ein Kamel?" Diese sollte von den Kindern zuerst in Einzelarbeit versucht werden.

Erfahrungsgemäß werden die Kinder mit unterschiedlichen Gewichten operieren: Wiegt ein Kind nun 20 Kilogramm, 25 Kilogramm, 30 Kilogramm oder mehr? Oder weniger? Um die Aufgabe versuchen zu können, muss sich jedes Kind auf ein Gewicht festlegen. Die Strategien, das Gewicht des Kamels zu erreichen, werden sehr unterschiedlich ausfallen:

- Wiederholte Addition
- Wiederholte Addition mit Abkürzungen, das heißt Vereinfachungen
- Verwendung von schon berechneten Teilergebnissen; so kann ein Schüler, der das Kindergewicht mit 20 Kilogramm annimmt ermitteln, das fünf Kinder hundert Kilogramm wiegen und dann dementsprechend auf dreißig Kinder kommen (6·5).
- Schätzungen abgeben („Ich schätze, das 50 Kinder so viel wiegen wie ein Kamel.")
- Gar keine Lösung finden.

Die verschiedenen Lösungen sollten in der Klasse besprochen werden. Begonnen werden sollte mit ungünstigen Strategien und Ergebnissen, da diese eher zum Nachdenken und Korrigieren animieren. Erst danach sollten günstige Lösungsversuche diskutiert werden. Insbesondere sollte das Augenmerk auf jene Lösungen gerichtet sein, die Verkürzungen und Schematisierungen des Rechenweges beinhalten. (Dies stellt bereits jetzt eine Vorstufe der halbschriftlichen und schriftlichen Rechenverfahren dar.)

Darüber hinaus ist hier eine Gelegenheit, das Gewicht von Schülern zu vergleichen und ein „Durchschnittsgewicht" zu ermitteln. Hierbei kann eine Personenwaage eingesetzt werden, häufig kennen aber die Kinder ihr eigenes, zumindest ungefähres Gewicht.

Es bietet sich an, die von den Schülern gefundenen Rechenwege auch auf andere Tiere anzuwenden. Die Kinder müssen hierzu aus einem Kinderlexikon die Gewichte von anderen großen Tieren heraussuchen und versuchen, mit ihrem Gewicht das große Tier „aufzuwiegen".

Es kann sich auch eine Problem in umgekehrter Richtung anbieten:
- „Wie viele Katzen (Hunde, Kaninchen) wiegen so viel wie ein Schüler?"

Die Geometrieaufgabe stellt eine Knobelaufgabe dar, bei der mehrere Lösungen möglich sind. Zudem sind im Übungsteil an verschiedenen Stellen weitere Figuren vorgegeben, die zum Teil eindeutig lösbar sind, die mehrere Lösungen beinhalten oder überhaupt nicht lösbar sind. Die Kinder sollten diese Aufgaben in Partnerarbeit versuchen und Begründungen für ihre Lösungen versuchen.

Leistungsstärkere Schüler sollten versuchen, möglichst viele oder gar alle Lösungen zu ermitteln.

52.1 verlangt von den Kindern, Zahlen in Beziehung zu setzen. Im ersten Fall sollen die Kinder versuchen, die Zahlen 1 bis 6 so auf das Dreieck zu verteilen, dass eine Seite immer die Summe 10 hat. Durch Variation der Zahlen lassen sich noch weitere Lösungen ermitteln, bei denen die Seitensummen im Dreieck jeweils gleich sind (für die Zahlen 1, 2, 3, 4, 5, 6 gibt es die Lösungen 9, 10, 11 und 12). Mit Zahlenscheiben können die Kinder dies auf der oberen Hälfte des Übungsblattes handelnd variieren, bevor sie zu einer Lösung kommen.

Diese Aufgaben sind als Partnerarbeit konzipiert, da es hier um den Austausch von Argumenten geht, warum bestimmte Zahlenplättchen verschoben werden oder wie das Dreieck abgeändert werden muss, damit sich eine neue Lösung ergibt.

So lässt sich aus einer Lösung mit den Zahlen 1 bis 6 schnell eine Lösung für die Zahlen 3 bis 8 ermitteln, indem jede Ausgangszahl um 2 erhöht wird. Dementsprechend wird dann die Seitensumme um 6 größer. Verwendet man die Zahlen 2, 4, 6, 8, 10, 12, dann lässt sich aus einem Ausgangsdreieck mit den Zahlen 1 bis 6 schnell eine Lösung finden, indem die Zahlen jeweils verdoppelt werden; dementsprechend verdoppelt sich auch die Seitensumme.

52.2 fordert von den Kindern, Regeln für Zahlenfolgen zu finden, die fortgesetzt werden müssen. Es ist hierbei darauf zu achten, dass die Zahlenfolgen nicht nur fortgesetzt werden, sondern dass die Kinder auch die entsprechende Regel notieren. Die Kinder können Aufgaben dieses Typs selbst entwickeln und ihren Partnern als Problem vorlegen.
Im unteren Teil der Seite ist ein geometrisches Muster fortzusetzen, das die Feinmotorik schult und eine Anforderung an die visuelle Diskriminationsfähigkeit darstellt. Das Format der Zahlenpyramiden in der untersten Reihe ist den Kindern bekannt, die entsprechenden Zahlen müssen von ihnen in die entsprechenden Pyramiden eingesetzt werden. Es handelt sich hierbei um Übungen zum Zahlensinn.
52.3 stellt als verdecktes Hunderterfeld eine Wiederholung dar. Es handelt sich um die Hunderterzerlegung und das schnelle Erfassen von Mengen, auch wenn sie nicht vollständig sichtbar sind, wobei die Zehnerstruktur als Bündelung verwendet wird.
52.4 sollte als Differenzierungsblatt lediglich für leistungsstärkere Kinder eingesetzt werden. Die geometrischen Folgen können von den Kindern auch mit Hilfe der Würfel gelegt werden, meist werden die Kinder aber versuchen, über zugehörige Zahlenfolgen das Problem zu lösen. Die Kinder sollten angeben

welche Farbe das vorgegebene Feld hat, und werden hierbei verschiedene Strategien entwickeln.

Die erste geometrische Reihe ist eine Viererreihe, so dass sich möglicherweise leicht bestimmen lässt, welche Farbe das vierundzwanzigste Feld hat und damit auch das fünfundzwanzigste und welche Farbe das hundertste Feld hat.

Bei der zweiten Reihe ist es schon schwieriger zu bestimmen, welche Farbe das einundachtzigste Feld hat. Da es sich aber um eine Dreierreihe handelt, können geschicktes Vorgehen und das Zusammensetzen vorhandener Kenntnisse des Mini-Einmaleins helfen, auf die Lösung 60 + 21 zu kommen und damit die Farbe leichter zu bestimmen.

Die Kinder sollten animiert werden, eigene Muster zu entwickeln und im Voraus zu bestimmen versuchen, welche Farben von bestimmten Feldern eingenommen werden.

Auf der unteren Seite ist eine Variation des Zahlendreiecks vorgenommen, das nun aber auf jeder Seite vier Zahlen hat und dementsprechend die Zahlen von 1 bis 9 einzusetzen sind. Auch hier sind verschiedene Seitensummen möglich. Die letzten beiden Aufgaben stellen leichte Variationen insofern dar, als die Zahlen von 11 bis 19 den Zahlen von 1 bis 9 entsprechen und somit aus den bisher gelösten Dreiecken sich leicht neue konstruieren lassen.

Einige Kinder weisen noch Schwierigkeiten bei den leichten Zahlenfolgen des Blattes **52.2** auf. Dies ist häufig auf noch unzureichende Beherrschung der Zahlensätze im Zahlenraum bis 20 zurückzuführen, so dass Strukturen für sie nicht leicht erkennbar sind. Eine Förderung sollte sich dann auch auf diesen Zahlenraum beschränken. Analogiebildung für den Zahlenraum bis 100 und die arithmetischen Operationen hierin werden von den Kindern erfahrungsgemäß leichter vollzogen.

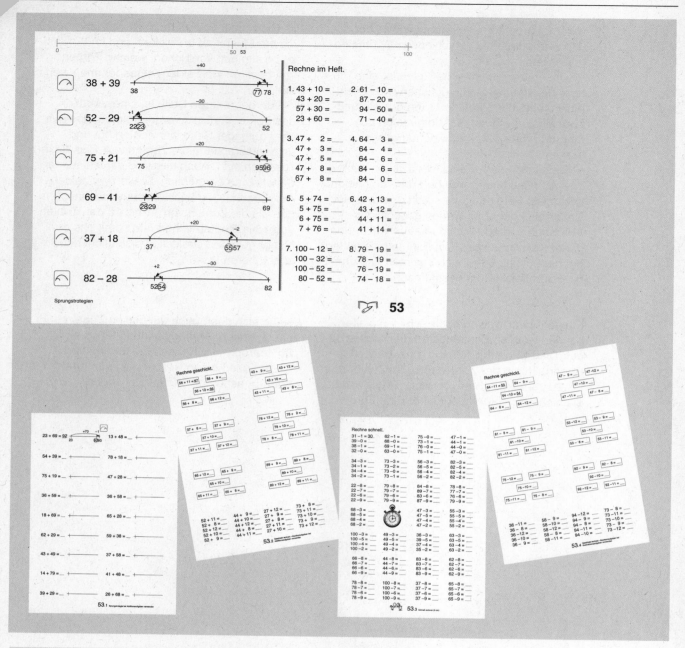

Erprobung und Übung der Sprung-Strategien für ±8, ±9, ±10, ±11, ±12. Schnelles Rechnen unter Zuhilfenahme dieser Strategien, Verwendung von Tauschstrategien.

Für die Rechenaufgaben sollte das Heft benutzt werden. Die Kinder übertragen die Aufgaben ins Heft, wobei darauf geachtet werden sollte, dass die Schreibweise zwei- ziffriger Zahlen von links nach rechts erfolgt (vgl. konzeptioneller Teil des Lehrerbandes).

Die Stunde sollte mit einer Kopfrechenphase beginnen, wobei die Addition mit glatten Zehnerzahlen im Vordergrund stehen sollte (Typ 37 + 20).

Die Aufgaben der Schulbuchseite im linken Teil sollten anschließend von den Kindern ohne Ansicht des Schulbuches am Zahlen- strahl gelöst werden. Es wird sich hierbei herausstellen, dass unterschiedliche Strategien von den Kindern verwendet werden, insbesondere die Zehner-Einer-Strategie oder die Sprung-Strategie. Erfahrungsgemäß ist die „Autobahn-Strategie" seltener anzutreffen, kommt aber gelegentlich vor. Die Schüler sollten in Partnerarbeit diese Aufgaben lösen und sich insbesondere auf eine Strategie festlegen. Dies führt zum Austausch von Pro- und Kontra-Argumenten bei den Strategien.

In der Klasse sollten die verschiedenen Strategien für die Aufgaben thematisiert werden. Insbesondere der Vorteil der Sprung-Strategie bei Zahlen, die nahe an einem Zehner liegen sollte betont werden. Hier handelt es sich jetzt um eine Erweiterung dieser Strategie nicht nur auf Neuner- und Elferzahlen, sondern auch auf Achter- und Zwölferzahlen.

Bevor die Aufgaben der rechten Hälfte der Schulbuchseite von den Kindern bearbei-

tet werden, ist es sinnvoll, die Übungsseiten **53.1** und **53.2** zu bearbeiten.

Die Aufgaben auf dem rechten Teil der Schulbuchseite sollten ins Heft übertragen und von den Kindern gelöst werden, wobei die Kontrolle durch den Partner geschieht. Es handelt sich um produktive Aufgaben, deren Schema aber durchbrochen ist, so dass ein blindes, rein schematisches Abarbeiten nicht möglich ist. Bei der Aufgabengruppe 5 sollten die Kinder die Tauschaufgabe berechnen, da diese einfacher zu lösen ist.

53.1 behandelt die Sprung-Strategie bei der Addition, die den Kindern bekannt ist. Diese wird jetzt auf Achterzahlen erweitert.

53.2 animiert die Kinder dazu, geschickt zu rechnen und die Sprung-Strategie zu verwenden. Die Aufgaben sind in Fünferblöcken gruppiert, wobei die mittlere Zahl jeweils die Addition mit 10 beinhaltet. Die anderen vier Aufgaben lassen sich jeweils davon ableiten. Hiermit wird erreicht, dass sich günstige Strategien herausbilden und Additionen jeweils vereinfacht werden, indem eine Zehnerzahl als Ankeraufgabe gewählt wird.

Die Aufgaben in der unteren Hälfte des Blattes stellen eine Variation dar. Hierbei sollten die Kinder herausfinden, welche von den Aufgaben leicht zu lösen ist und auf welche Weise dann von dieser Ankeraufgabe aus die anderen berechnet werden können.

53.3 ist ein Arbeitsblatt zum Schnellrechnen. Hierbei sollten acht Minuten vorgegeben sein, die Zeit wird von der Lehrperson gestoppt. Die

Kinder vergleichen anschließend ihre Lösungen, beziehungsweise sie lassen sie vom Partner kontrollieren. Sie notieren sich, wie viele Aufgaben sie in diesen acht Minuten lösen konnten.

Es sollte gewährleistet sein, dass es sich um Eigenkontrolle der Kinder handelt und dass dies nicht einen Test für die Lehrperson darstellt, die die Aufgaben kontrolliert. Die Schüler sollten eine Einschätzung der eigenen Leistungsfähigkeit entwickeln und erleben, wie sich ihre Rechenfertigkeit im Laufe des Schuljahres steigert.

53.4 ist eine Parallelseite zu **53.2**, wobei nun die Subtraktion von 10 beziehungsweise benachbarten Zahlen von 10 vorgenommen wird. Auch hierbei sollten die Kinder im Voraus angeben oder einkreisen, welches für sie jeweils die leichte Aufgaben ist und welche von dieser leichten Aufgaben abgeleitet werden können.

Schwierigkeiten treten auf dieser Schulbuchseite nicht auf, allerdings sind die Geschwindigkeiten, mit denen die Kinder die Aufgaben bearbeiten können, sehr unterschiedlich. Die Automatisierung im Zahlenraum bis 20, die hierbei hilfreich ist und die Entwicklung der

Sprung-Strategie beziehungsweise Entwicklung von Ankeraufgaben zur Lösungsvereinfachung ist bei den Kindern noch unterschiedlich entwickelt. Dies ist allerdings zu diesem Zeitpunkt zu erwarten.

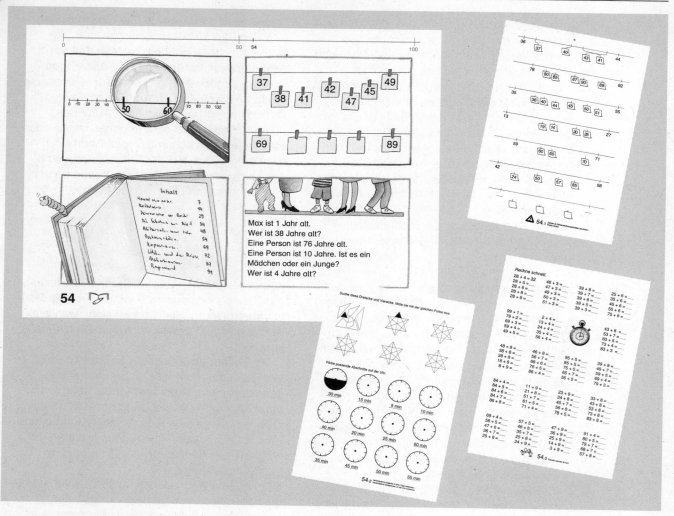

Zahlen am Zahlenstrahlausschnitt verorten,
Hunderterraum strukturieren und Analogien
bilden.

Für diese Seite ist kein Material erforderlich.

Es ist günstig, mit einem Zahlenstrahlausschnitt an der Tafel zu beginnen, der nicht von Zehnerzahlen, sondern von „krummen Zahlen" begrenzt wird. Die Abbildung rechts oben auf der Schulbuchseite kann als Vorbild dienen.

Dies stellt für die Schüler ein Problem dar, da sie den Ausschnitt nun selbst strukturieren müssen und bisherige Kenntnisse verwenden können, ohne dass ihnen die Grafik direkte Hilfen liefert.

Es wird vorgeschlagen in Einzelarbeit die Probleme angehen zu lassen, da sich hierbei unterschiedliche Strategien bilden:

– Einige Kinder werden versuchen, die Mitte zu bestimmen, was schwierig sein kann,

aber hilfreich ist, wenn sich, wie beim zweiten Strahl der Schulbuchseite, wiederholt Mitten bilden lassen.

– Einige Kinder werden versuchen, die ihnen bekannten Zahlen, die in diesem Zahlenabschnitt vorkommen, zu verorten; häufig gelingen ihnen aber nicht angemessene Abschnitte zwischen den einzelnen Zahlen. So wird häufig bei dem Nachfolger der linksstehenden Zahl begonnen und dann werden die weiteren Zahlen durch Striche markiert, so dass sich rechts ein zu großer oder ein zu kleiner Abstand ergibt.

– Einige Kinder werden nur wenige Zahlen verorten, hierbei wird von ihnen auch nicht auf die erforderlichen Abstände geachtet.

Die von den einzelnen Schülern erarbeiteten Lösungen können entweder in der Gruppe thematisiert werden oder gleich im Klassenplenum. Es ist auch hier wieder günstig, mit nicht-optimalen Lösungsversuchen zu beginnen, um anderen Kindern Korrekturmöglichkeiten zu eröffnen und „Aha-Erlebnisse" bei den vortragenden Schülern zu ermöglichen. Auch sollte die Begründung für die Verortung einzelner Zahlen im Vordergrund stehen, so dass sich eine Diskussion in der Klasse entwickeln kann.

Anschließend kann die Schulbuchseite behandelt werden, wobei der Zahlenausschnitt des ersten Bildes (Zahlenstrahlausschnitt 50 bis 60) ins Heft übertragen werden sollte. Die Kinder sollten versuchen, mit dem Lineal gerade Striche zu zeichnen (siehe konzeptioneller Teil des Lehrerbandes). Einige Kinder werden versuchen, den Abstand zwischen der 50 und der 60 mit zehn (oder zwanzig) Kästchen zu notieren. Auch dieses Vorgehen sollte in der Klasse diskutiert werden und Vergleiche angestellt werden zwischen den unterschiedlichen Verwendungen des Karorasters.

Ist an der Tafel ein Karoraster vorhanden, dann können auch hier verschiedene Versuche mit diesem Zahlenstrahlausschnitt vorgenommen werden. Im Vordergrund steht die Erkenntnis über die günstige Zuhilfenahme des Karorasters für die Strukturierung des Zahlenstrahls.

Die Situation des Inhaltsverzeichnisses legt nahe, die jeweilige Kapitellänge zu bestimmen. Eine Hintereinanderreihung der einzelnen Kapitel am Zahlenstrahl macht deutlich, wie Sachsituationen am Zahlenstrahl strukturiert werden können. Die einzelnen Kapitel können auch als Zahlenstrahlabschnitte markiert, zum Beispiel eingefärbt werden.

Die Personen in dem vierten Bild sind unterschiedlich alt. Häufig haben Kinder aber Schwierigkeiten, das Alter von Personen zu schätzen. Aus den abgebildeten Personen lässt sich zwar das Alter rückschließen, dies ist aber nicht am Gesicht abzulesen, da nur Beine da sind, sondern bedarf zusätzlicher „logischer" Schlüsse.

Auch die Altersangaben können am Zahlenstrahl verortet werden, älter sein heißt dann, mein Alter liegt weiter rechts am Zahlenstrahl als das Vergleichsalter.

54.1 verlangt von den Kindern, Zahlen am Zahlenstrahl zu verorten und hierbei Fehler zu finden, das heißt Zahlen, die sich an dem betreffenden Abschnitt nicht verorten lassen.

In den ersten fünf Zeilen geht es um möglichst genaue Verortung der Zahlen, die Kinder sollten die Mitten finden und Nachbarzahlen in möglichst angemessenem Abstand angeben. In der sechsten Zeile sind Fehler eingebaut, da die Zahl 85 nicht an dem vorgegebenen Zahlenabschnitt verortet werden kann.

Die letzte Zeile ist für Eigenkonstruktionen vorgesehen, die Kinder können hierbei verschiedene Abschnitte erproben. Die Variationsbreite reicht von sehr einfachen Zahlenstrahlabständen wie zum Beispiel 0 bis 10 oder 0 bis 20 bis zu komplizierten, „ungeraden" Abschnitten.

54.2 stellt Anforderungen an die Figur-Hintergrund-Diskriminationsfähigkeit der Kinder. Verschiedene Teilfiguren sind in den Sternen aufzufinden und entsprechend auszumalen. Es ist nicht erforderlich, dass die Kinder sämtliche Teilfiguren in einer Figur finden, dies wird

nur sehr leistungsstarken Kindern gelingen. Es sollte aber auch darauf geachtet werden, dass die gesuchten Dreiecke und Vierecke in unterschiedlicher Lage vorhanden sein können.

Auf der unteren Blatthälfte sind Abschnitte auf der Uhr einzufärben. Die Markierungen müssen keineswegs in dem Standardformat, das heißt von der 12 ausgehend, vorgenommen werden. Es sollten im Gegenteil unterschiedliche Darstellungsweisen erprobt werden. So ist es zum Beispiel möglich, fünf Minuten als Abschnitt zwischen der sieben und der acht darzustellen oder fünfundzwanzig Minuten als Abschnitt von der drei bis zur sieben. Solche Zeitspannen flexibel verwenden zu können, stellen das eigentliche Lernziel dar.

54.3 ist erneut eine Schnellrechenseite. Die Kinder haben hierfür acht Minuten Zeit, um die Aufgaben zu bearbeiten. Die Kontrolle sollte durch den Partner geschehen und die Kinder sollten sich notieren, wie viele Aufgaben sie in der vorgegebenen Zeit rechnen konnten. Sie können mit vorangehenden Schnellrechenseiten vergleichen und ihren Lernfortschritt

Außer bei Kindern mit den oben beschriebenen Schwierigkeiten (visuelle Diskriminationsfähigkeit, Raum-Lage-Beziehung) wurden keine Probleme bei der Bearbeitung dieser Seite gefunden.

Die Verortung der Zahlen an Zahlenstrahlausschnitten stellt ein Problem für die Kinder dar (das soll es auch), so dass Fehler keine Hinweise auf grundliegende Probleme darstellen.

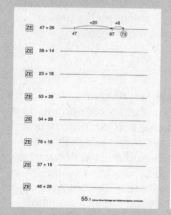

Verschiedene Additionsstrategien vergleichen
und erproben, insbesondere
– Zehner-Einer
– Autobahn

– Sprung
– Zehner-zu-Zehner, Einer-zu-Einer
  (als ungünstige Strategie).

Für die Schulbuchseite wird kein Material
gefordert, für die Fortführung der Aufgaben
der Übungsseiten benötigen die Kinder
das Heft.

Die Aufgabe 48 + 28 sollte von den Kindern in
Einzelarbeit (ca. zwei Minuten) gelöst werden
und sie sollten ihre Strategie am Zahlenstrahl
dokumentieren oder sie in anderer Weise
beschreiben. Hierbei sind auch Gleichungen
möglich wie 48 + 2 + 20 + 6 oder ähnliches.
Anschließend bietet es sich an, die verwen-

dete Strategie dem Partner zu erklären, wozu
sich die Form des Doppelkreises bewährt:
Jeweils zwei Kinder sitzen sich gegenüber und
erklären sich nacheinander (den anderen
ausreden lassen bis man seine Strategie verstanden hat!) den Lösungsweg. Anschließend
rutscht der innere Kreis um mehrere Plätze

weiter und man erzählt nun dem Gegenüber, wie der erste Partner (nicht man selbst!) die Aufgabe gelöst hat.

Die Kinder beherrschen zu diesem Zeitpunkt schon eine Reihe von Strategien, die sie bei diesen Aufgaben anwenden können. Es handelt sich dabei im Wesentlichen um jene Strategien, die auch auf der Schulbuchseite angegeben werden. Die Schulbuchseite kann nun behandelt werden und die Kinder vergleichen, ob sie eine von den vier dargebotenen Strategien selbst verwendet haben.

Jetzt kann im Klassenplenum eine Diskussion darüber einsetzen, welche von den vorgegebenen Strategien denn günstig ist, welche schnell geht, einen hohen Zeitbedarf hat oder umständlich ist.

Die Strategie „Zehner-zu-Zehnern, Einer-zu-Einern" bekam auf der Schulbuchseite keinen eigenen Namen, da sie für das Kopfrechnen, was zu diesem Zeitpunkt noch im Vordergrund steht, zu gedächtnisaufwendig ist. Zwar handelt es sich hierbei um eine Strategie, die dann zu einem späteren Zeitpunkt zu dem schriftlichen Verfahren der Addition führt, beim halbschriftlichen Verfahren und bei im Kopf vorgenommenen Rechenvorgängen aber keine Rolle spielt oder spielen sollte. Aus diesem Grunde wird sie auf der Schulbuchseite mit dem Großvater identifiziert und als antiquierte Strategie angesehen.

55.1 verlangt von den Kindern, die Zehner-Einer-Strategie zu verwenden. Es ist hierbei darauf zu achten, dass diese Strategie tatsächlich von den Kindern durchgeführt wird, allerdings erfolgt die Kontrolle durch den Partner. Sie sollte auch bei jenen Aufgaben vorgenommen werden, wo die Kinder zu einer anderen Strategie tendieren würden, zum Beispiel bei der Aufgabe 53 + 29 würde sich eine Sprung-Strategie eignen. Es ist aber erforderlich, dass die Kinder auch bei diesen Aufgaben diese hier vorgeschriebene Strategie anwenden, um zu erleben, dass sie bei bestimmten Zahlenkombinationen mühsam sein kann.

55.2 verlangt von den Kindern die Sprung-Strategie Vor-Zurück bei der Addition. Auch hierbei erleben die Kinder, dass diese Strategie bei einigen Aufgaben günstig ist, bei anderen Zahlenkombinationen hingegen weniger günstig.

55.3 übt die „Autobahn-Strategie", die ebenfalls bei sämtlichen Aufgaben angewendet werden sollte.

Die Aufgaben der unteren Reihe sollten ins Heft übertragen werden und dort am Zahlenstrahl gezeichnet werden.

Auf der Übungsseite **55.4** sollen die Schüler ihre eigene Strategie auswählen. Leistungsschwächere Schüler werden bei sämtlichen Aufgaben der Seite zu einer einzigen Strategie tendieren, leistungsstärkere Schüler werden flexibel mit den Strategien umgehen und sie nach den jeweiligen Zahlen und Zahlenkombinationen auswählen.

Dieses letzte Arbeitsblatt sollte dann in Partner- oder Gruppenarbeit von den Kindern diskutiert werden und die Partner beziehungsweise Gruppen sollten sich bei jeder einzelnen Aufgabe auf eine Strategie einigen. Die von den Gruppen verwendeten Strategien werden dann innerhalb der Klasse vorgestellt und es wird beraten, warum nun bei einer bestimmten Aufgabe eine Strategie günstiger ist als eine andere.

Sich in eine bestimme Strategieform einzwängen zu lassen, ist für viele Kinder keineswegs einfach. Die leistungsstärkeren Schüler haben zu diesem Zeitpunkt bereits eine Tendenz, die Strategien flexibel zu verwenden und den Zahlenvorgaben anzupassen. Aus diesem Grunde halten sie sich nicht unbedingt auf den Arbeitsblättern an die vorgeschriebenen Verfahren, sondern gehen eher kreativ und durchaus günstig mit den Strategien um. Es ist aber darauf Wert zu legen, dass tatsächlich von den Kindern diese Strategien intensiv erprobt werden. Anderenfalls erleben die Kinder diese Strategien nicht, und es ist eine Auswahl und eine Beurteilung der Angemessenheit der Strategien durch die Kinder nicht möglich.

Da leistungsschwächere Kinder dahin tendieren, nur eine einzige Strategie, die sie beherrschen, zu verwenden, sollten gerade sie aufgefordert sein, nach der Diskussion und dem Festlegen auf eine Strategie innerhalb der Gruppe, diese vorzutragen. Hierdurch werden auch die leistungsschwächeren Kinder animiert, die ihnen noch unvertrauten, aber durchaus günstigen Strategien zu erklären und im Klassenplenum zu begründen. Zudem hat die Gruppe die Aufgabe, dafür Sorge zu tragen, das sämtliche Gruppenmitglieder die Strategie verstanden haben und anwenden können. Die Verantwortung für das Verständnis wird insofern den Schülern selbst beziehungsweise den Schülergruppen übertragen.

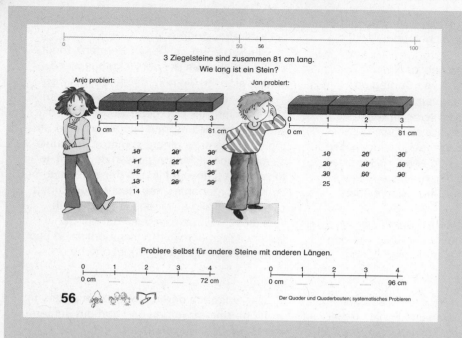

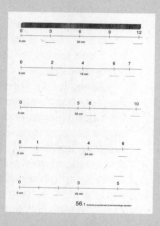
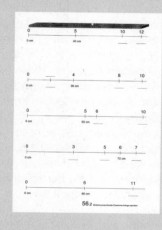

Systematisches Probieren bei schwierigen Aufgaben erlernen, günstige Probierstrategien entwickeln; Zahlen schätzen und überschlagen.

Um systematisch probieren zu können und die Lösungsversuche zu protokollieren, benötigen die Schüler das Heft.

Das Problem, das auf der Schulbuchseite thematisiert wird, sollte den Schülern gestellt werden, bevor sie das Schulbuch aufschlagen. Sie sollten selbst versuchen, eine schwierige Aufgabe, die sie mit ihren herkömmlichen Mitteln nicht lösen können, zu lösen versuchen.

Wichtig ist hierbei, dass die Kinder ihre Lösungsversuche protokollieren. Sie sollten angehalten sein, sämtliche Schritte, auch jene, die sie verwerfen, zu notieren. Hierfür bietet sich die Einzelarbeit an. Erst wenn sich die Kinder intensiv mit dem Problem auseinandergesetzt haben und versucht haben, sich der Lösung zu nähern oder sie vielleicht gefunden haben, kann im Klassenplenum berichtet werden, wie einzelne Kinder zu der Lösung vorgedrungen sind.

Die Schulbuchseite ist dann Anlass, sich über Anja und Jan auszutauschen:

- Welches ist die günstigere Strategie?
- Welche führt schneller zum Erfolg?
- Warum scheint die Strategie von Jan besser zu sein?
- Kann Jan schneller schätzen, wo ungefähr seine Lösungszahl liegen muss?

Die beiden unteren Aufgaben auf der Schulbuchseite stellen Vorschläge dar, um mit anderen Zahlen die eigene Strategie zu erproben.

Auch hier kann es schon zu Überschlagsrechnungen kommen und einem günstigen Ausgangspunkt:

- Wenn vier Ziegelsteine zusammen 72 cm lang sind, kann dann ein Ziegelstein 20 cm lang sein?
- Oder ist er dann zu lang?
- Muss er sehr viel kleiner sein?

Leistungsstarke Schüler könnten auch schätzen, wie viele Schritte sie bei der Strategie von Anja benötigen.

56.1 variiert das Thema der Schulbuchseite. Es werden einfache proportionale Zusammenhänge erprobt, wobei die Kinder die Gelegenheit haben, verschiedene Strategien auszuprobieren und sie unter den jeweiligen Strahl zu schreiben. Sie können durch systematisches Variieren ihrer Ausgangszahl zu den jeweiligen Zielzahlen kommen.

56.2 setzt mit schwierigeren Zahlen die vorangegangene Übungsseite fort. Hierbei ist die

letzte Aufgabe nur für „Spezialisten" gedacht. Eine einfache Strategie, um 11 · 12 zu rechnen, dürfte nicht bei vielen Kindern vorhanden sein.

56.3 erweitert das Thema der proportionalen Zusammenhänge nun mit Zeiten. Es sind Aufgaben, die die Kinder in dem Kontext der Gitterstadt bereits kennen gelernt haben.

Schwierigkeiten treten lediglich bei den für einige Kinder zu schwierigen Aufgaben der Seite **56.2** auf. Aus diesem Grunde sollten sie zu Differenzierungszwecken eingesetzt werden. Nicht alle Kinder müssen diese Aufgaben notwendigerweise bearbeiten.

Es ist zu beobachten, welche Strategie die Kinder beim systematischen Probieren verwenden. Dies muss nicht notwendigerweise immer mit kognitiven Fähigkeiten zusammenhängen: Ängstliche Kinder variieren häufig in kleineren Schritten, mutige Kinder schießen auch gerne über das Ziel hinaus und versuchen, durch zu große und zu kleine Ausgangszahlen die Zielzahl einzugrenzen.

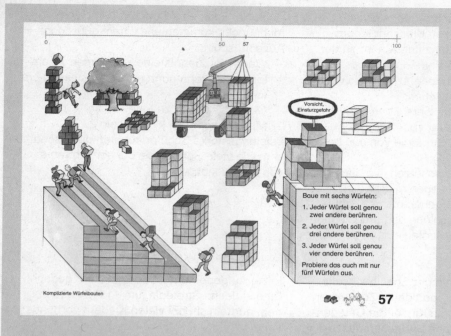

Komplizierte Würfelbauten

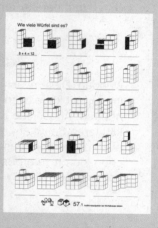

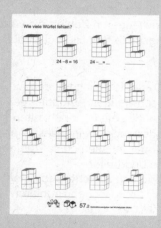

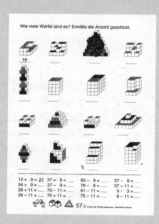

Komplizierte Würfelbauten erstellen, verdeckte Würfel zählen beziehungsweise bei komplizierten Bauten Umstrukturierungen in der Anschauung vornehmen und damit Anzahlen bestimmen. Strukturierungen so vornehmen, dass das Mini-Einmaleins als Erleichterung bei der Anzahlbestimmung dient. Darüber hinaus sollen die Kinder unmögliche Figuren auf der Seite erkennen.

Auch wenn einige Schüler die Aufgaben ohne Zuhilfenahme des Materials vornehmen können und rein anschauungsmäßig operieren (was angestrebt wird), so werden doch andere die Bauten mit den Würfeln nachlegen müssen.

Die Stunde sollte mit einer Kopfgeometrie-Phase beginnen.

Ausgangspunkt für die Einzel-, Partner- und Gruppenarbeit kann die Schulbuchseite sein. Die Anzahlen der verschiedenen Bauten sollten in der Gruppe bestimmt werden, wobei innerhalb der Arbeitsgruppen die einzelnen Kinder verschiedene Würfelbauten übernehmen und deren Anzahl bestimmen. Da nicht sämtliche Würfel sichtbar sind, ist es schwierig, durch Abzählen auf die jeweiligen Anzahlen zu kommen. Es bedarf der Umstrukturierung in der Vorstellung oder des Nachlegens mit Würfeln.

Aus „Sicherheitsgründen" werden viele Kinder auf die Würfel zurückgreifen und die Bauten nachlegen. Von einem gewissen Punkt ab sollten allerdings die Kinder versuchen, die Bauten in der Vorstellung umzustrukturieren und durch Zeigen auf dem Blatt den anderen Kindern erklären, wie sie sich den Umbau vorstellen und damit vereinfachen.

Bei den tatsächlich durchgeführten oder nur in der Anschauung vorgenommenen Umstrukturierungen sind verschiedene Lösungen möglich. Das Wesentliche ist die Versprachlichung der Strategie oder das Zeigen, ohne die Würfel selbst in ihrer Lage zu verändern.

Zur Differenzierung können die ersten beiden Würfelbauten als Reihe fortgesetzt werden:

– Der Zweier-Einer-Turm könnte noch sehr viel höher sein. Wie viele Steine enthält er dann insgesamt?

– Der Turm mit der abwechselnden Steinanzahl 1, 2, 3, 2, 1 könnte auch höher sein, nämlich 1, 2, 3, 4, 3, 2, 1. Wie viele Steine enthält er dann? Kann man eine Regelmäßigkeit dabei feststellen?

Die Textaufgaben stellen Knobelaufgaben für die Kinder dar, die Lösungen sind keineswegs trivial. Manche verlaufen auch gegen die Intuition der Kinder. Zudem sind verschiedene Lösungen möglich. Die erste Aufgabe kann zum Beispiel dadurch gelöst werden, dass zwei Dreiergruppen gebildet werden, wobei ein Würfel in der Mitte auf zwei nebeneinanderliegenden Würfeln liegt. Eine weitere Frage betrifft die Eigenschaften der Würfel, die über den Textaufgaben gestapelt sind. Wie steht es um deren Nachbarschafts- oder Berührungsmerkmale? Lassen sich diese geschickt verändern?

Bei diesen Aufgaben müssen die Kinder mit den Würfeln probieren, es dürfte ihnen kaum gelingen, die Lösungen lediglich in der Vorstellung herzustellen.

Abschließend sei noch auf einen bewusst eingebauten Fehler auf dieser Schulbuchseite hingewiesen: Die Treppe links unten ist eine unmögliche Treppe ähnlich wie der Wasserlauf auf dem Titelbild. Es sollte von den Kindern bemerkt werden, dass hier etwas nicht stimmt.

Auf der Übungsseite **57.1** soll schnell angegeben werden, aus wie vielen Würfeln der jeweilige Bau besteht. Auch hier hilft den Kindern das Mini-Einmaleins, aber es müssen vorstellungsmäßige Umstrukturierungen vorgenommen werden. Nur in Notfällen sollten sie hierbei das Material verwenden, es ist anzustreben, dass sie es lediglich in der Anschauung tun. Das Nachbauen mit den Würfeln sollte lediglich als Kontrolle oder in der Partnerbeziehungsweise Gruppendiskussion als Begründungshilfe dienen.

57.2 verlangt von den Kindern anzugeben, wie viele Würfel fehlen um den links oben auf der Seite abgebildeten Quader zu bauen. Es sollte hier die zugehörige Subtraktionsaufgabe notiert werden.

57.3 setzt mit komplizierteren Bauten die vorangehenden Probleme fort. Bei einigen Bildern ist nicht leicht zu erkennen, um wie viele Würfel es sich handelt.

Darüber hinaus regen einige Bauten zu einer Fortsetzung an, die von den Kindern vorgenommen werden kann.

Es empfiehlt sich, diese Seite in Partnerarbeit bearbeiten zu lassen. Der Austausch der Argumente, das wechselweise Erklären, wie man sich die Umstrukturierung des Baues oder die Anzahlbestimmung vorstellt, dient der sprachlichen Präzision.

Die Aufgaben auf der unteren Seite sollten von den Kindern schnell gerechnet werden. Die Operationszeichen sind zu beachten, darüber hinaus sind Fehler zu finden.

Schwierigkeiten werden bei diesen Aufgaben selten beobachtet. Die Kinder mit Vorstellungsschwierigkeiten ziehen meist das Material als Hilfe hinzu und bestimmen hierüber die Anzahl der notwendig zu verbauenden Würfel. In diagnostischem Sinn ist es lediglich hilfreich zu beobachten, welche Kinder ohne Material nicht auskommen und welche Kinder bei der Anzahlbestimmung in der Vorstellung Fehler machen. Bei diesen Kindern sollte ein ständiges Wechselspiel zwischen Anzahlbestimmung in der Vorstellung und der konkrete Nachbau erfolgen.

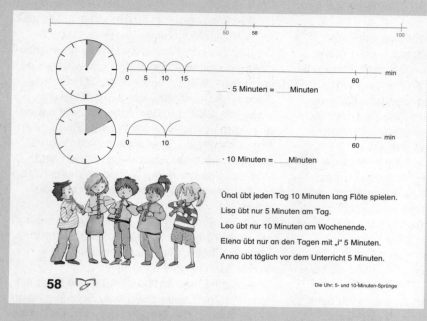

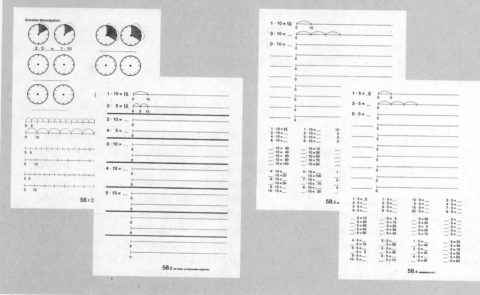

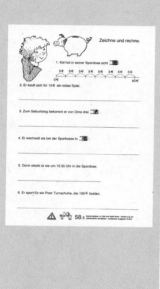

Einteilung der Stunden in Fünf- und Zehn-minuten-Teile; Übertragen der Zeiten auf den Zahlenstrahl; Strukturierung einer Stunde in

Fünfer- beziehungsweise Zehnersprünge; Multiplikation mit 5 und 10; Verdopplung und Halbierung bei Zeitabschnitten.

Zur Übertragung der Aufgaben aus dem Schulbuch (Textaufgaben) beziehungsweise aus dem Übungsteil benötigen die Kinder das Heft. Ist eine Demonstrationsuhr oder sind

kleinere Veranschaulichungsuhren für die Schüler vorhanden, so können diese verwendet werden; nicht alle Schüler werden allerdings eine Uhr benötigen.

Als Einstieg eignet sich Kopfrechnen, insbesondere Addition mit 10, 9 und 11. Außerdem sollten Fünfersprünge gemacht werden, wobei von beliebigen Zahlen ausgegangen werden sollte. Hierbei zeigen sich bei einigen Kindern sicherlich noch Probleme beim Zehnerüber-gang im Fünfersprung.

Auch als Partnerspiel eignet sich das wechselweise Springen in Fünfersprüngen, ausgehend von einer beliebigen Zahl: Damit machen beide Schüler insgesamt gesehen Zehnersprünge, wobei sich die Startzahlen um 5 unterscheiden. Beginnt ein Schüler bei 3, dann sind seine weiteren Zahlen 13, 23, 33, ...

Sein Partner hat dementsprechend die Zahlen 8, 18, 28, ...

Im Kontext der Uhrzeit werden jetzt diese Sprünge wiederholt, wobei sie nun verkürzt werden, indem eine multiplikative Sprech- und Schreibweise verwendet wird. 5·5 Minuten = ... Minuten. Dies sollte einerseits an einer Uhr gezeigt werden, wobei die Sprünge auch an der Uhr als Zeigerbewegungen demonstriert werden sollten. Andererseits müssen auch entsprechende Sprünge am Zahlenstrahl vorgenommen werden.

Gleiches gilt für die Sprünge mit 10, das heißt, der große Zeiger überstreicht mehrfach hintereinander jeweils einen Sektor der Uhr, der 10 Minuten entspricht. Entsprechende

Multiplikationsaufgaben, etwa 5·10 Minuten = ... Minuten, sind ebenfalls zu versprachlichen und zu notieren.

Die Textaufgaben beziehen sich auf das Klassenorchester. Sie haben unterschiedliche Themen, die sich zum Teil auf Multiplikation von 5 Minuten beziehungsweise 10 Minuten beziehen, aber auch eine Kenntnis der Wochentage voraussetzen. Die Kinder sollten animiert werden, weitere Rechengeschichten zu erfinden, die sich mit den Uhrzeiten befassen. Es erweist sich häufig als günstig, die vorhandenen Aktivitäten musikalischer oder sportlicher Art, die die Kinder in ihrer Freizeit vornehmen, aufzunehmen und in den Textaufgaben zu berücksichtigen.

58.1 nimmt das Thema der Fünfer- und Zehnerreihen an der Uhr auf und verlangt von den Kindern, die Sprünge zu vergleichen. Damit ist das Halbieren und Verdoppeln in einem Spezialfall, nämlich der Fünfer- und Zehnerreihe, angesprochen.

Dieses Thema wird auf der Seite **58.2** weitergeführt, wobei die Multiplikationsreihen an dem Zahlenstrahl zu notieren sind. Zu den vorgegebenen Zehnersprüngen sind die entsprechenden Fünfersprünge zu markieren und der Zusammenhang ist herzustellen. Dies läuft darauf hinaus, dass zu einem späteren Zeitpunkt die Multiplikation mit Fünf vereinfacht wird: Es ist jeweils die Hälfte der Multiplikation mit 10. Damit lassen sich auch schwierigere Aufgaben lösen, etwa 5·18, das berechnet werden kann als 10·18 = 180 und die Hälfte hiervon, also 90. Die Übungen zu diesem Zeitpunkt dienen als Vorbereitung einer Rechenstrategie, die wesentlich später erst eingesetzt wird.

58.3 enthält gemischte Aufgaben zur Multiplikation mit 10. Es sollte hierbei immer auch in der Freiarbeit oder bei zusätzlichen Aufgaben die Multiplikation mit 0 besonders berücksichtigt werden. Diese wird häufig unterlassen, weil sie im Alltag keine besondere Rolle spielt und in Handlungen praktisch nicht vorkommt (Wenn ein Objekt 10 Euro kostet, wie viel kosten dann 0 Objekte?).

Es ist zu beachten, dass auch die Umkehrung der Multiplikation in der Form _·10 = 70 auftritt. Die Division wird zu diesem Zeitpunkt noch nicht als arithmetische Operation einge-

führt oder gar formal behandelt, aber als Umkehrung der Multiplikation gedanklich vorbereitet.

58.4 führt die Thematik weiter und stellt in analoger Weise Multiplikationsaufgaben dar wie das vorangehende Blatt, nun allerdings die Fünferreihe.

58.5 stellt Sachaufgaben zu Zeit und Geld dar, die von den Kindern nicht nur gelöst, sondern gleichzeitig am Zahlenstrahl (Rechenstrich) dargestellt werden müssen.

Es mag einigen Kindern überflüssig vorkommen, jeweils die Lösungen von Aufgaben auch am Rechenstrich darzustellen, wenn die Lösung sehr leicht im Kopf gerechnet werden kann. Es geht hierbei aber um das Einüben und Festigen von Methoden, die bei komplexeren Aufgaben notwendig werden.

Zugegebenermaßen sind von einigen Kindern die einfachen Aufgaben ohne weiteres im Kopf zu bewältigen, komplexere Aufgaben überfordern sie aber häufig. Wenn sie keine geeigneten Mittel und methodischen Zugänge haben, um diese dann zu lösen, treten Schwierigkeiten auf. Das Erlernen von Lösungsmethoden stellt ein wesentliches Unterrichtsziel dar. Lösungsmethoden sind hierbei zu unterscheiden von Lösungsstrategien. Lösungsmethoden sind Hilfsmittel, die unabhängig vom Inhalt des Problems angewandt werden können. Auch das Herstellen von Skizzen, Tabellen, Lösungsplänen und Planungslisten („Was weiß ich schon" und „Was weiß ich noch nicht") fallen unter Methoden.

Schwierigkeiten konnten bei dieser Schulbuchseite und den zugehörigen Seiten des Übungsteils nicht beobachtet werden. Lediglich bei einer Textaufgabe wird von den Kindern gerechnet, die nicht rechenbar ist: Bei der fünften Aufgabe von **58.5**. Sie dient dazu, die Kinder

immer wieder über die Lösbarkeit nachdenken zu lassen, bevor sie mit dem Rechnen beginnen. Das Problem der „Kapitänsaufgaben" und die unkritische, impulsive Herangehensweise von Kindern bei solchen Aufgaben im Mathematikunterricht ist hinlänglich bekannt.

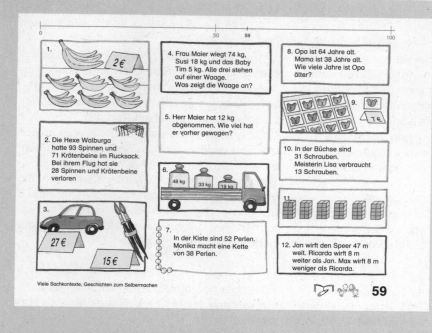

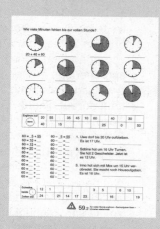

Analyse von Sachkontexten; aus Bildern Geschichten machen, aus Geschichten arithmetische Gleichungen und aus Geschichten Bilder machen; Übersetzung zwischen verschiedenen Repräsentationsebenen: Text-Bild-Symbole-Handlung.

Zum Malen der Bilder und zum Erfinden neuer Geschichten benötigen die Kinder das Heft. Einige Kinder werden für die arithmetischen Aufgaben, insbesondere bei den multiplikativen Zusammenhängen, noch das Material benötigen.

Ausgangspunkt kann die Schulbuchseite mit den zwölf Situationen sein, die an die Schülergruppen verteilt werden. Die Aufgabe besteht nicht nur darin, die Lösungszahl zu finden, sondern aus den Texten Bilder zu machen, zu den Bildern Texte zu machen und jeweils die Rechnung darzustellen, auch am Zahlenstrahl (Rechenstrich). Es geht im Wesentlichen um die Übersetzung zwischen den verschiedenen Darstellungsebenen:

– Die sprachliche Ebene, die hier als Text vorliegt beziehungsweise als Text von den Kindern gebildet werden soll (orthographische Richtigkeit kann hier durchaus in den Hintergrund treten).

– Die bildliche Ebene, bei der die Kinder aus dem Text eine bildhafte Darstellung kreieren müssen. Dies dient den Kindern dazu, prinzipiell bei Textaufgaben zu versuchen, die Handlung oder den Sachverhalt, der im Text eingefangen ist, sich bildhaft zu vergegenwärtigen. Das erleichtert ganz deutlich die Übersetzung in die arithmetische Operation, die bei Kindern üblicherweise in Form von „Prototypen" im Kopf ist: Die Addition bedeutet etwas hinzutun, größer werden, wachsen, die Subtraktion etwas wegnehmen, kleiner werden schrumpfen, absägen etc.

– Die Handlung; das Nachspielen einer Situation bedeutet, dass die arithmetische Operation in einer Handlung festgehalten wird beziehungsweise sich in einer solchen darstellt. Handlung und Bild sind die wesentlichen Repräsentationsformen, die Kinder im Grundschulalter benutzen.

– Symbolik; hiermit ist die mathematische Schreibweise in Form von Symbolen gemeint. Auch Sprache ist eine symbolische Form, Objekte oder Sachverhalte darzustellen, aber dies ist als gesonderter Punkt oben schon behandelt worden.

Werden innerhalb einer Schülergruppe die Repräsentationsformen verteilt und von den Kindern einzeln bearbeitet, dann sollte bei der nächsten Aufgabe diese Verteilung wechseln. Jedes Kind sollte jede Repräsentationsform tatsächlich auch durchgeführt haben. Es sollte nicht vorkommen, dass die guten Zeichner immer die Bilder malen, die schnellen Rechner sich hingegen auf die symbolische Ebene stürzen. Gerade die Übersetzungsprozesse zwischen den Darstellungsebenen sind das Lernziel.

59.1 beinhaltet zwei Teile zum Schnellrechnen, wobei die Kinder Analogien nutzen können (und sollten), um so die Aufgaben zügiger lösen zu können. Zusätzlich werden, im mittleren Teil des Blattes, die Zahlen im Zwanzigerraum zerlegt (Wiederholung) sowie Halbierungen und Verdopplungen im Zwanzigerraum vorgenommen. Möglicherweise stellt die letzte Verdopplung, der Smily, Kinder vor Schwierigkeiten: Was heißt es, Objekte zu verdoppeln (Lösung: einfach zwei Smilies).

59.2 stellt eine Wiederholung und Fortsetzung von Seite **58.1** dar. Die Zeiten werden nun ergänzt bis zur vollen Stunde. Dies geschieht sowohl additiv als auch subtraktiv.

Zusätzlich sind Textaufgaben zum Thema Zeit gestellt. Sind Kinder sehr schnell mit diesem Übungsblatt fertig, so sollten sie weitere Textaufgaben zum Thema Zeit finden. Die unterste Zeile wiederholt das Thema der Doppeldeutigkeit von Uhrzeigerstellungen: 12 Uhr – 24 Uhr, 1 Uhr – 13 Uhr, etc.

Schwierigkeiten treten bei diesen Übungsblättern und der Schulbuchseite nicht auf. Lediglich die Ergänzung zur 60 bereitet einigen Kindern noch Schwierigkeiten, andere haben manchmal die komplementären Uhrzeiten vergessen (letzte Aufgabe auf Seite **59.2**). Zusätzliche Fördermaßnahmen sind aber hier nicht notwendig.

Die Subtraktionsstrategien
- „Zehner-Einer"
- „Ergänzen"
- „Sprung zurück-vor" und
- „Autobahn" (Einer-Zehner-Einer)

erproben und ihre Brauchbarkeit einschätzen und bewerten lernen.

Die Kinder benötigen zur Erprobung der unterschiedlichen Strategien an weiteren Aufgaben das Heft.

Damit die Kinder nicht durch vorangehende Kopfrechenaufgaben zur Bevorzugung einer bestimmten Strategie gelenkt werden, sollte zu Beginn der Stunde eine Kopf-geometrie- und keine Kopfrechenphase stattfinden.

Die Kinder sollten nun in Einzelarbeit die Aufgabe 73 - 69 lösen und ihre Strategie am Zahlenstrahl (Rechenstrich) darstellen. Diese Arbeit sollte ca. ein bis zwei Minuten in Anspruch nehmen.

Anschließend empfiehlt es sich, einen doppelten Sitzkreis zu bilden, in dem jedes Kind seinem gegenübersitzenden Partner die Strategie erklärt, die es bei dieser Aufgabe angewendet hat. Die Kinder sollten hierbei lediglich zuhören und versuchen, die Strategie des Partners zu verstehen. Nachfragen sind erlaubt und erwünscht.

Dann rückt der innere Kreis um einige Plätze weiter. Die Kinder erklären dem neuen Partner, mit welcher Strategie der alte Partner die Aufgabe gelöst hat.

Die Schulbuchseite kann als Klärung dazu beitragen, welche Strategien von den Kindern verwendet wurden. Die verschiedenen Strategien werden bezüglich ihrer Brauchbar-

keit eingeschätzt (Diskussion zwischen den Schülerinnen und Schülern, keine Lenkung) und die Kinder sollten sich dazu äußern, welche Strategie sie verwendet haben und welche sie nun, nach der Darstellung, für günstig halten. Es ist nicht notwendig oder gar erstrebenswert, dass es eine einheitliche, für alle Schüler verbindliche Strategie gibt. Wesentliches Ziel ist, dass die Kinder die unterschiedlichen Strategien verstehen. Insbesondere die Ergänzungsstrategie dürfte bei leistungsschwächeren Kindern seltener zur Anwendung kommen. Sie verlangt ja, dass die Kinder bemerken, dass die beiden Zahlen relativ nahe beieinander liegen.

Im Übungsteil werden die unterschiedlichen Strategien getrennt erprobt. Es ist immer darauf zu achten, dass die vorgegebenen Strategien von den Kindern auch tatsächlich verwendet werden und nicht andere, von ihnen favorisierte oder gewohnheitsmäßig benutzte zur Anwendung kommen.
60.1 thematisiert die Strategien „Zehner-Einer" sowie die Ergänzungsstrategie. Die Zeichen sollten den Kindern bekannt sein.

60.2 verlangt die Anwendung der „Autobahn"-Strategie und die „Sprung"-Strategie. Werden die Kinder sehr schnell mit diesen beiden Übungsseiten fertig, sollten sie weitere Aufgaben selbst bilden, und jeweils drei Aufgaben nach einer festen Strategie bearbeiten. Diese Aufgaben werden im Heft vorgenommen.

Bei beiden Seiten ist ein Muster fortzusetzen. Die Kinder können dies auch farbig gestalten, sollten aber auch hierbei ein festes Muster verwenden.

Während leistungsstärkere Kinder relativ flexibel mit den verschiedenen Strategien umgehen, halten leistungsschwächere Schüler in der Regel an einer Strategie fest. Diese ist dann häufig für bestimmte Zahlenkombinationen nicht optimal, führt aber auch zur richtigen Lösung. Da das Unterrichtsziel ist, Rechenstrategien flexibel zu verwenden beziehungsweise verschiedene Strategien zur Verfügung zu haben, die je nach Zahlenkombination eingesetzt werden, sollten dies

auch die leistungsschwächeren Kinder versuchen. Allerdings ist nicht davon auszugehen, dass ihnen dies nach einmaliger Behandlung gelingen wird. Aus diesem Grunde werden die Rechenstrategien im Laufe des Schuljahres und auch in der nächsten Klasse immer wieder thematisiert. Eine Ausbildung flexibler Lösungsstrategien ist nur langfristig erreichbar (vergleiche die Ausführungen und Beispiele im konzeptionellen Teil des Lehrerbandes).

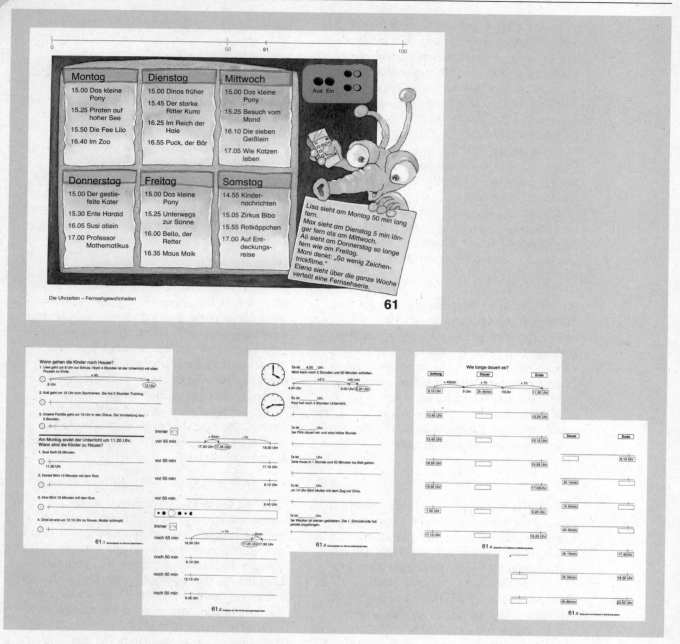

Informationen aus einer Tabelle heraussuchen; Zeiten finden und berechnen; Sachkontexte strukturieren.

Für das Strukturieren und Berechnen der Zeiten benötigen die Kinder das Heft.

Als Einstieg dient die Schulbuchseite. Die Kinder können von ihren eigenen Fernsehgewohnheiten erzählen und sie können sich unter verschiedenen Fragestellungen aussuchen, welche Fernsehsendungen sie sehen würden, wenn die Schulbuchseite das Wochenprogramm darstellt. Die Kinder können sich darüber austauschen, welche Vorlieben sie haben: Tiergeschichten, Abenteuergeschichten, Informationen o. Ä.

Die Kinder erstellen dann für sich selbst eine Tabelle und berechnen die Zeitdauer, die sie jeden Tag bei diesem Programm gerne fernsehen würden.

Die an dem rechten Rand angegebenen Textaufgaben sollten in Partnerarbeit gelöst werden. Hierbei gibt es unterschiedliche Lösungen, die von den Kindern diskutiert werden sollten.

Darüber hinaus sollten sie die Textaufgaben abändern und die entsprechenden Lösungen in ihrem Heft notieren. Abändern bedeutet hierbei, die vorgegebenen Zeiten zu verändern oder andere Wochentage auszuwählen.

Die Kinder können auch ihr eigenes Programm entwickeln, wobei die aktuelle Woche aus einer Fernsehzeitschrift übernommen werden kann.

Gerade diese letzte Tätigkeit sollte zum Planen anregen. Wenn nur eine bestimmte Zeitdauer für die gesamte Woche zur Verfügung steht, an der man fernsehen darf, dann muss eine Auswahl getroffen werden. Dieses planerische Moment in Verbindung mit Uhrzeiten stellt ein wichtiges Lernziel dieser Seite dar.

Auf der Übungsseite **61.1** werden Sachaufgaben gelöst, die Lösungen sind am Zahlenstrahl darzustellen.

61.2 verlangt von den Kindern, die bei der Addition und Subtraktion verwendete Sprung-Strategie nun auf Zeiten anzuwenden und am Zahlenstrahl darzustellen. Hier wird besonderer Wert darauf gelegt, dass tatsächlich die Sprungstratege verwendet wird und nicht eine alternative Strategie, etwa Zehner-Einer.

Auf der Seite **61.3** sind von den Kindern Additionen beziehungsweise Ergänzungen am Zahlenstrahl darzustellen. Die letzte Aufgabe ist eine offene Aufgabe, da der Beginn der ersten Stunde von den Kindern verschieden angesetzt werden kann.

Die Seiten **61.4** und **61.5** thematisieren den Unterschied zwischen Zeitpunkt und Zeitdauer. Von zwei gegebenen Zeitpunkten ausgehend lässt sich die dazwischen liegende Zeitdauer bestimmen. Ist der Anfangszeitpunkt und die Dauer gegeben, lässt sich der Endpunkt bestimmen, ist Endpunkt und Zeitdauer gegeben der Anfangspunkt. Dieses flexible Berechnen der dritten Größe aus den beiden anderen wird hier geübt. Zeitpunkte und Zeitdauer werden dabei in Beziehung gesetzt.

Auch hier wird Wert darauf gelegt, das die Darstellung am Zahlenstrahl vorgenommen wird. Bei der „Autobahn-Strategie" wird jeweils zur nächsten vollen Stunde ergänzt, dann die vollen Stunden und schließlich der Rest.

Schwierigkeiten treten bei den Kindern auf, die die Strukturierung einer Stunde noch nicht vornehmen können beziehungsweise Schwierigkeiten beim Ablesen der Uhr haben oder nicht wissen, dass eine Stunde 60 Minuten hat. Diese Schwierigkeiten sollten getrennt von den anderen Kindern einzeln gefördert werden. Ob hierbei spezielle Förderstunden anzusetzen sind, muss im Einzelfalle entschieden werden.

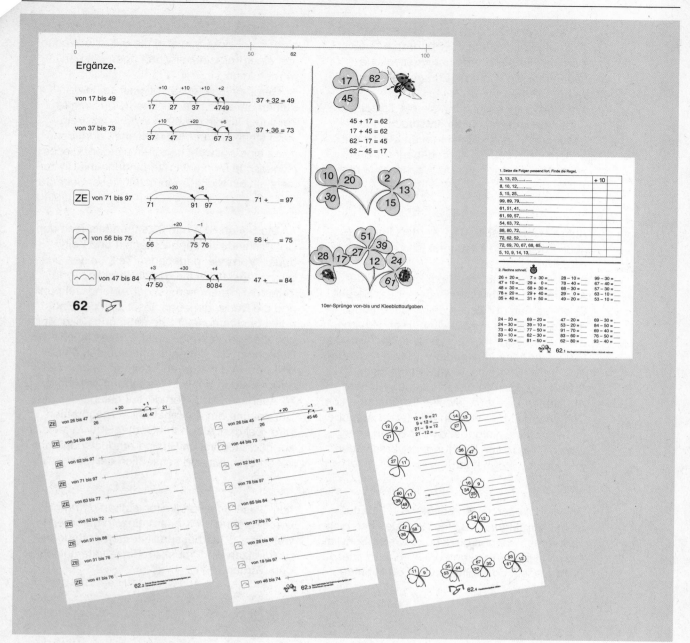

Bei Abstandsbestimmungen beziehungsweise bei Aufgaben „von – bis" verschiedene Strategien erproben und durch Zehnersprünge abkürzen.

Zur Übertragung der Kleeblattaufgaben benötigen die Kinder das Heft. Ebenso sollten dort weitere Aufgaben zum Ergänzen und zur Abstandsbestimmung notiert und am Zahlenstrahl dargestellt werden.

Am Anfang der Stunde sollten Kopfrechenaufgaben gestellt werden. Ob diese einzeln gestellt werden und die Schüler die Antworten sagen müssen, ob ein Wettkampf ausgetragen wird (zum Beispiel Vier-Ecken-Rechnen), ob Schülergruppen gegeneinander antreten o. Ä. hängt von den Gewohnheiten innerhalb der Klasse ab. Es sollten bei diesen Kopfrechenaufgaben auch Ergänzungsaufgaben des Typs „Wie weit ist von der 36 bis zur 69?" vorkommen.

Anschließend sollten in Einzelarbeit Aufgaben zur Ergänzung gestellt werden. Diese werden von den Schülern gelöst, wobei Wert darauf gelegt wird, dass sie ihr Vorgehen am Zahlenstrahl (Rechenstrich) darstellen.

Anschließend werden die unterschiedlichen Strategien in der Gruppe besprochen und die Gruppe einigt sich auf eine Vorgehensweise, die ihr günstig erscheint. Die von den Gruppen erarbeiteten Strategien werden dann klassenöffentlich besprochen. Hier kommt es üblicherweise zu unterschiedlichen Strategien, die denen auf der Schulbuchseite entsprechen. Einige werden Abkürzungen verwenden, das heißt Zusammenfassen von Zehnersprüngen zu größeren Einheiten und damit eine Schematisierung der Aufgabe vornehmen.

Anschließend kann die Schulbuchseite verwendet werden und es werden erneut die Strategien besprochen, die dort für die Ergänzungsprobleme aufgeführt sind. Es sollten auch Begründungen gesammelt werden, warum bei bestimmten Aufgaben die „Zehner-Einer"-Strategie, bei anderen die Sprung-

Strategie oder die „Autobahn"-Strategie günstig ist. Die Sprung-Strategie bietet sich dann an, wenn die Einerstelle der Ausgangszahl um 1 oder 2 kleiner ist als die Einerstelle der Zielzahl. Die Zehner-Einer-Strategie ist dann günstig, wenn die Einerstelle der Ausgangszahl kleiner ist als die Einerstelle der Zielzahl.

Die Kleeblattaufgaben auf der Schulbuchseite sollten von den Kindern gelöst werden, wobei die ersten drei Kleeblätter von allen Kindern bearbeitet werden sollten. Es handelt sich jeweils um die Umkehraufgaben, die von den Kindern notiert werden. Zu jedem dreiblättrigen Kleeblatt gibt es vier Aufgaben, die zusammen gehören. Die letzten drei Kleeblätter können als Differenzierungsaufgaben eingesetzt werden. Zwei von diesen Kleeblättern sind offene Aufgaben, da auf einem Kleeblattteil ein Marienkäfer sitzt: Diese Zahl kann selbst gebildet werden, wobei sich verschiedene Lösungen ergeben.

62.1 verlangt von den Kindern, Folgen fortzusetzen und die Regel zu notieren. Diese Aufgabenstellung ist den Kindern vertraut. Die letzten beiden Reihen stellen Folgen mit einer Doppelregel dar (- 3, + 1 beziehungsweise + 5, - 1).

Die Aufgaben des zweiten Teils sollten innerhalb einer vorgegebenen Zeit berechnet werden (Vorschlag: 5 min). Es kommt auch hier nicht darauf an, dass die Kinder sämtliche Aufgaben lösen können, sondern im Laufe des Schuljahres einen Fortschritt erleben. Die Korrektur wird durch den jeweiligen Partner vorgenommen und die Gesamtzahl der richtig gelösten Aufgaben notiert.

62.2 verlangt von den Kindern, sämtliche Aufgaben nach der Zehner-Einer-Strategie zu lösen und sie am Zahlenstrahl darzustellen. Hierbei kann es zu unterschiedlichen Lösungen kommen, je nachdem, ob die Kinder Vereinfachungen vornehmen, das heißt große

Zehnersprünge machen, oder einzelne Zehnerschritte durchführen.

Auf der Übungsseite **62.3** ist von den Kindern die Sprung-Strategie vorzunehmen, wobei sich die Einerstellen der beiden Zahlen um 1 oder 2 unterscheiden. Auch hier erfolgt die Kontrolle durch den Partner.

62.4 verlangt die Lösung von Kleeblattaufgaben. Da es sich hierbei um sehr viele Aufgaben handelt, können Differenzierungsmaßnahmen eingesetzt werden: Nicht alle Kinder müssen die zweite Hälfte dieses Arbeitsblattes bearbeiten. Zudem sind einige Kleeblattteile frei gelassen, für die die Kinder passende Zahlen einsetzen können. Da hier verschiedene Möglichkeiten bestehen, unterscheiden sich auch die Lösungen der Kinder. Für sehr schnelle Rechner ist die letzte Kleeblattreihe vorgesehen. Hier sind die Aufgaben dann ins Heft zu übertragen und zusätzlich die leeren Kleeblätter auszufüllen.

Die unterschiedlichen Strategien der Kinder sollten registriert, aber nicht durch die Lehrperson bewertet werden. Eine flexibele Strategiehandhabung entwickelt sich im Laufe

der Schuljahre und kann nicht forciert werden. Auch leistungsschwache Kinder ändern im Lauf der Zeit ihre Strategien, sie bleiben nicht bei einem einzigen Verfahren.

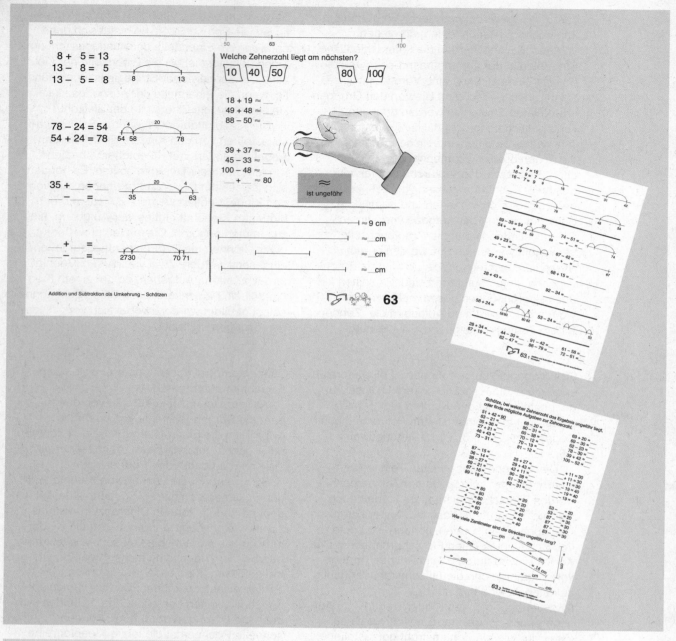

Addition und Subtraktion als Umkehrung – Schätzen

Addition und Subtraktion als Umkehrung
erfahren; Schätzen und Überschlagen lernen.

Die Kinder benötigen für diese Seite das Heft,
um Objekte aus dem Klassenraum auszumessen und deren ungefähre Größe, zum Beispiel
die nächste Zehnerzahl, zu notieren.

Die Stunde sollte mit einer Kopfrechenphase
beginnen, wobei die Kinder zu gestellten Aufgaben nicht die Lösung sagen sollten,
sondern die nächstliegende Zehnerzahl. Die
Aufgaben können sowohl Addition und Subtraktion aber auch Aufgaben aus dem Mini-Einmaleins beinhalten.

Anschließend werden die Aufgaben der
Schulbuchseite behandelt, wobei das Zeichen
„ist ungefähr" erläutert wird durch die schätzende Daumenbewegung des Ungefähren,
zirka etc.

Die Schüler sollten auch mit „abgebrochenen Linealen" arbeiten, das heißt mit Papier-

streifen, auf denen zwar das Maß in Zentimetereinteilung markiert ist, das aber nicht bei
Null beginnt, sondern bei einer beliebigen
Zahl, zum Beispiel 13 oder 27. Hiermit sollten
sie dann Objekte oder Striche auf einem
Blatt ausmessen und notieren, wie lang die
Objekte/Striche ungefähr sind. Auch hier
kommt es darauf an, dass lediglich Zehnerzahlen notiert werden.

Die Umkehraufgaben auf der linken Blatthälfte sind Fortsetzungen von den Kleeblattaufgaben von Seite 62, hier allerdings ledig-

lich in symbolischer Form. Gleichzeitig sollten
die Kinder eine Darstellung am Zahlenstrahl
vornehmen, wobei es günstig ist, wenn die
Pfeilspitzen nicht eingezeichnet werden.

Die Darstellung ähnelt der Ergänzung bei
Subtraktionsaufgaben, bei der auch lediglich
ein Bogen zwischen den Zahlen eingezeichnet
wird. In diesem Fall werden bei den Umkehraufgaben zwei Bögen gezeichnet, trotzdem
bleibt es aber offen, in welche Richtung
gesprungen wird: Damit wird die Subtraktion
als Umkehrung der Addition deutlich.

Die Seite **63.1** greift die Umkehraufgaben und
ihre Darstellung am Zahlenstrahl auf. Es ist
darauf zu achten, dass die Zahlenstrahlnotie-
rung auch tatsächlich vorgenommen wird und
dass nicht lediglich im Kopf gerechnet und
das Ergebnis der Aufgabe angegeben wird.

Die Aufgaben am unteren Rand sind Wiederholungen, bei denen die Kinder in unterschiedlicher Weise die Lösung bestimmen
können. Hier ist eine Zahlenstrahldarstellung
nicht notwendig, kann aber im Heft vorgenommen werden.

Die Seite **63.2** verlangt Schätzungen. Es
ist immer die nächste Zehnerzahl anzugeben.
Bei unterschiedlichen Lösungen verweisen
die Kinder meist auf die genaue Lösung, was
nicht erwünscht ist. Daher sollte die Kontrolle
der Ergebnisse durch die Lehrperson erfolgen,
nicht durch den Partner.

Der untere Teil variiert das Schätzproblem,
indem nun Messungen mit dem (abgebrochenen) Zentimetermaß durchgeführt und die
ungefähre Länge der Striche angegeben werden muss.

Das Schätzen bereitet den Kindern prinzipiell
Schwierigkeiten. Es ist ein hohes Lernziel,
das sich erst durch reichhaltige Erfahrung im
Umgang mit Zahlen und Zahlbeziehungen
entwickelt. Meist herrscht bei Kindern die
Strategie vor, erst das präzise Ergebnis zu

berechnen, um daraus die nächste Zehnerzahl
(später Hunderter- oder Tausenderzahl) zu
bestimmen. Dies kann und sollte nicht unterbunden werden, aber es wird aus diesem
Grund hoher Wert auf die Diskussion und die
Begründung für das Schätzen gelegt.

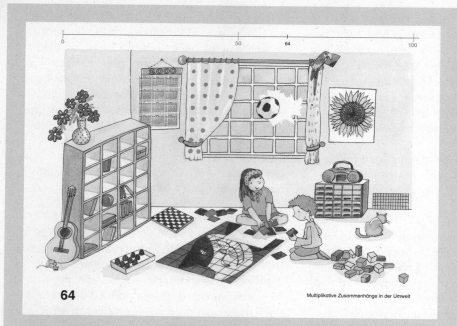

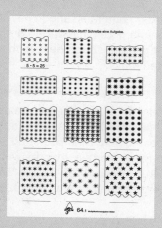

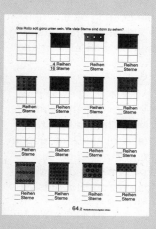

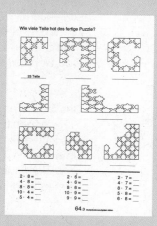

Multiplikative Zusammenhänge in der Umwelt
erkennen, Strukturierungen vornehmen
und auf größere Zahlenräume erweitern.
Geometrische Muster selbst strukturieren.

Die Kinder sollten eigene geometrische Muster
mit möglichst multiplikativem Zusammenhang
in ihrem Heft kreieren.

Die Stunde sollte mit kopfgeometrischen Auf-
gaben beginnen. Hierzu eignen sich Vorstel-
lungen über Würfel, Quader oder Würfelnetze
wie zum Beispiel
- Wie viele Ecken hat ein Quader?
- Wie viele Kanten hat ein Würfel?
- Lässt sich dieses Netz (Tafelbild) zu einem
  Würfel (Quader) falten?

Die Schulbuchillustration eignet sich als
Fortsetzung. Zum einen werden verschiedene
geometrische Formen (Quadrate, Rechtecke,
Kreise) gesucht. Zum anderen sind verschiedene multiplikative Zusammenhänge dargestellt, die einfach strukturiert und abzählbar
sind, aber auch von den Kindern erst in der
Vorstellung vervollständigt werden können.

Hierbei wird keineswegs vorausgesetzt, das die Kinder die Multiplikationsreihen beherrschen – im Gegenteil. Sie sollten aber versuchen, die Multiplikationsaufgabe zu notieren:
– Wie viele kleine Scheiben hat das Fenster? (5·6)
– Wie viele Punkte sind auf der Gardine beziehungsweise beiden Gardinen zusammen? (8·4 beziehungsweise 8·8)
– Wie viele Monate hat das Jahr auf dem Kalender? (4·3)

– Wie viele Felder hat das Schachbrett?
– Wie viele Fächer hat das Regal?
– Wie viele Puzzle-Karten werden für das Bild benötigt?
– Etc.
Die Kinder können versuchen, die Multiplikationsaufgaben durch wiederholte Addition zu lösen, auswendig wissen werden sie die Lösungen in der Regel nicht.

64.1 nimmt das Thema der Vorhänge auf. Die Kinder sollten jeweils die Multiplikationsaufgabe aufschreiben, die Lösung selbst ist eher zweitrangig, wichtiger ist die Notationsform in Form einer Multiplikation. Die Aufgaben wachsen im Schwierigkeitsgrad; die ersten Vorhangmuster sind direkt ablesbare Multiplikationsstrukturen. Bei den Gardinen in der letzten Reihe gibt es verschiedene Möglichkeiten die Aufgabe zu notieren. Die Kinder könnten die längeren Sternchenreihen getrennt berechnen und die kürzeren Sternchenreihen, ebenfalls als Multiplikationsaufgabe, addieren. Sie können aber auch eine längere Reihe und eine kürzere Reihe zusammenfassen, so dass sich nur eine einzige Multiplikation ergibt. So könnte die Lösung etwa für den ersten Vorhang der letzten Zeile lauten: 3·7+3·6 oder auch 3·13.
64.2 verlangt von den Kindern, die Multiplikationsstrukturen jetzt auf die gesamte Fensterfront zu übertragen. Auch hier steigen die Anforderungen auf der Seite im Schwierigkeitsgrad. Bei den letzten beiden Rollos ergibt sich das gleiche Problem wie auf der vorangehenden Seite, hier führen verschiedene Rechenstrategien zum Erfolg.

Auf der Übungsseite **64.3** müssen die Kinder die Multiplikationsreihen in der Vorstellung ergänzen. Wenn es hierbei Schwierigkeiten geben sollte, dann können die Kinder auch die noch fehlenden Puzzle-Teile einzeichnen. Erfahrungsgemäß gibt es hier allerdings feinmotorische Schwierigkeiten, was von den Kindern auch bemerkt wird. Die Multiplikationsaufgabe über das Abzählen der Randpuzzleteile dürfte sich als die günstigere Strategie erweisen. Die Aufgaben mit den halbfertigen Puzzles sollte in Partnerarbeit bearbeitet werden, damit die Kinder sich über ihre Strategie des Auszählens der Randteile verständigen können. Hier sind Begründungen notwendig, die versprachlicht werden müssen.

Die Multiplikationsaufgaben im unteren Teil des Blattes können über wiederholte Addition berechnet werden, günstig sind aber Strategien, die die Struktur der Aufgabenfolge aufnehmen. So können bei den ersten drei Aufgaben jeder Spalte Verdopplungen zum Einsatz kommen, bei den letzten beiden Aufgaben kann es einmal die Halbierung sein oder Nachbaraufgaben, die sich von einfachen Aufgaben ableiten lassen.

Schwierigkeiten treten bei der Multiplikation dann auf, wenn keine geeigneten Strategien verwendet werden, sondern wiederholte Addition eingesetzt wird. Dies ist zwar keine falsche Strategie, allerdings sehr mühsam und nutzt die Struktur der Aufgaben, die produktiven Rechenübungen, nicht aus.

Bei den Puzzles können Schwierigkeiten dann auftreten, wenn Diskriminationsprobleme im visuellen Bereich bei Kindern vorliegen. Dass nicht alle Teile nachgemalt werden können und das Puzzle mit zeichnerischen Mitteln nicht vervollständigt werden kann, ist für diese Altersstufe kein Indiz für grundlegende Störungen.

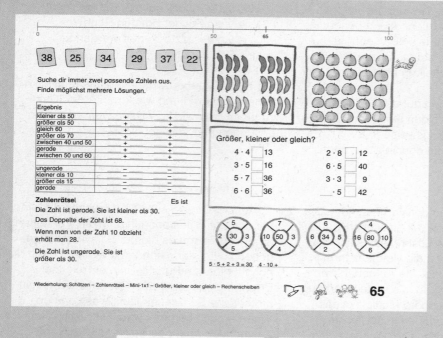

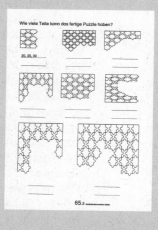

Wiederholung des Mini-Einmaleins, Ergebnisse abschätzen und Größenordnungen überschlagen; Zahlzusammenhänge erkennen und geeignet nutzen; die Erkenntnisse bei Zahlenrätseln anwenden.

Für diese Schulbuchseite wird kein besonderes Material benötigt. Allerdings sollten die Kinder immer die Gelegenheit haben, auf Veranschaulichungsmittel wie die Würfel oder sonstige in der Klasse vorhandene Materialien (Rechenrahmen, Steckwürfel, Perlenkette etc.) zurückgreifen zu können, falls sie es benötigen.

Die sechs Zahlen der Schulbuchseite 38, 25, 34, 29, 37, 22 sollten in bunter Reihenfolge (nicht der Größe nach geordnet!) an der Tafel stehen oder als Kärtchen verfügbar sein.

Empfehlenswert ist ein Vorgehen, bei dem die Kinder im Sitzkreis die Möglichkeit haben, jeweils zwei Zahlenkärtchen entsprechend den Anforderungen zu bestimmen. Die Ergebniseigenschaften können ebenfalls auf Kärtchen vorliegen, so dass die Kinder Zuordnungen vornehmen können.

Es ist empfehlenswert, mehrere solcher Zahlenpäckchen zur Verfügung zu haben, um sie sporadisch immer wieder in der Klasse

einzusetzen (folierte Pappkärtchen). Sie können darüber hinaus zu Differenzierungszwecken verwendet werden. Angestrebt wird , dass die Kinder Zahlen überschlagen, Beziehungen zwischen den Zahlen herstellen und nicht auf die Lösung einer Rechnung fixiert werden. Die Kinder erleben hierbei, dass Zahlen sehr unterschiedliche Eigenschaften haben können und ganz verschieden charakterisiert werden:
– gerade/ungerade
– Das Ergebnis eines Zahlenpaares
  • ist größer als eine vorgegebene Zahl,
  • ist kleiner als eine vorgegebene Zahl,
  • liegt zwischen zwei vorgegebenen Zahlen
  • etc.

Das Zahlenrätsel der Schulbuchseite ist für die Einzelarbeit gedacht. Es regt zum Forschen und Untersuchen von Zahlen an.

Als Abwandlung lässt sich das Zahlenrätsel auch als Partnerspiel durchführen. Hierbei wählt sich ein Schüler eine Zahl aus und versucht, sie in einer Weise zu charakterisie-ren, dass der Partner sie erraten kann. Dabei werden die sprachlichen Fähigkeiten der Kinder gefordert, das genaue Beschreiben, aber auch das Überlegen, ob die Informationen, die man dem Partner gegeben hat, hinreichend und eindeutig sind.

Die Multiplikationsaufgaben auf der Schulbuchseite rechts oben und in der Mitte stellen Wiederholungen des Mini-Einmaleins dar. Hier wird allerdings nicht die Lösung verlangt sondern die Entscheidung darüber, ob das Ergebnis größer, kleiner oder gleich einer anderen Zahl ist.

Die Rechenscheiben werden nun in einer schwierigeren Variante vorgestellt. Es handelt sich darum, mit vier vorgegebenen Zahlen durch geschicktes Verbinden mittels arithmetischer Operationen die Zielzahl in der Mitte der Scheibe zu erreichen. Diese Zielzahl muss genau erreicht werden. Addition, Subtraktion und Multiplikation sind zu diesem Zeitpunkt zulässige Operationen, später wird auch die Division zugelassen werden.

65.1 fordert und fördert die Figur-Hintergrund-Diskrimination und visuelle Diskriminationsfähigkeit. Den Katzen sollen entsprechende Umrisse zugeordnet werden, die Formen müssen erkannt werden, aus denen die Katzen gebildet sind. Die Seite **65.2** führt dieses Thema mit Monsterchen weiter.

65.3 thematisiert die Multiplikationsreihen. Die Aufgabenstellung ist offen. Es ist von den Kindern anzugeben, aus wie vielen Teilen das fertige Puzzle bestehen kann. Einige Kinder werden hierbei nur eine einzige Lösung angeben, andere werden viele verschiedene, auch den Zahlenraum überschreitende Anzahlen finden. Die Kontrolle sollte durch den Partner geschehen.

Schwierigkeiten werden einige Kinder bei den Zahlenrätseln haben und beim Finden geeigneter Zahlenpaare für vorgegebene Ergebniseigenschaften. Diese Kinder sollten mit ähnlichen Aufgaben gefördert werden, wobei der Zahlenraum auf 20 beschränkt werden sollte. Auch die Aufgaben mit den Rechenscheiben werden nicht unbedingt von allen Kindern gelöst. Allerdings gibt es wiederum andere Kinder, die selbst sehr komplizierte Rechenscheiben entwerfen wollen.

Da es sich in beiden Fällen um Formate handelt, die im Laufe dieses und des nächsten Schuljahres noch verwendet werden, sollten die Kinder ermutigt werden, sich mit den Problemen zu befassen.

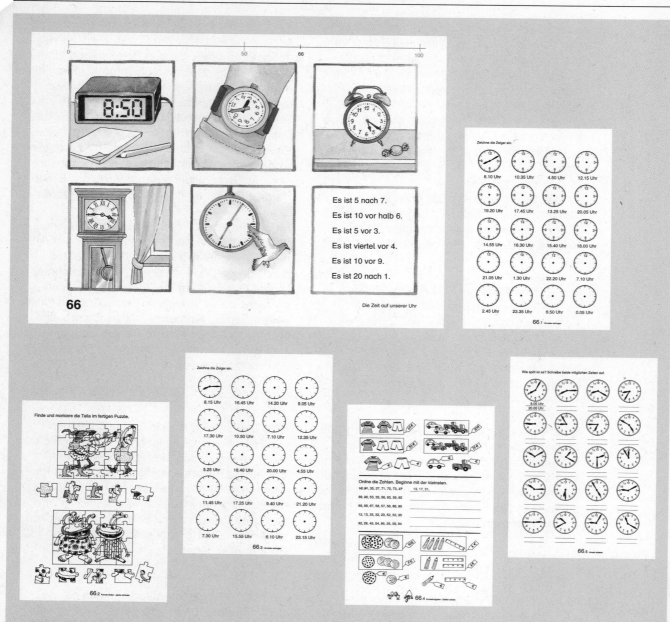

Wiederholung der Uhrzeiten, Ablesen von
verschiedenen Uhren üben; unterschiedliche
Sprechweise für Zeitpunkte kennen lernen.

Wenn Demonstrationsuhren vorhanden sind,
dann sollten die Kinder diese benutzen und
die versprachlichten Zeiten auf der Uhr einstellen. Wenn Veranschaulichungsuhren für

Partner- oder Gruppenarbeit vorhanden sind,
dann sollten diese auf den Tischen stehen
beziehungsweise von den Kindern geholt werden können.

Die Versprachlichung von Zeitpunkten ist
in Deutschland regional unterschiedlich. Insbesondere die Angaben für Viertelstunden-
Abschnitte variieren von einem Bundesland
zum anderen. So werden für den gleichen
Zeitpunkt Ausdrücke wie „Viertel nach drei"

und „viertel vier" verwendet, aber nicht überall
gleich verstanden.
    Der Unterricht muss auf diese regionalen
Besonderheiten eingehen, denn die Versprachlichung von Zeitdauern ist zur wechselweisen
Verständigung ausgesprochen wichtig.

Ausgangspunkt für die Unterrichtsstunde kann die Schulbuchseite sein. Es sind verschiedene Uhren und entsprechende Zeitpunkte dargestellt. Die Kinder können Erfahrungen austauschen, welche Uhren bei ihnen zu Hause vorhanden sind, welche sie kennen und schon gesehen haben.

Nun gilt es die Uhren abzulesen, wobei sich verschiedene Sprechweisen und Darstellungsformen wiederfinden. Rechts unten auf der Schulbuchseite sind Versprachlichungen vorgegeben: Die entsprechenden Uhren mit den angegebenen Zeiten sind zu finden.

Wichtig erscheint es, dass die Kinder versuchen, verschiedene Ausdrucksformen für einen Zeitpunkt zu finden – etwa „Viertel vor vier", „drei Uhr fünfundvierzig", „drei viertel vier" u. Ä. Die Kinder sollten auch animiert werden, mit Formulierungen zu spielen, die nicht unbedingt im Alltag üblich sind. So ist für die Uhrzeit „zwanzig nach fünf" nicht nur die Alternative „zehn vor halb sechs", sondern auch „fünf Minuten nach Viertel nach fünf" oder „in fünfundzwanzig Minuten ist es Viertel vor sechs" etc. möglich. Je mehr die Kinder mit solchen Zeitformulierungen spielen, um so mehr bekommen sie einen Sinn für die Zeitbeziehungen und die Unterteilung der sechzig Minuten.

Es lässt sich auch ein Wettbewerb durchführen, wie viele verschiedene Formulierungen man für eine bestimmte Zeit auf der Demonstrationsuhr finden kann. Dies könnte von der Klasse gesammelt werden. Der Kreativität sind hier keine Grenzen gesetzt.

Bei beiden Aufgabenformen sollten die Kinder ihre Ergebnisse im Heft notieren.

Die Übungsseite **66.1** erfordert von den Schülern, die angegebenen Uhrzeiten auf dem Zifferblatt „einzustellen", das heißt die Zeiger einzuzeichnen. Die Kontrolle sollte durch den Partner geschehen.

66.2 stellt eine Fortsetzung und Erschwerung von **65.1** dar. Die Kinder müssen Formen finden und hierbei sehr genau hinschauen. Das visuelle Diskriminationsvermögen und die Konzentrationsfähigkeit werden hierbei geschult.

66.3 variiert die Uhrzeiten, damit eine Sicherheit im Ablesen und Konstruieren von Uhren erlangt werden kann.

66.4 beinhaltet Knobelaufgaben. Hierbei sollten die Lösungsversuche mit dem Partner zusammen vorgenommen werden (homogene Partnerschaften sind günstiger, da sonst ein Partner den anderen dominiert!). Es sind unterschiedliche Strategien bei der Lösung dieser Aufgaben möglich. Nach der Gruppenarbeit sollten die Schüler ihre Lösungswege und Überlegungen bei den Knobelaufgaben vorstellen und die Strategien vergleichen. Im mittleren Teil des Arbeitsblattes geht es darum, den Hunderterraum zu strukturieren und die Zahlen der Größe nach anzuordnen.

66.5 verlangt von den Kindern, nun bei Uhrzeiten das umgekehrte vorzunehmen, nämlich die beiden möglichen Uhrzeiten bei einer vorgegebenen Zeigerstellung anzugeben.

Schwierigkeiten kann es bei einigen Kindern noch beim Ablesen der Uhr geben, sie werden sich dann auch bei den eher kreativen Teilen des Unterrichts nicht so intensiv beteiligen. Die Knobelaufgaben sind etwas für kleine Forscher, hier kann nicht unbedingt erwartet werden, dass alle Kinder mit einer Lösung aufwarten. Allerdings sollten die Kinder nach der Besprechung der ersten Aufgabe und den dort vorgestellten Strategien versuchen, die weiteren Aufgaben dann doch alleine oder in Partnerarbeit zu lösen.

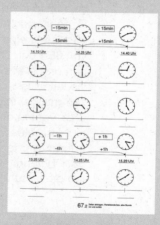

Entwicklung der Multiplikationstafel, Strukturierung der Multiplikationsaufgaben.

Für das Sammeln und Ordnen der Multiplikationsaufgaben ist es günstig, kleine Zettel zur Verfügung zu haben, auf die die Kinder die Multiplikationsaufgaben schreiben können.

Alternativ können sie die Aufgaben auch ins Heft schreiben.

Die Stunde beginnt mit einer kurzen Kopfrechenphase, in der auch Aufgaben aus dem Mini-Einmaleins vorkommen.

Anschließend sollten die Kinder versuchen, auf kleinen Zetteln jene Multiplikationsaufgaben zu schreiben, die sie bereits kennen. Hierbei geht es darum, lediglich die Aufgaben zu sammeln, nicht schon unbedingt die Lösungen zu den zugehörigen Aufgaben. Welche kennen wir, welche sind möglich, welche Aufgaben könnte es denn sonst noch geben?

Diese Tätigkeit sollte günstigerweise in Gruppen vonstatten gehen. Die Kinder werden dabei sehr unterschiedliche Aufgaben zusammen tragen und vor dem Problem stehen, wie sie sie geeignet zusammenstellen können und wie sie überprüfen können, ob sie wirklich alle Aufgaben gefunden haben.

Üblicherweise werden am Anfang nur Aufgaben auf Kärtchen geschrieben, unsystematisch und ad hoc, viele Aufgaben werden doppelt vorkommen, andere dagegen überhaupt nicht.

Möglicherweise erinnern die Kinder aber auch das Verfahren, das sie in der ersten Klasse für Additionsaufgaben bereits durchgeführt haben. Die Multiplikationsaufgaben lassen sich nach einem analogen Schema ordnen und strukturieren. Da dies aber Gegenstand der nächsten Seite ist (nicht vorblättern!) sind die hierzu gehörigen Seiten im Übungsteil Wiederholungen mit anderem Thema.

Wichtig ist, dass das Problem der Systematisierung, der Ordnung in einer Aufgabenmenge deutlich wird.
– Wie kann ich sicher sein, dass wir sämtliche Aufgaben gefunden haben?
– Welche könnte noch fehlen?

67.1 verlangt von den Kindern, Wege durch ein Labyrinth zu finden. Wie kommt die Maus zum Käse? Wie kommt der Hase zur Möhre?

Wichtig ist hierbei, dass die Kinder verschiedene Wege finden und ausprobieren. Es ist nicht notwendig, unbedingt den kürzesten Weg zu finden, allerdings kann zu Differenzierungszwecken die Frage gestellt werden, „Wie viele verschiedene kürzeste Wege gibt es denn?". Es handelt sich hierbei um ein kombinatorisches Problem, bei dem die Kinder angehalten sind, systematisch vorzugehen und Ordnung in die Lösungsmöglichkeiten zu bringen.

67.2 greift erneut das Thema Zeit auf. Hierbei geht es um die Zeiten nach vorne und zurück:
– Wie spät war es vor einer Viertelstunde?
– Wie spät wird es in einer Viertelstunde sein?
– Wie spät wird es in einer Stunde sein?
Für leistungsstärkere Schüler bietet es sich an, noch weitere Zeitabschnitte in die Zukunft und die Vergangenheit zu nehmen:
– Wie spät war es vor fünfunddreißig Minuten?
– Wie spät wird es in fünfunddreißig Minuten sein?
– Wie spät war es vor neunzig Minuten?

Schwierigkeiten treten bei diesen Aktivitäten nicht auf. Wenn einzelne Gruppen von Kindern nicht die Multiplikationstabelle selbst erstellen und keine Systematik entwickeln können, dann werden sie meist durch andere Gruppen und Diskussionen dazu angeleitet. Trotzdem ist es günstiger, wenn die Kinder das Problem selbsttätig zu lösen versuchen und wenn sie die Aufgaben in Gruppen ordnen und nach Merkmalen zusammenstellen, die ihnen wichtig oder plausibel erscheinen.

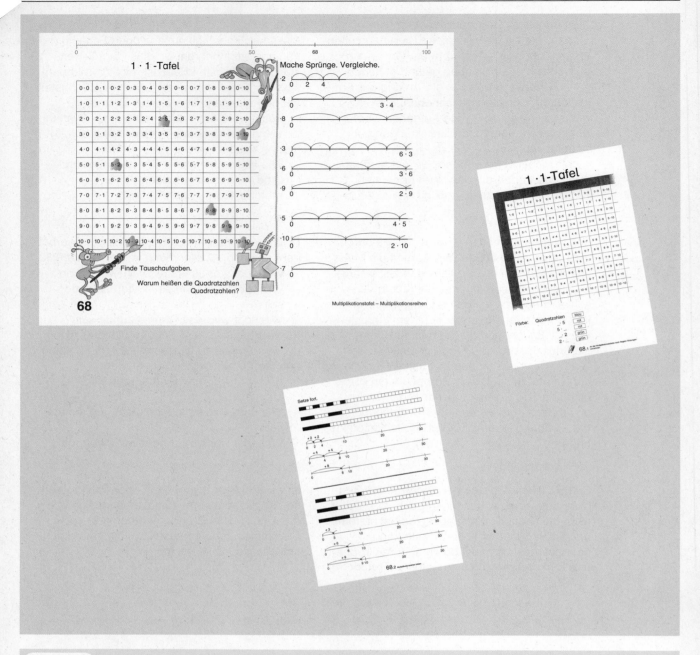

Entwicklung und Vervollständigung der Multiplikationstafel; Multiplikationsreihen im Vergleich, Verdopplungen und Halbierungen bei Multiplikationsreihen.

An der Multiplikationstafel werden Aufgaben nach bestimmten Eigenschaften eingefärbt. Hierzu benötigen die Kinder Buntstifte.

Aus der letzten Aktivität (siehe Seite 67) sollte sich die Einmaleins-Tafel zumindest in Teilen entwickelt haben und die Struktur und Systematisierung sollte in Anlehnung an die Additions-Tafel aus der ersten Klasse vorgenommen worden sein. Nun geht es darum, die Multiplikations-Tafel auf Vollständigkeit zu überprüfen und bestimmte Aufgaben zu identifizieren, die besonders leicht zu rechnen sind. Die einfachsten Aufgaben sind die Multiplikationen mit 0, mit 1 und mit 10. Aber auch andere werden möglicherweise von den Kindern noch als leicht empfunden. Nachdem sich die Kinder einen Überblick über die

Vollständigkeit der Tafel verschafft haben, sollten nun in Einzelarbeit die Seiten des Übungsteiles behandelt werden.

68.1 verlangt von den Kindern, bestimmte Aufgaben geeignet zu färben:
– Quadratzahlen,
– Multiplikationen mit 5, wobei die 5 als erster oder als zweiter Faktor vorkommen kann,
– Multiplikationen mit 2.
Die Frage ist: Welche Muster entstehen und wo stehen diese Aufgaben, sind es besondere Aufgaben?

Mit Hilfe der Multiplikations-Tafel können die Kinder nun die Seite **68.2** bearbeiten. Hierbei geht es um wiederholte Addition, was den Multiplikationsreihen entspricht. Zum anderen geht es aber auch um Zusammenhänge zwischen verschiedenen Multiplikationsreihen. Der Zahlenstrahl eignet sich als Veranschaulichungsmittel, da es leicht zu sehen ist, dass die Zweiersprünge nur halb so weit führen wie die Vierersprünge, diese wiederum nur halb so weit wie die Achtersprünge.

Um zur gleichen Zahl zu kommen, brauche ich doppelt so viele Zweiersprünge wie Vierersprünge, ich brauche auch doppelt so viele Vierersprünge wie Achtersprünge etc. Die Muster, die sich über den Zahlenstrahl-Aufgaben befinden, entsprechen genau dem arithmetischen Muster. Dieser Zusammenhang muss aber von den Kindern selbst hergestellt werden, einige werden es sofort sehen, für andere werden es zwei verschiedene Aufgabentypen sein.

Im unteren Teil des Arbeitsblattes werden die Multiplikationsreihen mit 3, mit 6 und mit 9 am Zahlenstrahl dargestellt. Auch hier ergeben sich entsprechende Zusammenhänge.

Die Schulbuchseite lässt den Kindern die Möglichkeit, bestimmte multiplikative Zusammenhänge zu sehen und die ihnen von der Uhr wahrscheinlich schon vertrauten Multiplikationsreihen mit 5 und 10 zu vergleichen.

Die Multiplikation mit 7 lässt sich in diesem Schema nicht ableiten.

Es wird nicht davon ausgegangen, dass die Kinder eine andere Möglichkeit haben, als über wiederholte Addition die Multiplikationsreihen zu entwickeln, falls sie nicht bestimmte Ergebnisse auswendig können. Ziel ist es allerdings, für diese Phase, in der die Einmaleins-Reihen noch nicht auswendig gewusst werden, Strategien zur Verfügung zu stellen, um Ableitungen leicht und flexibel vorzunehmen.

So ist es möglich, die Multiplikation mit 9 von der Multiplikation mit 10 abzuleiten, die Multiplikation mit 6 und 4 von der 5 abzuleiten und so fort. Diese Erkenntnis ist aber zur Zeit bei den Kindern noch nicht notwendigerweise vorhanden und es bedarf eines längeren Zeitraumes, um sie zu entwickeln.

Schwierigkeiten treten auf, wenn die Kinder die (wiederholte) Addition im Zahlraum bis 100 nicht sicher beherrschen und dadurch bei der Reihenentwicklung Fehler auftreten.

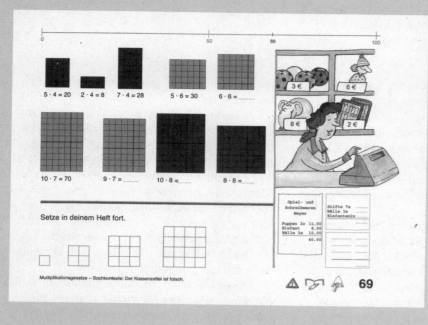

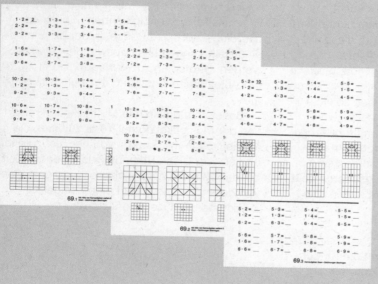

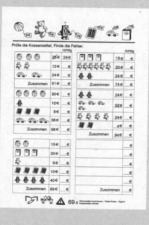

Multiplikationsgesetze am Flächenmodell erkennen, „Kernaufgaben" verwenden, um Multiplikationsaufgaben zu lösen. Rechnungen kontrollieren und Fehler finden.

Um die geometrischen Muster fortzusetzen und die Multiplikationsaufgaben zu lösen, benötigen die Kinder das Heft.

Es empfiehlt sich auch hier, wieder mit einer Kopfrechenphase zu beginnen, bei der die Aufgaben vom Mini-Einmaleins wiederholt werden, ebenfalls Additionsaufgaben im Zahlenraum bis 100.

Nun können kompliziertere Rechtecksraster vorgegeben werden, von denen die Kinder die Anzahl der Quadrate bestimmen müssen. Die Schulbuchseite kann als Ausgangspunkt dienen. Eine Lösungsstrategie sollte nicht vorgegeben werden, die Kinder sollten selbst versuchen, durch geschickte Unterteilungen und Rückgriffe auf bereits auswendig gewusste Aufgaben die Gesamtanzahl zu bestimmen. Es können auch größere Zahlen verwendet werden beziehungsweise vorgegeben werden, bei denen sich eine Vereinfachung anbietet, wie zum Beispiel 4 · 13.

Neue Aufgaben sollten in Einzelarbeit behandelt werden, bei denen die Kinder ihre eigenen Strukturierungen vornehmen. Hierbei zeigt es sich, über welchen Kenntnisreichtum sie verfügen und welche Aufgaben des Mini-Einmaleins von ihnen noch nicht beherrscht werden. Die Variation dürfte innerhalb der Klasse relativ groß sein.

Die untere Zeile, das Muster von größer werdenden Quadraten (Quadratzahlen) sollte von den Kindern ins Heft übertragen werden und sie sollten versuchen, die Anzahlen zu

bestimmen. Hierbei dürfen sie auch die Einmaleins-Tafel verwenden. Wie viele kleine Quadrate hat das siebte, wie viele das neunte große Quadrat?

Auf dem rechten Teil der Seite sind Kassenzettel abgebildet, bei denen aber Fehler eingebaut sind. Die Aufgabe der Schüler besteht darin, die Kassenzettel zu kontrollieren und gegebenenfalls zu korrigieren. Dies sollte in Einzelarbeit geschehen.

Die Partnerarbeit besteht darin, dass jeder Schüler für sich eigene Kassenzettel entwirft und Fehler darin einbaut. Der Partner muss die Fehler finden und korrigieren. Es können auch richtige Kassenzettel ohne Fehler dem Partner vorgelegt werden.

69.1 hat Teile des Mini-Einmaleins und die Merkaufgaben zum Gegenstand, die die Schüler nicht nur mit Hilfe der Multiplikationstafel lösen sollen, sondern in der sie Strukturen erkennen sollten. Ein weiterer wichtiger Schritt ist nun, dass sie die Zahlensätze durch häufige Wiederholung memorieren.

Die Übertragung der kleinen Monster ist als Wiederholung und Auflockerung für die Kinder gedacht.

69.2 besitzt die gleiche Struktur wie die vorangehende Seite. Die Zusammenhänge zwischen den Zahlensätzen sollten deutlich werden: Aus 10 · 6 und 2 · 6 lässt sich leicht 8 · 6 ermitteln. Auch die Seite **69.3** hat diese Struktur.

69.4 übt die Zweier-, Dreier-, Vierer-, Fünfer- und Sechserreihe, dieses Mal aber in ungeordneter Form.

Die Einmaleins-Reihen der Reihe nach aufsagen zu können mag eine anfängliche Hilfe sein, zum Memorieren eignen sich aber eher Abfragetechniken, die ungeordnet vorgehen. Langfristig soll ja vermieden werden, dass die Kinder jeweils die Reihe von unten nach oben aufsagen müssen, um ein Multiplikationsergebnis zu berechnen.

Die Übungsseite **69.5** verlangt von den Kindern das Korrigieren von Einkaufszetteln und Fehler zu finden. Außerdem dürfen sie eigene Kassenzettel konstruieren. Neue und weitere eigene Einkaufslisten, mit oder ohne Fehler, werden ins Heft übertragen.

Natürlich wird nicht davon ausgegangen, dass nach Einführung der Multiplikation und der Einmaleins-Reihen die Kinder die Zahlensätze auswendig wissen. Dies bedarf einer fortwährenden Wiederholung, eines ständigen Übens. Das Auswendiglernen erfolgt nach anderen kognitiven Gesetzen als das Verstehen von Zusammenhängen und das Herstellen von Zahlbeziehungen. Aus diesem Grund wird vorgeschlagen, dass tägliche 5-Minuten-Rechnen nun zu intensivieren.

Allerdings sollte man hierbei berücksichtigen, dass gerade bei diesen Automatisierungsprozessen, wie sie das Einmaleins verlangt, die Hauptlast nicht unbedingt von der Schule zu tragen ist. Hier ist nach unserer Meinung auch das Elternhaus gefragt. Gerade weil es die ständigen, aber durchaus recht kleinen Wiederholungen sind, die beim Auswendiglernen des Einmaleins zum Erfolg führen, ist es günstiger, wenn zu Hause jeden Tag fünf Minuten das Einmaleins memoriert wird, als dass einmal in der Woche eine ganze Stunde dafür verwandt wird. Es ist aus diesem Grunde durchaus angebracht, die Eltern in die Pflicht zu nehmen und auf einem Elternabend ihre diesbezügliche Mitarbeit zum Wohle ihrer Kinder anzuregen.

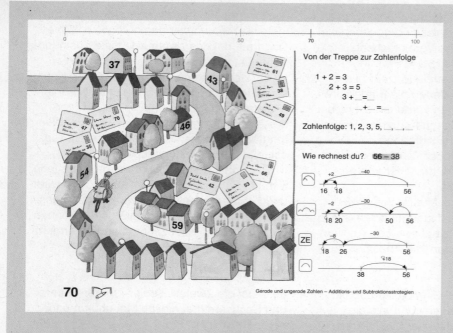

Gerade und ungerade Zahlen im Hunderterraum unterscheiden; Subtraktionsstrategien
vergleichen; von der Zahlentreppe zur Zahlenfolge übergehen; Gesetzmäßigkeiten bei
Zahlenfolgen herausfinden.

Es ist kein Material erforderlich, allerdings
sollten die Kinder immer Veranschaulichungsmittel für den Hunderterraum zur Verfügung
haben, um nicht nur am Zahlenstrahl, sondern
auch an anderen Veranschaulichungsmate-
rialien ihre Rechnungen zu erproben.

Im Sitzkreis wird die Situation des Briefträgers
gespielt. Würfel können Häuser sein, die sich
eine Straße entlang schlängeln.

— Was ist ein günstiger Weg für den Brief-
  träger, wie sollte er seine Briefe sortieren,
  damit er sie mit möglichst wenig Aufwand
  verteilen kann?
— Wie sind überhaupt die Hausnummern an
  einer Straße verteilt?
— Gehen sie der Reihe nach oder abwechselnd?

Die Kinder sollten sich erinnern, wie in ihrer
eigenen Straße die Hausnummern sind. In
welcher Hausnummer wohne ich und welche
Hausnummern haben die Nachbarhäuser?

Nun sollte ein Haus eine Hausnummer
bekommen, zum Beispiel 12.

— Welches Haus hat dann die Hausnummer 10?
— Welche Nummer hat das andere Nachbar-
  haus?
— Wie ist es auf der anderen Straßenseite?

Die Kinder erkennen, dass die Hausnummern meist in Zweiersprüngen fortlaufen und dass die dazwischen liegenden Zahlen auf der anderen Straßenseite zu finden sind. Vom Haus mit der Nummer 12 ausgehend, lässt sich dann bestimmen, welche Hausnummer das fünftnächste Haus hat? Oder das zehnte in der Straße?

In Einzelarbeit sollten die Kinder einen eigenen Straßenzug entwerfen mit Häusern, durchaus bunt gemalt. Ein Haus bekommt eine Hausnummer. Der Partner muss nun die anderen Hausnummern zuordnen.

Es bietet sich an, im Anschluss an diese Aktivität die erste Hälfte der Übungsseite **70.1** zu bearbeiten.

Aus den Bildern der Kinder könnte auch ein gemeinsames Objekt entstehen, eine von den Kindern entworfene Stadt mit Straßen, bunten Häusern und Hausnummern.

Die Zahlentreppe wird als Format wiederholt. Die Kinder kennen dieses Format aus der ersten Klasse her, bei dem sich von selbst immer wieder neue Additionsaufgaben entwickeln. Die Frage ist nun, ob man die Zahlentreppe nicht abkürzen könnte, indem man nur die ersten zwei Zahlen notiert. Ist es dann eindeutig, wie die Zahlenfolge weiter geht? Kann man auch rückwärts rechnen, wenn beispielsweise nur die dritte Zahl angegeben ist? Oder gibt es dann verschiedene Möglichkeiten?

Hier bietet es sich an, die zweite Hälfte von Übungsteil **70.1** und die Seite **70.2** zu bearbeiten.

Schließlich berechnen die Kinder in Einzelarbeit die Aufgabe 46 - 38 und stellen ihre Strategie am Zahlenstrahl dar. Diese Tätigkeit sollte maximal 2 Minuten betragen. In der Gruppe sollten die verschiedenen Strategien gesammelt werden. Wie rechnen die Kinder? Welche Möglichkeiten gibt es?

Es muss zu diesem Zeitpunkt noch keine Bewertung der Strategien vorgenommen werden, denn es geht darum, andere Strategien in der Gruppe kennen zu lernen.

Anschließend werden die verschiedenen Strategien in der Klasse gesammelt und mit ihrem Zeichen versehen. Die Sprung-Strategie, die Autobahn-Strategie und die Zehner-Einer-Strategie werden wohl am häufigsten verwandt werden. Einige, meist aber nur wenige Kinder werden auch ergänzen.

Es ist günstig, wenn ein Plakat mit den verschiedenen Strategien erstellt wird, das eine Zeit lang in der Klasse hängen bleibt.

70.1 thematisiert das Problem des Briefträgers, das heißt der geraden und ungeraden Zahlen, die von den Kindern erkannt werden sollen. Die Zahlenpyramiden im unteren Teil der Seite sind von den Kindern auszufüllen. Die oberen beiden Reihen der Zahlenpyramiden sind von einer geschlossenen Form, das heißt, es tritt nur jeweils eine Lösung auf. Die Kinder sollten aber die Pyramiden miteinander vergleichen, da die Basissteine jeweils die gleichen Zahlen haben. Was ändert sich? Wann ist der oberste Stein gleich?

In den unteren beiden Reihen soll auf verschiedene Weise als oberster Stein immer 100 herauskommen. Die Kinder werden verschiedene Lösungen ausprobieren, sehr einfache, manche Kinder aber auch sehr komplexe. **70.2** hat Zahlenfolgen zum Thema. Ausgehend von den Zahlentreppen (s. Schulbuchseite) werden nun Zahlenfolgen entwickelt.

Die auf der Schulbuchseite angegebene und auf Seite **70.2** erste Zahlenfolge sind die Fibonacci-Zahlen, die in der Kunst und Natur eine große Rolle spielen. Dieses Thema wird dann in höheren Klassen wieder aufgenommen.

Die Additionsaufgaben im unteren Teil der Seite, dargestellt durch die Waagen, sind einfache Additionsaufgaben ohne Zehnerübergang. **70.3** verlangt von den Kindern, sich zwischen möglichen Rechenstrategien zu entscheiden. Die Subtraktionsaufgaben sind mit sämtlichen Strategien lösbar, die Kinder wählen eine, die für sie passende aus.

Es ist hierbei wichtig, dass die Kinder sich erst für eine Strategie entscheiden, bevor sie die Rechnung beziehungsweise die Darstellung am Zahlenstrahl vornehmen.

Dieses Blatt sollte unter einem diagnostischen Gesichtspunkt gesehen werden. Einige Kinder werden bereits mehrere Strategien verwenden, die sie den Zahlenpaaren angepasst auswählen. Andere Kinder werden nur eine einzige Strategie verwenden, auch wenn eine andere günstiger gewesen wäre.

Schwierigkeiten sind nicht zu erwarten. Allerdings werden die Strategien von den Kindern sehr unterschiedlich eingesetzt, ein Festhalten an einer Strategie, die als sicher erlebt wird und beherrscht wird, ist bei manchen Kindern zu beobachten. Gerade leistungsschwächere Kinder halten rigide an dem einmal Gelernten fest. Leistungsstärkere Kinder werden zusehends ihre Strategien verbessern. Es sollte beachtet werden, dass die Rechenstrategien nicht einmal gelernt werden und dann ein Leben lang in dieser Form zum Einsatz kommen. Der häufige Vergleich mit Klassenkameraden und das Diskutieren über mögliche alternative Strategien führt langfristig zu Veränderungen.

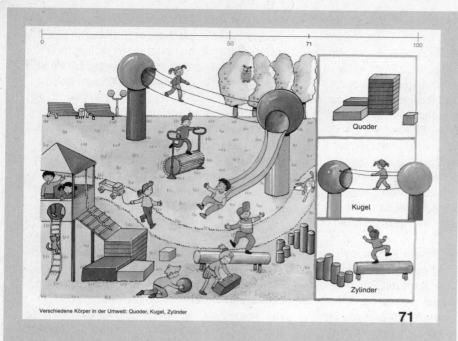

Verschiedene Körper in der Umwelt: Quader, Kugel, Zylinder

71

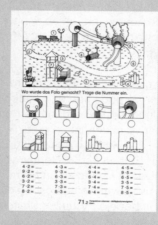

Verschiedene geometrische Körper in der Umwelt finden und unterscheiden können, Schulung der Raumvorstellung und Raumorientierung.

Es ist günstig, Modelle der verschiedenen geometrischen Körper (Quader, Würfel, Zylinder, Kugel, Pyramide) verfügbar zu haben.

Im Sitzkreis werden die verschiedenen geometrischen Körper ausgelegt. Die Kinder sollen versuchen sie zu beschreiben und, wenn sie die Namen der Körper kennen, sie auch zu benennen.
– Welche Körper rollen?
– Welche Körper haben sechs Seiten?

– Welcher Körper hat die meisten Seiten?
– Welcher Körper hat die wenigsten Seiten (Wie viele Seiten hat der Ball?)
– Welche Körper aus unserer Umwelt sehen denn aus wie diese?
Die Schulbuchseite kann als Ausgangspunkt für die Arbeit in Gruppen dienen. Hierbei kön-

nen die Kinder in Partnerarbeit Tabellen erstellen und schauen, wie viele der einzelnen geometrischen Körper sie auf dem Bild finden. Dabei ist es günstig, wenn die Kinder Tabellen anlegen und auf jeden Körper, den sie gefunden haben, einen Würfel beziehungsweise ein Plättchen legen, um sicher zu sein welches Objekt sie bereits gezählt haben.

In einem ersten Schritt ist es sinnvoll, nur Quader, Kugel und Zylinder suchen zu lassen. Das Auffinden weiterer Körper, etwa Pyramide, sollte lediglich zu Differenzierungszwecken verwendet werden.

Auf der Illustration versuchen zwei Kinder (ganz unten auf der Seite) Körper im Sand

abzurollen, die unterschiedliche Spuren hinterlassen. Die Kinder sollten sich überlegen, welche Spuren die verschiedenen Körper, die entweder gekippt werden müssen oder rollen, im Sand ergeben. Die Kinder können dies auch dadurch erreichen, dass sie einen Körper auf dem Papier umfahren, ihn kippen, wieder mit dem Bleistift umfahren, erneut kippen etc. Solche Abwicklungsnetze können von den Kindern selbst erstellt werden. Sie sollten dies für verschiedene Körper ausprobieren: Würfel, Streichholzschachtel, kleine Pyramiden, weitere, in der Form unterschiedliche Quader.

71.1 verlangt von den Kindern, die Körpernetze, die sich beim Abrollen im Sand ergeben, den jeweiligen geometrischen Körpern zuzuordnen. Hierbei wird entweder von dem Netz zu dem Körper gespurt oder es werden Netz und Körper mit der gleichen Farbe angemalt.

Im unteren Teil des Arbeitsblattes sind Multiplikationsaufgaben von den Kindern zu lösen. Multiplikationsaufgaben werden in den nachfolgenden Übungen erneut wiederholt und fortwährend eingesetzt.

71.2 nimmt die Illustration der Schulbuchseite auf. Hier geht es um das Thema Perspektive:
- Von welchen Stellen auf dem Gelände wurden die Fotos gemacht?

- Von wo sehen Objekte in einem bestimmten Blickwinkel wie aus?

Die Kinder müssen die Fotos den jeweiligen Entstehungsorten zuordnen.

Das gleiche Thema wird, mit einem anderen Landschaftskontext (Kapitän sieht verschiedene Objekte von unterschiedlichen Stellen seiner Route in verschiedenen Anordnungen) bei **71.3** wieder aufgenommen. Auch hier geht es darum, von welchem Ort aus man Objekte wie sehen kann. Wie verschieben sich in der Entfernung Objekte gegeneinander, wenn der Kapitän sich bewegt / ich mich bewege?

Schwierigkeiten treten im arithmetischen Teil der Übungsseiten selten auf. Allerdings werden Kinder mit Vorstellungsschwierigkeiten bei den Perspektivenaufgaben Zuordnungsprobleme aufweisen. Diese Kinder hatten wahrscheinlich bereits in der ersten Klasse bei entsprechenden Aufgabenstellungen zur Perspektive Schwierigkeiten.

Für diese Kinder ist es günstig, die Wege selbst abzugehen. Da das nicht anhand der Landschaften im Schulbuch passieren kann, sollte das Problem der Perspektivverschiebung im Klassenzimmer behandelt werden. Das Kind geht hierbei durch die Tischreihen und beschreibt, wie sich ein bestimmtes Objekt im Aussehen verändert, während es läuft. Wie sieht die am Tisch sitzende und schreibende Klassenkameradin aus, wenn ich an der Tafel stehe, wenn ich an der Tür stehe,

wenn ich von hinten im Klassenzimmer hinüber blicke?

Erst wenn solche Aktivitäten und eigene Handlungen vom Kind durchgeführt wurden, lassen sich mit ihm zusammen Strategien entwickeln, um festzustellen, von wo die Bilder auf den Seiten **71.2** und **71.3** gesehen werden können. Von wo kann man das Haus und das Windrad in einer Linie nebeneinander stehend sehen? Ist das von überall möglich? Von wo aus sieht man alle drei Gebäude? Von wo aus sieht man nur eines?

Es kann auch hilfreich sein, wenn das Kind bei der Sichtweise die Hände neben die Augen hält und den Kopf relativ starr trägt. Kinder werden häufig durch den relativ breiten Blickwinkel irritiert und meinen, sie könnten gleichzeitig alles sehen, obwohl sie hierbei ihre Augen bewegen müssen.

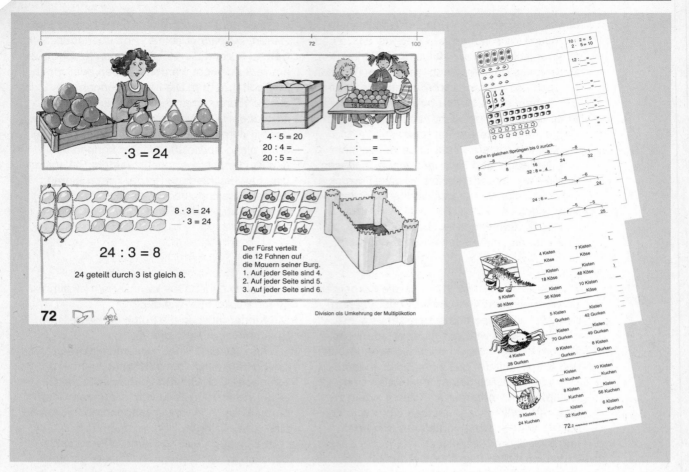

Einführung der Division; die Division als Umkehrung der Multiplikation erkennen; Schreibweise für die Division kennen lernen.

Für die Divisionshandlungen sollten die Kinder an den Tischen genügend Würfel zur Verfügung haben. Diese werden benötigt, um Multiplikationshandlungen durchzuführen, Divisionen als Verteilen und Aufteilen handelnd zu vollziehen und auch die Knobelaufgabe zu lösen versuchen.

Es bietet sich an, ein für die Kinder schwieriges, sehr herausforderndes Problem zu stellen, das sie mit ihren bisherigen rechnerischen Möglichkeiten nicht schematisch abarbeiten können. So kann, in Anlehnung an die Schulbuchseite, das Problem gestellt werden, dass eine Verkäuferin in einer großen Kiste 72 Apfelsinen hat, die sie zu jeweils drei in Netze packt. Wie viele Netze werden gefüllt?

Diese Aufgabe kann mit verschiedenen Strategien gelöst werden:

– Handelnd, indem 72 Würfel in jeweils Dreiergruppen sortiert werden, die Anzahl der Dreiergruppen wird anschließend abgezählt.

– Die Kinder können sich überlegen, dass man für 30 Apfelsinen 10 Netze braucht, für weitere 30 Apfelsinen wieder 10 Netze, zusammen schon 20, die übrigen 12 werden dann handelnd oder unter Zuhilfenahme des Mini-Einmaleins aufgeteilt.

Andere Zerlegungen und Vereinfachungen sind möglich, so könnten die Kinder durch systematisches Probieren versuchen, auf die Lösung zu kommen, beispielsweise sich überlegen, dass $3 \cdot 25 = 75$ ist und aus diesem Grunde ein Netz weniger benötigt wird.

Aufgaben mit anderen schwierigen Zahlen, die bei Division auch einen Rest lassen, sollten ebenfalls von den Kindern versucht werden.

Für diese Aktivitäten bieten sich Partner- bzw. Gruppenarbeit an; die Ergebnisse der Gruppen werden anschließend gesammelt.

Die Schreibweise der Division muss eingeführt werden, denn nicht alle Kinder wissen, wie diese Rechenoperation geschrieben wird.

Zu dem Beispiel der Apfelsinen sollten die Kinder auch die zugehörige Multiplikationsaufgabe notieren ($24 \cdot 3 = 72$).

Diese Aufteil- oder Verteilhandlungen sollten wiederholt an verschiedenen Zahlenkombinationen durchgeführt werden. Die Schulbuchseite kann hierzu als Anlass dienen. Wichtig ist jeweils, dass die Multiplikation und die Division als Umkehroperationen notiert werden.

Es ist bei der Handlung nicht unbedingt für die Kinder erkennbar, dass die Tauschaufgabe ein zugehöriges Problem darstellt. Diese Frage sollte aber unbedingt gestellt werden. So kann bei der Illustration der Schulbuchseite mit einer Kiste und 18 Pfirsichen die Frage gestellt werden, wie können wir die Pfirsiche in Netze verteilen. Es gibt die Möglichkeit, zwei Pfirsiche in ein Netz zu tun, dann erhält man 9 Netze, tut man 9 Pfirsiche in ein Netz, dann benötigt man nur zwei Netze. Entsprechende Aufteilungen ergeben sich bei 3 und 6.

Die vierte Aufgabe der Schulbuchseite ist als Forschungsaufgabe zu verstehen. Die Kinder sollten auf einem Blatt Papier, dessen

vier Seiten die Mauern der Burg bezeichnen, zwölf Würfel ("Fähnchen") verteilen. Leicht ist es, sie so zu verteilen, dass auf jeder Seite drei Fähnchen stehen, dann sind die Ecken unbesetzt. Wie ist es aber, wenn auf den Ecken Fähnchen stehen, wie viele Fähnchen sind dann auf jeder Seite, wenn sie gleichmäßig verteilt werden? Für die anderen Aufgaben, nämlich dass auf jeder Seite 5 oder 6 Fähnchen stehen, sollten die Kinder (zumindest über einen längeren Zeitraum) keine Hilfestellungen erhalten. Sie sollten selbst auf die Möglichkeit stoßen, auf den Ecken zusätzliche Fähnchen zu postieren, was man in der Handlung dadurch erreichen kann, dass man Würfel aufeinander stellt. Diese Forschungsaufgabe eignet sich zur Partner- oder Gruppenarbeit, da hier die Kinder wechselweise Ideen beisteuern können.

72.1 nimmt die Divisionsthematik auf. Mengen werden in verschiedener Weise aufgeteilt, wobei die Schüler die zugehörige Multiplikations- und die Divisionsaufgabe notieren müssen. **72.2** verlangt von den Kindern, multiplikative Zusammenhänge sowohl als Divisions- als auch als Multiplikationsaufgaben zu lösen. Wie viele Kisten brauche ich für 18 Käse, wenn in eine Kiste 6 Käse passen? Wie viele Käse habe ich, wenn ich 7 Kisten besitze etc.? Die beiden Operationen werden als Umkehrungen behandelt, sie beschreiben in verschiedener Weise den gleichen Sachverhalt.

72.3 stellt die Verbindung zur Darstellung am Zahlenstrahl her. Hierbei müssen von einer Ausgangszahl, wie zum Beispiel 32, Achtersprünge zurück gemacht werden. Wie viele solcher Sprünge kann man machen, bis man bei der Null ankommt?

So wie die Multiplikation als wiederholte Addition eingeführt wurde, so ist es naheliegend, die Umkehroperation, die Division, als wiederholte Subtraktion zu konzipieren. Dies lässt sich am Zahlenstrahl darstellen.

Schwierigkeiten treten bei der Begrifflichkeit der Division auf. Die Division ist die schwierigste Operation der Grundschule. Wann liegt in einer Handlung eine Division vor, wann eine Multiplikation? Die Übertragung auf Sachkontexte wird insofern erschwert, als die Kinder zum Teil andere Vorerfahrungen aus dem Vorschulalter mitbringen: Sie kennen die Division als Verteilhandlung. Bei Kindergeburtstagen werden Schokoküsse an die Gäste verteilt, beim Kartenspielen werden die Karten an die Mitspieler verteilt.

Es wäre aus diesem Grunde naheliegend, auch die Division auf eine Verteilhandlung zurückzuführen, um sie an den Vorerfahrungen der Kinder anzubinden. Dies erweist sich aber insofern als problematisch, als dieses Modell für weiterführende Schulen ungeeignet ist. Eine Übertragung auf andere Zahlenräume lässt sich mit dem Verteilmodell nicht durchführen. Hat ein Kind die eingeschränkte Begriffsbildung vorgenommen, die Division sei so etwas wie Verteilen, dann tritt bei der Bruchrechnung die Schwierigkeit auf, dass nicht verstanden werden kann, was 10 geteilt durch 1/2

bedeutet. Zehn Schokoküsse an ein halbes Kind verteilen? Es erscheint wenig plausibel.

Aus diesem Grunde sollte in der Grundschule bereits das Aufteilen als Handlung im Vordergrund stehen. Auch der wiederholten Subtraktion, die ja dem Aufteilen entspricht, ist ein höherer Stellenwert einzuräumen. Bei den Verpackungsaufgaben der Schulbuchseite handelt es sich um Aufteilen, bei den Sprüngen am Zahlenstrahl ebenfalls. Jetzt macht es bei diesem Modell keine Probleme zu fragen, wie oft geht 1/2 in die 10 hinein, wie oft kann ich in „Sprüngen" von 1/2 von der 10 rückwärts gehen bis zur 0.

Die Knobelaufgabe wird nicht von allen Kindern oder Gruppen gelöst werden, weil eine Hemmung darin besteht, mehrere Fahnen an eine Stelle zu stellen. Wird diese Idee einmal geäußert, dann sollten die Kinder auch mit anderen Fähnchenanzahlen experimentieren, beispielsweise 16 oder 20. Für ganz gewiefte Schüler: Ist es auch möglich, 18 Fähnchen so zu verteilen, dass an jeder Seite gleich viele stehen? (Es ist möglich!)

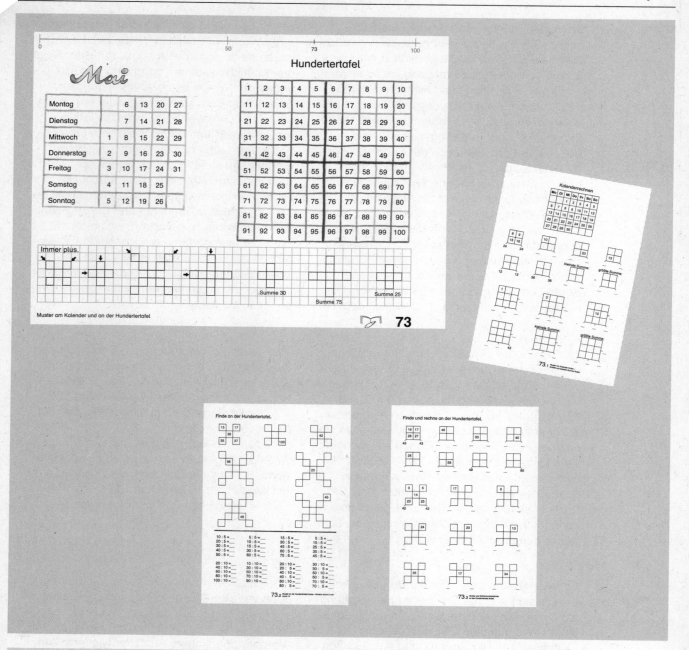

Muster am Kalender und an der Hundertertafel

73

Muster an Zahlenfeldern erkennen, Untersuchung von Zahlbeziehungen auf Zahlenfeldern; Zahlen überschlagen und schätzen.

Es sollten verschiedene Zahlenfelder vorliegen. Dies können Kalenderblätter sein, die für die Schülergruppen durchaus von verschiedenen Monaten sein können, die Hundertertafel, alte Lottoscheine etc.

Die Stunde sollte mit einer Kopfrechenphase beginnen. Hierbei sollten Additionen mit drei oder fünf aufeinander folgenden Zahlen behandelt werden. Dies ist eine Wiederholung der Aufgaben aus der Klasse 1. Diese Additionen lassen sich abkürzen über die

Multiplikation mit der mittleren Zahl („Kraft der Mitte"). So ist $5+6+7+8+9 = 5 \cdot 7$, da es sich um 5 aufeinander folgende Zahlen handelt, deren mittlere die 7 ist.

Das Thema der Schulbuchseite ist eine Fortsetzung der Knobelaufgaben von Seite 46.

Während dort nur jeweils zwei Felder, die nebeneinander, untereinander oder diagonal zueinander lagen, untersucht wurden, wird dies nun erweitert auf drei und fünf beieinander liegende Felder. Entsprechend den Mustern auf der Schulbuchseite sollten die Kinder sich ein Feld auswählen und die Summe der diagonal liegenden Felder bestimmen. Anschließend sollten sie die horizontal und vertikal beieinander liegenden Felder in ihrer Summe vergleichen. Jeweils sollten die Schüler sich möglichst im oberen Teil der Hundertertafel bewegen, da sonst der Zahlenraum bis 100 überschritten wird. Dies mag einige Kinder interessieren, sollte aber nicht vorgegeben werden. Es geht um die Untersuchung der Zahlbeziehungen. Ist es überall so, dass die diagonalen Summen gleich sind, gilt dies für jedes Feld?

Die Kinder sollten an verschiedenen solcher Zahlenmuster experimentieren. Sie können auch selbst Zahlenfelder erstellen, beispielsweise die Zahlen von 1 bis 36 in jeweils sechs Reihen mit sechs Zahlen oder andere Muster. Wie ist es nun bei diesen Feldern?

Die Aufgabe, jene Felder zu finden, bei denen die Summe 30, 75 oder 25 ist, sollte den leistungsstarken Kindern vorbehalten bleiben. Die Erkenntnis, dass bei einem Dreierkreuz die Summe immer das Dreifache des zentralen Feldes ist, bei einem Fünferkreuz entsprechend die Summe das Fünffache des zentralen Feldes, ist eine recht hohe Abstraktionsleistung. Aus diesem Grunde müsste bei der Aufgabe, den Ort der Summe 30 zu finden, das Zehnerfeld aufgesucht werden und die entsprechend umliegenden Felder. Dies geht am Kalender, nicht aber an der Hundertertafel. Gleiches gilt für die Summe 75 des Fünferkreuzes, da hier das Zentralfeld die 15 sein müsste, was aber auf der Hundertertafel nicht geht. Die Summe 25 mit einem Dreierkreuz lässt sich überhaupt nicht herstellen, da 25 nicht durch 3 teilbar ist.

73.1 erweitert die Übungen der Schulbuchseite. Das Schema bleibt aber erhalten. Hierbei werden die Kinder durch (systematisches) Probieren oder durch Berechnungen zur jeweiligen Lösung kommen.

Auf der Seite **73.2** müssen die Kinder zeigen, ob sie die Zahlzusammenhänge auch über längere diagonale Teilstücke an der Hundertertafel finden. Manche Kinder werden dabei entdecken, dass hier eine Addition / Subtraktion ±9 und ±11 erforderlich ist.

Auf dem unteren Teil des Übungsblattes sind einfache Wiederholungsaufgaben zur Division mit 5 und 10, die die Kinder schnell bearbeiten sollten (Zeitvorgabe!).
73.3 variiert den Sachverhalt von **73.1**, indem statt des Kalenderblattes die Hundertertafel verwendet wird, um Zahlzusammenhänge aufzufinden. Hierbei ändern sich allerdings die Gesetze in den Spalten.

Einige Kinder werden Schwierigkeiten mit den Aufgaben auf Seite **73.2** besitzen. Diese Aufgaben können auch als Differenzierung eingesetzt werden.

Strukturen zu erkennen stellt eine hohe kognitive Fähigkeit dar, die bei den Schülerinnen und Schülern unterschiedlich entwickelt ist. Diese Unterschiede sollten beobachtet werden, sie sind aber nicht leicht zu fördern. Am besten lernen die Kinder hierbei von den Argumenten ihrer Klassenkameraden oder Arbeitspartner.

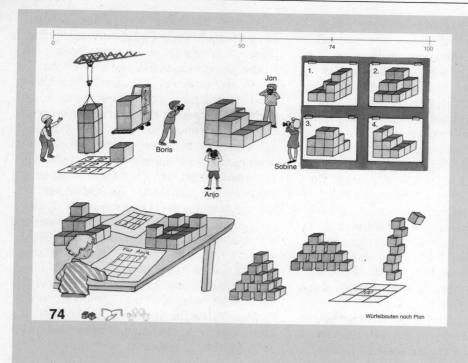

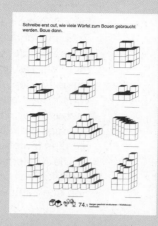

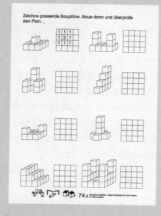

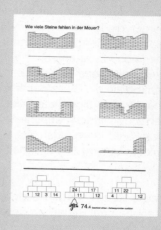

Neue Beschreibung für Würfelbauten kennenlernen, Baupläne für Gebäude erstellen.

Die Kinder benötigen zum Bauen der
Gebäude Würfel. Hierbei ist es günstig,
wenn die Kinder in einer Gruppe ihre Würfel
zusammen verwenden.

Ein durchaus kompliziertes Gebäude sollte
in der Mitte des Sitzkreises stehen. Die
Kinder sollten versuchen zu beschreiben,
wie das Gebäude aussieht. Können wir es
so beschreiben, dass ein anderer es nachbauen kann?

Es wird ein neues Gebäude erstellt, wobei
ein Kind mit dem Rücken zu dem Gebäude
sitzt und es nicht sehen kann (eventuell muss
es abgeschirmt werden). Jetzt versuchen
die Kinder im Sitzkreis das Gebäude zu beschreiben, während das andere Kind es nach-
baut. Ist der Nachbau geglückt? An welcher

Stelle treten Beschreibungsprobleme auf? Warum ist es so schwierig, die Beschreibung vorzunehmen?

Zuerst in Einzel-, dann in Gruppenarbeit versuchen die Kinder, ein „verschärftes" Problem zu lösen. Wir wollen unserem Brieffreund in Frankreich mitteilen, wie unser Würfelgebäude aussieht. Können wir einen Plan machen, so dass er das Gebäude genau nachbauen kann? Gibt es vielleicht Vereinfachungen, die trotzdem sehr genau sind?

Die verschiedenen, von den Gruppen gefundenen Lösungen sollten diskutiert werden. Hierbei kommen meist folgende Lösungsversuche vor:

- eine sprachliche Beschreibung in Form eines kurzen Aufsatzes,
- eine Ansicht von allen vier beziehungsweise fünf Seiten (vier Seiten plus oben),
- ein Grundrissnetz mit Angabe der darauf stehenden Würfelzahlen.

Gerade die letzte Lösungsmöglichkeit ist besonders günstig, wird aber in der Regel nur von wenigen Kindern entdeckt. Kinder ziehen in diesem Alter die bildhafte Darstellung vor,

während dieser „Bauplan" eine hohe Abstraktion darstellt und nicht ein Abbild des Gebäudes ist. Mit diesen Bauplänen sollten die Kinder in Partnerarbeit experimentieren:

Ein Schüler erstellt ein Gebäude und zeichnet einen Bauplan. Der Partner muss, ohne das Gebäude vorher gesehen zu haben, nach dem Bauplan bauen. Die beiden Gebäude werden dann verglichen.

Diese Form der Baupläne stellt eine Vereinfachung dar, wenn die Würfel direkt, Seitenfläche auf Seitenfläche, aneinander und übereinander liegen. Tun sie das nicht, wie bei zwei Abbildungen auf der Schulbuchseite, so kann ein solcher Plan nicht erstellt werden. Hierfür müssten tatsächlich andere Formen der Darstellung gefunden werden.

Das Thema der Perspektive von Seite **71.2** und **71.3** wird hier wieder aufgenommen. Ein Bauwerk wird von vier Seiten fotografiert, die vier Bilder hängen aus. Von wem wurde welches Foto gemacht? Auch hier ist es notwendig, dass die Kinder in der Vorstellung um das Bauwerk herumgehen und es von allen Seiten zu betrachten versuchen.

74.1 verlangt von den Kindern, dass sie bei Würfelbauten die Anzahl angeben. Zum Teil sind diese leicht zu bestimmen, wenn man in der Vorstellung Umstrukturierungen vornimmt, aber abgezählt werden können die Bauten im Allgemeinen nicht, da einige Würfel verdeckt sind.

Die Ergebnisse sollten vom Partner kontrolliert werden. Wenn Kinder es für nötig halten, sollten sie die Gelegenheit haben, die Bauten mit Würfeln selbst nachzubauen. Die anderen Kinder sollten nur im Streitfalle, wenn sie sich nicht über die Anzahl einigen können, den Nachbau vollziehen. Die Begründung sollte eher in der Vorstellung und in der Beschreibung der Bauten liegen.

74.2 und **74.3** verlangen von den Kindern, auf dem vorgegebenen Gitter Baupläne zu den abgebildeten Gebäuden zu erstellen. Eigene Baupläne für den Partner sollten im Heft erstellt werden.

74.4 sollte als Differenzierungsblatt eingesetzt werden. Die Frage nach der Anzahl fehlender Steine in den Mauern verlangt von den Kindern geschicktes Zählen. Zeichnerisch ist diese Aufgabe nicht zu bewältigen.

Auch hier sollten Nachbauten mit Würfeln und Quadern möglich sein. Die Nachbauten dienen als Argumentationshilfe. Es handelt sich allerdings um Forschungsaufgaben, leistungsschwächere Schüler könnten bei einigen der Gebäude überfordert sein.

Schwierigkeiten treten bei Kindern mit Vorstellungsproblemen auf, die bei der Bestimmung der nötigen Würfelanzahlen übersehen, dass verdeckte Würfel vorhanden sein müssen. Erst ein Nachbauen hilft ihnen. Bei diesen Kindern muss immer von der konkreten Handlung ausgegangen werden und die Konstruktion der Würfelbauten im Kopf, in der Vorstellung muss schrittweise angeleitet sein. Nicht Sichtbares als trotzdem vorhanden zu erkennen stellt diese Kinder vor Schwierigkeiten. Dies dürfte sich auch bei den Perspektivaufgaben, den Fotos von der Baustelle, zeigen.

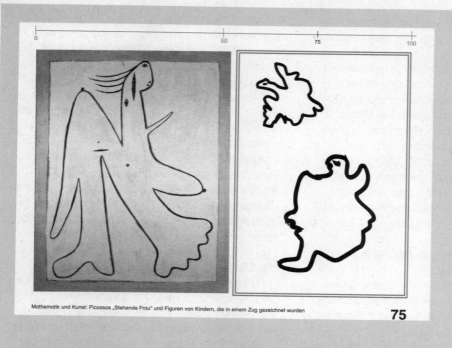

Mathematik und Kunst: Picassos „Stehende Frau" und Figuren von Kindern, die in einem Zug gezeichnet wurden

75

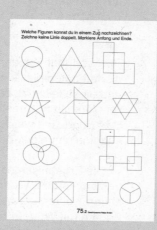

Geometrische Eigenschaften in der Kunst entdecken, Mathematik in anderen Kontexten erleben; Netze überprüfen und geschlossene Wege finden (Topologie).

Für die eigenen Zeichnungen benötigen die Kinder das Heft. Günstiger ist allerdings für die freien Zeichnungen ein Zeichenblock.

Günstigerweise sollten hier Kunst und Mathematik fächerübergreifend zu einem gemeinsamen Projekt vereinigt werden. Das Bild von Picasso dient als Ausgangspunkt. Es ist wünschenswert, wenn noch weitere solcher Bilder für die Kinder vorhanden sind. Sie finden sich in Werksverzeichnissen zu Picasso oder Ausstellungskatalogen. Was ist das Besondere an dieser Zeichnung, außer dass sie nicht sehr realitätsähnlich ausgefallen ist? Die Kinder sehen sehr schnell, dass die Figur in einem Strich gezeichnet ist.

Die Kinder sollten etwas über Picasso erfahren: Er ist einer der bedeutendsten Maler des zwanzigsten Jahrhunderts, er ist in einer sehr armen Familie aufgewachsen und konnte sich, obwohl er sich sehr früh mit dem Zeichnen befasste und es sehr gerne ausübte, keinen eigenen Block und Farbstifte leisten. Aus diesem Grund hat er seine Figuren in den Sand gemalt, häufig in einem Zug. Später hat er diese Technik wieder aufgenommen, zum Beispiel in dem hier vorliegenden Gemälde.

Die Kinder sollten animiert werden, Personen, Tiere, Objekte, ganze Bilder auch in einem einzigen Zug zu zeichnen. Als Produkt kann ein Klassenbild entstehen, das eine Geschichte erzählt. Die einzelnen Figuren sind dann Einstrich-Zeichnungen.

75.1 nimmt das Thema der Einstrich-Zeichnungen in abgewandelter Form wieder auf. Es sind die Wege des Postboten abzugehen, der jedes Haus besuchen soll, aber auf seinem Weg möglichst keinen Weg zweimal benutzt. In welchen Städten ist dies möglich, wo gelingt es, wo gelingt es nicht? Wenn die Kinder die verschiedenen Pfade ausprobieren, sollten sie bei jedem neuen Versuch einen andersfarbigen Stift nehmen, da sie sonst nicht mehr überschauen können, ob sie einen Weg bereits abgegangen sind oder ob es noch ein Strich vom letzten Versuch war.

75.2 variiert die gleiche Thematik, nun sind abstraktere, schematisierte Figuren dargestellt. Die Kinder müssen versuchen, die Figuren in einem Zug zu zeichnen, ohne eine Linie doppelt zu malen. Bei welchen Figuren ist es möglich? Gibt es bestimme Eigenschaften der Figuren, so dass ich schnell erkennen kann, ob es geht?

Die Schüler sollten eigene Figuren entwerfen, die man in einem Zug zeichnen kann, aber auch solche, die nicht in einem einzigen Zug zu malen sind. Der Partner sollte dann jeweils überprüfen, ob die eine oder andere Variante vorliegt.

Als zusätzliche Fragestellung kann sich ergeben, ob es Figuren gibt, für die ich mehr als zwei Striche brauche, obwohl sie zusammenhängend sind. Natürlich kann man drei nebeneinander liegende Kreise, die voneinander getrennt sind, nur in drei Zügen malen. Wie ist es aber bei zusammenhängenden Figuren?

Schwierigkeiten wurden bei diesem fächerübergreifenden Projekt bislang nicht beobachtet.

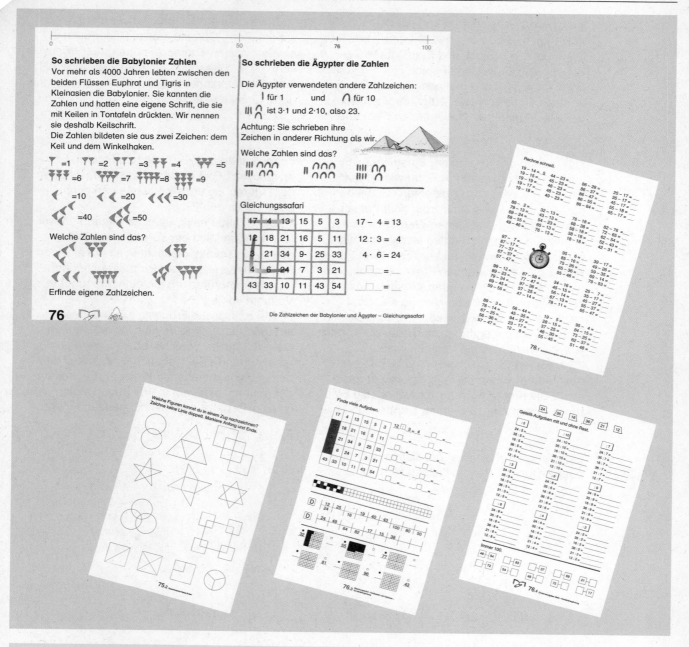

Symbole als menschliche Konstruktionen erleben; Zahlbeziehungen in komplexen Zahlstrukturen auffinden.

Um eine eigene Gleichungssafari zu konstruieren, benötigen die Kinder das Heft.

Es wird ein fächerübergreifendes Vorgehen vorgeschlagen. Die Thematik alter Kulturen, ihrer Kleidung, ihrer Architektur, ihrer Nahrung und ihrer Lebensbedingungen sollte neben den arithmetischen Symbolen behandelt werden. Die Kinder könnten Informationen über Babylonier und Ägypter, über den Turm von Babylon und die Pyramiden sammeln.

Ein Teilthema unter den anderen sollte das Zahlensystem sein. Schrieben die Babylonier und Ägypter so wie wir? Die Keilschrift als Schrift der Babylonier wird in dem Material, das die Kinder über die Kulturen gesammelt haben, sicher nicht fehlen. Lesen können wir diese Schrift nicht, sie wurde aber von Forschern inzwischen entziffert. Für uns ist sie fremd. Aber was ist mit ihren Zahlzeichen? Können wir die lesen? Die Zahlzeichen der Babylonier und Ägypter werden dargestellt und miteinander verglichen.

In Partnerarbeit könnten die Kinder zwischen unserer Ziffernschreibweise, der ägyptischen und der babylonischen Zahldarstellung hin und her zu übersetzen versuchen.

Die Kinder sollten auch versuchen, eigene Zahlzeichen zu entwickeln, die ihnen günstiger oder grafisch ansprechender als unsere erscheinen. Wie sehen dann die Rechnungen aus? Vielleicht erfinden die Kinder auch eigene Symbole für die arithmetischen Operationen.

Die Kinder sollten sehr frei und kreativ mit diesen Symbolen umgehen, um zu erleben, dass sie eine Willkürlichkeit besitzen, dass sie Konstruktionen des Menschen sind, um miteinander zu kommunizieren. Symbole haben nicht von sich aus eine Bedeutung, wie man an den babylonischen und ägyptischen Zeichen sieht, sondern wir denken eine Bedeutung in sie hinein.

Die Gleichungssafari auf der Schulbuchseite sollte von den Kindern untersucht werden. Im Gegensatz zu den bisher bekannten Gleichungssafaris kommen nun Multiplikation und Division als zusätzliche mögliche Operationen hinzu. Die Kinder sollten versuchen, möglichst viele Gleichungen in diesem Schema zu finden.

76.1 ist eine Wiederholung, die der Festigung und dem Schnellrechnen dient. Die Aufgaben lassen kein rein schematisches Arbeiten zu, die Strukturen werden häufig unterbrochen, wie dies bei produktiven Übungsformen notwendig ist. In jedem Päckchen gibt es eine Leerzeile, die von den Kindern ausgefüllt werden kann, aber nicht ausgefüllt werden muss. Einige Kinder werden sich an die Aufgabenstruktur halten und versuchen, in dem Päckchen Regelmäßigkeiten zu erkennen, andere werden Subtraktionsaufgaben nach Belieben einsetzen. Das sollte ihnen freigestellt sein.
76.2 verlangt von den Kindern, Additionsaufgaben nach der Sprung-Strategie zu lösen. Es wird hier Wert darauf gelegt, dass die Kinder diese Strategie auch verwenden, auch wenn ihnen die Aufgaben als ungünstig hierfür erscheinen (etwa $44 + 17$).

Es ist notwendig, dass einzelne Strategien immer wieder obligatorisch durchgeführt werden. Bleibt nach einer kurzen Kennenlernphase den Kindern immer eine Wahlmöglichkeit der Strategien, dann werden sie kraftvollere Rechenstrategien nicht erproben und anwenden.
76.3 stellt eine Wiederholungsseite dar. Neben der Gleichungssafari, für die Lösungen gefunden werden sollen, ist ein Muster fortzusetzen, sind Verdopplungen vorzunehmen und „kleine und große verliebte Herzen" zu bestimmen. Auf Seite **76.4** ist bei einfachen Additionsaufgaben mit einstelligem Summanden zwischen zwei Strategien zu wählen: Benutze ich beim Zehnerübertrag die Sprung-Strategie oder die „verliebten Herzen"?

Schwierigkeiten treten bei dieser Seite nicht auf. Allerdings finden die Schüler nicht sämtliche Lösungen in der Gleichungssafari; diese können aber dann hinterher zusammengetragen werden. Es ist für die Kinder einfacher, wenn sämtliche Richtungen, das heißt auch von unten nach oben oder von rechts nach links, in dieser Gleichungssafari zugelassen sind. Damit bleibt ihnen die Möglichkeit, Multiplikationen zu entdecken und in der gleichen Weise die Division zu notieren, die additive oder subtraktive Schreibweise oder beide zu benutzen.

Möglicherweise haben einige Kinder noch Schwierigkeiten bei den Strategien. Trotzdem

sollte darauf geachtet werden, dass die Sprung-Strategie auf Seite **76.2** durchgeführt wird.

Auch wenn bei **76.4** von Kindern nur eine einzige Strategie verwendet wird (wahrscheinlich die Zehnerergänzung, das heißt die „Verliebten Herzen"), dann sollte dies zugelassen werden. Allerdings sollten sie die Gelegenheit bekommen, bei anderen Kindern die andere Strategie zu beobachten. Es wäre günstig, wenn die Kinder in Fördersituationen noch weitere Aufgaben vom Typ der Übungsseiten **53.2** und **53.4** bekommen, die die Sprung-Strategie nahelegen.

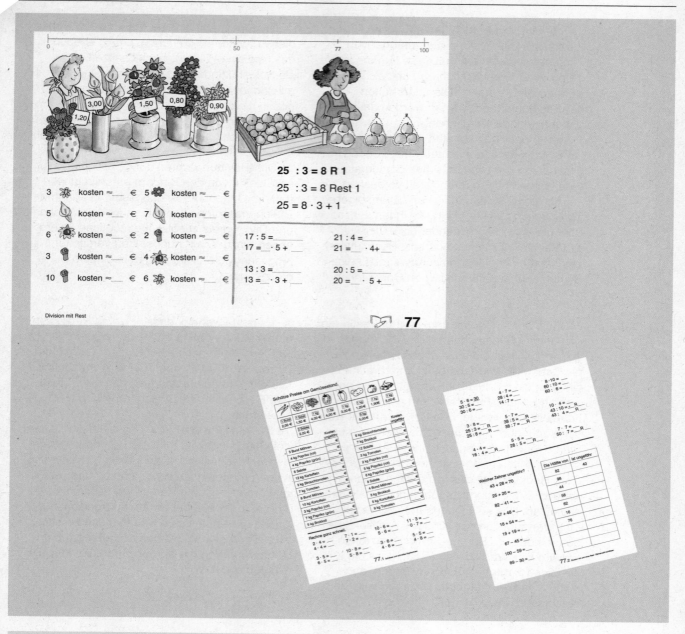

Einführung in die Schreibweise der Division mit Rest; Schätzen und Überschlagen bei Preisen.

Die Kinder sollten für die Divisionsaufgaben die Würfel oder anderes Material zur Verfügung haben, um die Auf- und Verteilhandlungen durchführen zu können.

Nach einer Kopfrechenphase sollte eine Kaufsituation erstellt und durchgeführt werden. Hierfür eignet sich der Sitzkreis als Sozialform. Verschiedene Gegenstände mit Preisen, die knapp über einem Euro oder knapp unter einem Euro liegen, das heißt 80 Cent, 90 Cent, 1 Euro 10, 1 Euro 20 werden verkauft. Es geht nicht um das

genaue Berechnen des Preises, sondern um das Abschätzen, ob das vorhandene Geld für eine bestimmte Menge von Objekten reicht:

– Reichen 20 Euro um 20 Objekte zu kaufen, die 90 Cent kosten?
– Reichen 20 Euro um 18 Objekte zu kaufen, die 1,10 € kosten?

- Wie viel kosten ungefähr 15 Objekte, von denen jedes 3 Euro kostet?
- Reichen 10 Euro für 8 Objekte, von denen jedes 1,20 € kostet?
- Oder für 8 Objekte, von denen jedes 1,50 € kostet?

Die Kinder sollten auch schätzen, wie viele Objekte einer bestimmten Sorte sie für 10 Euro oder für 25 Euro kaufen können. Es sollte die ungefähre (!) Anzahl bestimmt werden, es muss nicht die genaue sein.

In einem zweiten Schritt sollte immer der nächste Zehner bei Multiplikationsaufgaben angegeben werden. Dieses Spiel kann auch als Kopfrechenspiel eingeführt werden: Additions-, Subtraktions- und Multiplikationsaufgaben werden gestellt, gefragt ist nicht die genaue Lösung, sondern der nächstliegende Zehner oder (als Alternative) der Zehnerbereich („zwischen 30 und 40").

In einem zweiten Schritt lösen die Kinder Aufteilaufgaben der Form, dass in dem Blumenladen Blumen gekauft werden (in Anlehnung an die Schulbuchseite links) oder Obst in Tüten verpackt wird. Diese Handlungen können stellvertretend mit Spielsachen durchgeführt werden oder als „Quasi-Objekte" mit den Würfeln oder einem anderen Material, das in der Klasse zur Verfügung steht. Hierbei sollten Divisionsaufgaben gestellt werden, die aufgehen, aber auch solche, die einen Rest enthalten. Die Kinder müssen ihre Ergebnisse notieren. Eine bestimmte Schreibweise ist in diesem Moment noch nicht vorgegeben, sondern sollte von den Kindern entwickelt werden. Einige werden besondere Zeichen entwickeln, um den Rest zu benennen, andere werden das Ungefähr-Zeichen verwenden u. Ä. Hierbei sollten die Kinder frei sein, ihre eigene Notationsform zu finden. Erst gegen Ende dieser Phase, wenn die verschiedenen Schreibweisen von den Kindern gesammelt worden sind, kann auf die von Erwachsenen verwendete Notationsform hingewiesen werden, die Schreibweise mit Rest.

Auf der Schulbuchseite sind drei verschiedene Möglichkeiten angegeben, wie geschrieben werden kann. Es sollten sämtliche drei Schreibweisen verwendet werden, wobei die Schreibweise $25 : 4 = 6\ R1$ und $25 : 4 = 6\ Rest\ 1$ identisch sind, die erste stellt lediglich eine Abkürzung dar. Die multiplikative Schreibweise sollte ebenfalls verwendet werden.

77.1 nimmt die Schätzaufgaben auf. Dieses Blatt kann nach der ersten Phase, die den linken Teil der Schulbuchseite behandelt, durchgeführt werden. Die Kontrolle des Blattes geschieht durch den Partner. Es wird Wert darauf gelegt, dass ungefähre, aber glatte Schätzungen vorgenommen werden. Die Aufgaben im unteren Teil des Blattes können auch als Kopfrechenaufgaben gestellt werden, In dieser Phase eignen sie sich aber noch für die schriftliche Form, da Ableitungen möglich sind.

77.2 behandelt die Division mit und ohne Rest. Ausgehend von Multiplikationsaufgaben werden nahe liegende Divisionsaufgaben ohne und mit Rest durchgeführt.

In der zweiten Hälfte des Arbeitsblattes müssen die Schüler im linken Teil wieder den Zehner schätzen, der am nächsten bei dem Ergebnis der Additions- und Subtraktionsaufgaben liegt. Auf dem rechten Teil schätzen sie die Hälfte, gerundet auf den Zehner.

Sollte bei Aufgaben das exakte Ergebnis die Einerstelle 5 besitzen, dann sind beide benachbarten Zehnerzahlen als „ungefähre Lösung" möglich. Die Schüler sollten zu diesem Zeitpunkt noch nicht mit der Konvention vertraut werden, dass in diesem Falle aufgerundet wird.

Schwierigkeiten sind bei diesen Aufgaben nicht zu erwarten. Allerdings werden die Strategien der Kinder in bekannter Weise unterschiedlich sein:

- Einige Kinder werden das exakte Ergebnis (mühsam) berechnen und dann die nächste Zehnerzahl suchen,
- wohingegen andere Überschläge und plausible Erklärungen für die nächste Zehnerzahl anführen.

Das Schätzen und Überschlagen ist eng mit dem Zahlensinn verbunden. Es bedarf einer ausgiebigen Erfahrung im Umgang mit Zahlen, bevor sich diese Fähigkeit entwickelt. Sie kann nicht als gegeben vorausgesetzt werden. Sie ist bei den Kindern zu diesem Zeitpunkt sehr unterschiedlich entwickelt beziehungsweise häufig nur in Ansätzen vorhanden. Die Übungen dienen dazu, diese Fähigkeit weiter zu fördern. Aus diesem Grunde werden vielfältige Übungsformen hierzu angeboten, die auch in den nächsten beiden Schuljahren fortgesetzt werden. Ist die Fähigkeit des Schätzens und Überschlagens bei Kindern noch nicht ausgeprägt, so ist es keineswegs als gravierende Schwierigkeit anzusehen. Sie wird sich im Laufe der folgenden Unterrichtsphasen langfristig verbessern.

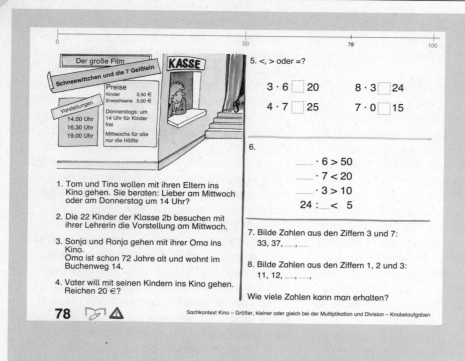

5. <, > oder =?

3 · 6 ☐ 20   8 · 3 ☐ 24

4 · 7 ☐ 25   7 · 0 ☐ 15

6.

____ · 6 > 50

____ · 7 < 20

____ · 3 > 10

24 : ____ < 5

7. Bilde Zahlen aus den Ziffern 3 und 7:
33, 37, _____, _____

8. Bilde Zahlen aus den Ziffern 1, 2 und 3:
11, 12, _____, _____,

Wie viele Zahlen kann man erhalten?

Möglicherweise benötigen die Kinder für die
Multiplikationsaufgaben und das Abschätzen
der Größer-Kleiner-Beziehung noch Material
(Würfel). Für die Textaufgaben zur Kinositua-
tion werden einige Kinder Spielgeld verlangen,
um die Preise zu legen. Für die Knobelaufgaben ist es günstig, wenn die Kinder
Zahlenkärtchen zur Verfügung haben.

Die Stunde sollte mit einer Kopfrechen- oder
Kopfgeometriephase beginnen.

Im Sitzkreis dient anschließend die Situation, die auf der Schulbuchseite illustriert ist,
als Ausgangspunkt. Die Kinder werden ihre
Erfahrung mit Kino und Filmen einbringen.
Das Gespräch sollte dann auf die Zeiten „Wie
lange dauert ein Film wahrscheinlich?" und
die Preise gelenkt werden. Unterschiedliche
Fragen können herbei zu den Eintrittspreisen
gestellt werden:
– Wie viele Kinder können für 10 Euro
  ins Kino gehen?
– Wie viele Erwachsene?

– Wie viele Kinder können für 14 Euro ins Kino gehen?
– Wie viele Erwachsene?
– Etc.

Die Textaufgaben sollten von einem Schüler vorgelesen werden.

Ist sichergestellt, dass die Texte verstanden worden sind, ziehen sich die Kinder in Partnerarbeit an ihre Tische zurück und versuchen, die Aufgaben zu lösen und möglicherweise weitere zu erfinden und in ihr Heft zu schreiben.

Zwar gibt es eine mathematische Lösung für die Aufgaben, aber wenn Kinder ihre eigenen Alltagsbeschränkungen mit in die Textaufgabe einbeziehen („Donnerstags kann ich nicht, da habe ich Flötenstunde", „Mittwochs gehe ich immer auf den Ponyhof") dann sollte dies durchaus verstärkt werden. Es ist sinnvoll zu unterscheiden zwischen mathematischen Lösungen und praktischen Lösungen im Alltag.

Die Kleiner-, Größer- oder Gleichaufgaben (Nr. 5 auf der Seite) sind lediglich Ausgangspunkte. Die Kinder sollten diese Aufgaben lösen und noch weitere entwickeln. Hierbei ist es vorteilhaft, wenn die Kinder dem Partner Aufgaben stellen und die Richtigkeit seiner Lösung selbst überprüfen.

Ebenfalls in Partnerarbeit sollte die Nr. 6 bearbeitet werden. Hierbei kann differenzierend vorgegangen werden, indem von leistungsschwächeren Schülern lediglich eine

Lösung zu finden ist, von leistungsstärkeren aber mehrere oder alle Lösungen. Da es bei der ersten und dritten Aufgabe unendlich viele Lösungen gibt, kann es zu Notationsdiskussionen kommen. Einige Kinder werden vielleicht bei der ersten Aufgabe (...... · 6 > 50) die Folge 9, 10, 11, … als Lösung angeben. Dies sollte natürlich zugelassen sein und als korrekt bewertet werden.

Die Aufgaben 7 und 8 sind als Forschungsaufgaben gedacht. Auch hier werden sich deutliche Unterschiede zwischen den Kindern einstellen:
– Einige Kinder werden Zahlenkombinationen finden (aber nicht alle).
– Einige Kinder werden versuchen, durch systematisches Probieren sämtliche Lösungen zu finden.

Leistungsstarke Kinder werden versuchen (oder sollten dazu angeregt werden) die Problemstellung zu erweitern, die aus den Aufgaben 7 und 8 sich natürlicherweise ergibt, nämlich mit vier oder mehr Zahlenkärtchen zu probieren. Hierbei gibt es mehrere Fragestellungen:
– Wie viele Lösungen erhalte ich bei vier verschiedenen Ziffern?
– Was ist, wenn eine Ziffer doppelt vorkommt?
– Was ist, wenn eine Ziffer dreimal vorkommt?
– Welche Möglichkeiten gibt es überhaupt?

78.1 nimmt die Größer-Kleiner-Gleich-Vergleiche bei Multiplikationsaufgaben auf. Es ist zu beachten, dass im mittleren Teil des Übungsblattes zum Teil mehrere, verschiedene Lösungen möglich sind. Auch hier wird es einige Kinder geben, die versuchen, sämtliche Lösungen zu finden; dies muss aber nicht als verbindliche Aufgabe für alle gestellt sein.

Der untere Teil des Übungsblattes sollte eventuell als erster behandelt werden, da es hier um das Schnellrechnen mit Zeitbegrenzung geht. Es handelt sich um gemischte Aufgaben, die vom Schwierigkeitsgrad her nicht sehr anspruchsvoll sind, sondern die Automatisierungen im Zahlenraum bis 20 (beziehungsweise an einigen Stellen bis 30) erfassen,

sowie einfache Multiplikations- und Divisionsaufgaben.

Bei der Übungsseite **78.2** handelt es sich um ein „Zeitenrätsel", dass das Wissen über verschiedene Zeitabschnitte erfragt. Dieses Blatt sollte auf jeden Fall in Einzelarbeit durchgeführt werden. Eine Selbstkontrolle ist gegeben, da unten auf der Seite die Lösungen stehen. Dies hat zwar den Effekt, dass die letzte Aufgabe nicht mehr gelöst werden muss, wenn die anderen Aufgaben richtig gelöst wurden. Die Schüler haben aber die Gelegenheit, ihre Angaben noch einmal zu überprüfen, wenn sich bei der letzten Aufgabe eine falsche Antwort ergibt.

Schwierigkeiten sollten sich auf dieser Seite nicht einstellen. Es werden aber sehr deutliche Unterschiede in der Automatisierung bemerkbar sein. Der Schnellrechenteil in **78.1** dürfte zu sehr heterogenen Lösungsanzahlen innerhalb der Klasse führen. Das Wissen über die Zeiten ist ebenfalls sehr unterschiedlich bei den Kindern ausgeprägt. Da es sich hierbei um sowohl schulisches als auch Alltagswissen

handelt, machen sich Einflüsse aus dem sozialen Umfeld des Kindes an dieser Stelle deutlich bemerkbar.

Treten bei der Seite **78.2** Schwierigkeiten auf, so ist möglicherweise zu überprüfen, ob Sprachschwierigkeiten bestehen. Auch die Leseleistung hat naturgemäß einen Einfluss auf die Lösungen dieser Seite.

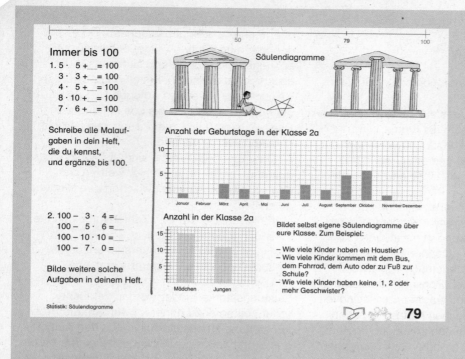

Immer bis 100

1. $5 \cdot 5 + \underline{} = 100$

   $3 \cdot 3 + \underline{} = 100$

   $4 \cdot 5 + \underline{} = 100$

   $8 \cdot 10 + \underline{} = 100$

   $7 \cdot 6 + \underline{} = 100$

Schreibe alle Malauf-
gaben in dein Heft,
die du kennst,
und ergänze bis 100.

2. $100 - 3 \cdot 4 = \underline{}$

   $100 - 5 \cdot 6 = \underline{}$

   $100 - 10 \cdot 10 = \underline{}$

   $100 - 7 \cdot 0 = \underline{}$

Bilde weitere solche
Aufgaben in deinem Heft.

Statistik: Säulendiagramme

Säulendiagramme

Anzahl der Geburtstage in der Klasse 2a

Anzahl in der Klasse 2a

Mädchen   Jungen

Bildet selbst eigene Säulendiagramme über
eure Klasse. Zum Beispiel:

– Wie viele Kinder haben ein Haustier?
– Wie viele Kinder kommen mit dem Bus,
  dem Fahrrad, dem Auto oder zu Fuß zur
  Schule?
– Wie viele Kinder haben keine, 1, 2 oder
  mehr Geschwister?

79

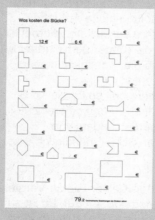

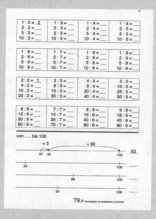

Ergänzungen zu 100 in Verbindung mit der
Multiplikation; Statistik: Säulendiagramme
erstellen und eigene Statistiken entwickeln.

Für die Hundertererergänzung und die Statistik
benötigen die Kinder das Heft. Manche Kinder
benutzen für die Hundertererergänzung noch
Material (Pappstreifen), eventuell ist noch ein
Modell der „Schatztruhe der Königin" (vgl. zu
Seite 31 bzw. 32) vorhanden, die als Demonst-
rationsobjekt bei Streitfällen (und in Fördersituationen) dient.

Die Stunde sollte mit einer Kopfrechenübung
beginnen, die das kleine Einmaleins enthält
sowie, davon getrennt, Ergänzungen von
Zehnerzahlen zu Hundert ($30 + \underline{} = 100$).

Es wird in der Klasse gesammelt, in welchen Monaten die Kinder Geburtstag haben,
zum Beispiel April: 2, August: 4 etc. Die
Kinder sind nun aufgefordert, eine Darstellungsform für diese Daten zu suchen (Problem!). Dies sollte in Gruppenarbeit geschehen.
Die Kinder sollten versuchen, die vorhandenen Daten über die Monate möglichst so
darzustellen, dass man auf einen Blick sehen
kann, wie die Geburtstagsanzahlen über die
Monate verteilt sind.

Im Anschluss an die Gruppenarbeit werden
die verschiedenen Vorschläge im Klassenplenum besprochen, diskutiert und bewertet.

Es ist eher unwahrscheinlich, dass die Schüler von sich aus auf eine Darstellung als Säulendiagramm stoßen werden. Die üblichen Vorschläge beinhalten Strichlisten oder eine Auflistung der Monate mit den Zahlen dahinter.

Aus diesem Grund muss die Form des Säulendiagrammes als eine mögliche aber sehr günstige Form der Datendarstellung von der Lehrperson eingeführt werden („Dies haben die Kinder in der 3. Klasse gemacht. Was denkt ihr darüber?"). Das sollte aber erst dann geschehen, wenn die Kinder sich selbst intensiv mit möglichen Darstellungsformen befasst haben und versucht haben, selbst welche zu entwickeln. Die Form der Säulendiagramme verlangt von den Kindern eine relativ genaue Darstellung, wobei ihnen die Kästchen im Rechenheft Unterstützung bieten.

Im Anschluss daran werden zu eigenen Fragestellungen Säulendiagramme über Daten aus der Klasse erstellt.

Die Gruppen sollten sich selbst Fragen ausdenken, die sie in Säulendiagrammform darstellen möchten. Die Daten hierzu haben sie von den anderen Klassenkameraden einzuholen. Hierbei entsteht üblicherweise das Problem, dass die Daten nicht von allen Kindern eingeholt werden, sondern nur von bestimmten Tischen oder den Freunden. Dies lässt sich dadurch kontrollieren, dass die Gesamtsumme immer die Anzahl der in der Klasse anwesenden Kinder sein muss. Einige Vorschläge für Fragestellungen sind:

– Wie viele Kinder haben ein Haustier?
– Wie viele Kinder kommen mit dem Bus, dem Fahrrad, gehen zu Fuß oder werden mit dem Auto zur Schule gebracht?
– Wie viele Kinder haben 0, 1, 2 oder mehr Geschwister etc.?

Es wird einige Schwierigkeiten geben, die richtigen Kategorien zu finden und diese von den Anzahlen zu trennen. So kommt es vor, dass die Anzahl der Geschwister auf der y-Achse der Säulendiagramme dargestellt wird, nicht aber die Anzahl der Kinder, die entsprechend viele Geschwister haben. Auch hier sollten die Kinder erst Fehler machen dürfen und sie in der Gruppe oder dann in der Klasse korrigieren können. Ein frühzeitiges Eingreifen lässt die Kinder nicht über die günstige Darstellung nachdenken.

In einer davon getrennten Phase sollten die Kinder die Aufgaben am linken Rand der Schulbuchseite bearbeiten und jeweils weitere Aufgaben in ihrem Heft notieren. Dies geschieht günstigerweise in Einzelarbeit. Da es einen sehr unterschiedlichen Kenntnisstand bei den Multiplikationsaufgaben gibt, die in das Heft übertragen und zu 100 ergänzt werden sollen, kann es für leistungsstarke Schüler zu zu vielen Aufgaben kommen. Eine Möglichkeit, dies zu reduzieren, besteht darin, eine Höchstzahl von Aufgaben vorzugeben, zum Beispiel zwanzig.

79.1 wiederholt die Siebenerreihe am Beispiel der Woche. Die Siebenerreihe ist die schwierigste Multiplikationsreihe, und es wird davon ausgegangen, dass sie zu diesem Zeitpunkt nur von wenigen Schülern auswendig gewusst wird.

79.2 Ist eine Seite zur Division, die hier in ein geometrisches Format gepackt ist. Ausgehend von einem Preis für ein Rechteck müssen die Kinder die Preise für verschiedene Teile des Rechteckes ermitteln. Die Schwierigkeit ist also eine zweifache, zum einen muss die geometrische Analyse gelingen um festzustellen, der

wievielte Teil oder das Wievielfache des Ausgangsrechteckes vorliegt, zum anderen ist dann daraus der entsprechende Preis zu bestimmen.

79.3 wiederholt bestimmte, einfache Kernaufgaben, die Multiplikation mit 1, 2, 5 und 10 und die entsprechenden Umkehraufgaben.

Im unteren Teil sind Aufgaben zur Hundererergänzung zu bearbeiten. Es ist wichtig, dass die Kinder die Darstellung am Zahlenstrahl vornehmen und hierbei zuerst den „kleinen Schritt" zum nächsten Zehner, anschließend den „großen Schritt" zur 100 machen.

Es kann vorkommen, dass einige Kinder noch Schwierigkeiten mit der Ergänzung bis Hundert haben. Diese Übungen sind aber wichtig, weil anderenfalls die typischen Fehler auftreten: $66 + 44 = 100$, $24 + 86 = 100$. Das Darstellen am Zahlenstrahl versucht der zu frühen Zerlegung der Zahlen in Einer und Zehner entgegenzuwirken, die später bei den schriftlichen Verfahren von Bedeutung sind, hier nun aber, bei zu frühem Einsatz, zu den klassischen Fehlern

führen (Vergessen des Übertrags). Die Zahlen sollten noch ganzheitlich aufgefasst werden und in Beziehung zu anderen Zahlen gedacht werden, sonst verlieren sie zu schnell ihre kardinale Bedeutung.

Multiplikative Kernaufgaben werden auch weiterhin wiederholt. Es wird nicht davon ausgegangen, dass die Schüler zu diesem Zeitpunkt die Kernaufgaben und auch die anderen Multiplikationssätze schon beherrschen.

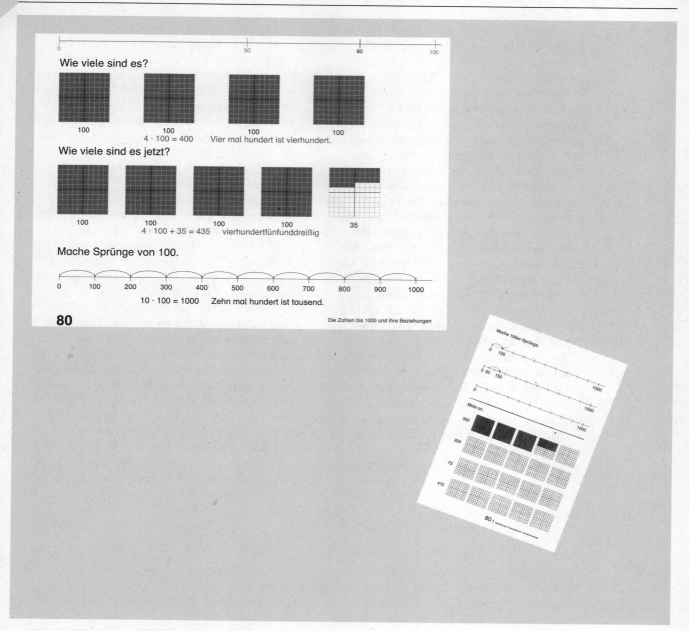

Wie viele sind es?

100   100   100   100

$4 \cdot 100 = 400$ Vier mal hundert ist vierhundert.

Wie viele sind es jetzt?

100   100   100   100   35

$4 \cdot 100 + 35 = 435$ vierhundertfünfunddreißig

Mache Sprünge von 100.

0   100   200   300   400   500   600   700   800   900   1000

$10 \cdot 100 = 1000$ Zehn mal hundert ist tausend.

80   Die Zahlen bis 1000 und ihre Beziehungen

Die Struktur im Tausenderraum ansatzweise erleben; mehrere Hunderter zusammenfassen und die Schreib- und Sprechweise dreistelliger Zahlen kennenlernen.

Die Kinder können und sollten die Würfel der gesamten Klasse zur Verfügung haben. Es eignet sich auch das Material, das aus Einer-Würfeln, Zehner-Stangen, Hunderter-Platten und Tausender-Würfel besteht (Mehrsystemblöcke oder Dienes-Blöcke). Von gleicher

Struktur ist ein Teil des Montessori-Materials, das ebenfalls verwendet werden kann. Das Schulbuch geht aber nicht davon aus, das diese zusätzlichen Materialien vorhanden sein müssen. Diese können aber zusätzlich zum MATHEMATIKUS verwendet werden.

Im Sitzkreis sollten die Kinder alle ihre Würfel zusammentragen und versuchen herauszufinden, wie viele es sind. Lässt sich eine leichte Struktur finden, können wir die Zahlen in einer Weise ordnen, dass wir es leicht überblicken können?

Da den Kindern das Hunderterfeld aus der Geschichte mit der Königin bekannt ist, ist es für sie nahe liegend, mehrere Hunderter in entsprechender Weise zu legen. Problematisch ist lediglich die Sprech- und Schreibweise. Wie sprechen wir das aus, wie viele sind es denn? Wir haben hier vier mal hundert, wie viele sind es? Und wie viele Würfel haben wir bei vier mal hundert und noch 35 dazu?

Die Schreib- und Sprechweise von dreistelligen Zahlen kann von Kindern nicht entdeckt werden, da es sich um eine Konvention handelt. Es ist eine Übereinkunft, im Deutschen diese Zahlen in einer bestimmten

Weise zu benennen: Zuerst die Hunderter, dann die Einer, abschließend die Zehner.

Die Schulbuchseite erklärt noch einmal, wie die Schreibweise und Sprechweise im Tausenderraum ist. Zusätzlich wird schon illustrativ der Tausenderstrahl eingeführt: Wir machen zehn Hundertersprünge und erreichen Tausend.

Die Übungsseite **80.1** orientiert im Tausender. Im oberen Teil machen die Kinder Sprünge von einer Hunderterlänge, wobei der dritte Zahlenstrahl frei ist. Es ist schon hinreichend, wenn die Kinder einige Stellen an dem Zahlenstrahl markieren, auch ohne Sprünge

zu machen. Im unteren Teil sind die Zahlen in den Hunderterfeldern anzumalen. Deutlich wird hierbei der wiederholte Hunderter und der „Rest", der aus dem zweistelligen Anteil besteht.

Treten im Kontext des Tausenderraumes Schwierigkeiten auf, so ist dies in keiner Weise überzubewerten. Der Tausenderraum wird nicht eingeführt, sondern diese und die folgende Schulbuchseite sind als Ausblick auf die

„großen Zahlen" zu sehen, die die Kinder in der dritten Klasse erwarten. Es sollte mehr ein Experimentieren, ein Probieren mit dem Material, den Symbolen, den Sprechweisen und den Anschauungsformen sein.

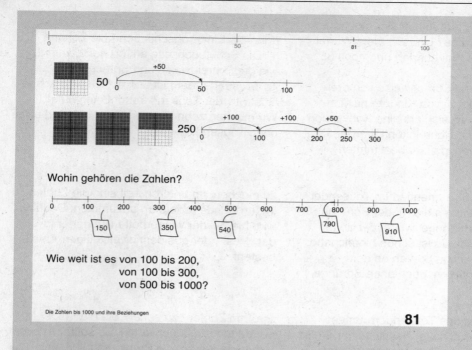

Wohin gehören die Zahlen?

Wie weit ist es von 100 bis 200,
von 100 bis 300,
von 500 bis 1000?

Die Zahlen bis 1000 und ihre Beziehungen

81

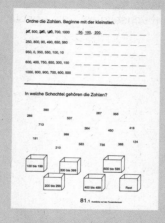

Zahlen im Tausenderraum sortieren, Sprünge
im Tausenderraum durchführen; probieren,
wo Zehnerzahlen hinkommen könnten.

Es sollte das gleiche Material verwendet
werden, das bereits bei der Behandlung der
vorangehenden Schulbuchseite zum Einsatz
gekommen ist. Welches der verschiedenen

Veranschaulichungsmittel vorhanden und
den Kindern vertraut ist, bleibt der Lehrperson
überlassen.

Die Stunde sollte mit einer Kopfrechenphase
beginnen, indem insbesondere die Ergänzung
zum Hunderter betont wird. Hierbei sind
die „großen verliebten Herzen" wichtig,
das heißt die Ergänzung zum Hunderter von
Zehnerzahlen aus. Zum anderen sollten
die Halbierungen im Hunderterraum mit glat-

ten Zehnerzahlen noch einmal behandelt
werden.

Einige dreistellige Zahlen mit glattem
Zehner sollten als Zahlenkärtchen oder als
Tafelanschrieb für die Schüler vorhanden
sein. Das Problem für die Schüler besteht
darin, diese Zahlen am Zahlenstrahl einzusor-

tieren. Sie sollten für zwei Zahlen ca. eine Minute Einzelarbeit zur Verfügung haben und anschließend in den Gruppen bestimmen, wo diese Zahlen hinkommen. Die Gruppen müssen sich entsprechend einigen, wo die Zahlen zu verorten sind. Es sollte mit möglichst leichten Zahlen begonnen werden, etwa Fünfzigerzahlen.

Treten herbei Schwierigkeiten auf, dann sollten die Gruppen ermuntert werden, die Darstellung nicht zuerst am Zahlenstrahl zu machen, sondern vorab eine Darstellung mit Hunderterfeldern vorzunehmen. Von hier aus lassen sich dann Übertragungen auf den Zahlenstrahl vornehmen. Die Aufgaben verstehen sich als Knobelaufgaben, „Forschungsaufgaben", da neues, unbekanntes Land betreten wird.

Auch die Abstandsbestimmungen zwischen Hunderterzahlen sind Forschungsaufgaben. Selbst dann, wenn sie für einige Kinder sehr leicht sind, sind sie doch für andere Kinder durchaus schwierig.

Die Übungsseite **81.1** übt zwei Aspekte des Tausenderraumes. Zum einen müssen Zahlen der Größe nach geordnet werden, zum anderen sollen sie verortet, das heißt in die passenden Hunderterabschnitte eingeordnet werden.

Schwierigkeiten treten an dieser Stelle nicht auf, da prinzipiell nicht erwartbar ist, dass die Kinder den Tausenderraum zu diesem Zeitpunkt überblicken und strukturieren können.

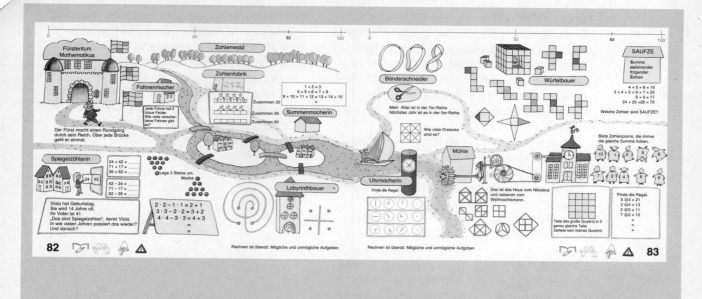

Rechnen ist überall, in möglichen
und unmöglichen Situationen, mit und
ohne Lösung.

Als Material benötigen die Kinder das Heft,
die Würfel, einen Spiegel etc.

Die Doppelseite ist voll mit Anregungen
zum Forschen, zum Untersuchen von
Zusammenhängen und mit kleinen Knobelaufgaben, die von den Kindern in sehr unterschiedlicher Tiefe bearbeitet werden können.

Die Aufgaben sind nicht sämtlich von
jedem Schüler zu bearbeiten. Die Aufgaben-
verteilung kann in Gruppen geschehen, es
können sich aber auch Partner finden, die
zusammen versuchen, arbeitsteilig die Aufgaben zu lösen. Im Einzelnen stellen sich
folgende Aufgaben:

— Fürst Mathematikus macht eine Rundreise
durch sein Reich, wobei er über jede

Brücke genau einmal geht. Welchen
Weg nimmt er dabei? (Diese Aufgabe
hat keine Lösung, es ist nicht möglich,
einen Rundgang durch dieses Reich zu
machen).
Anmerkung: Es handelt sich hierbei um
das seit Euler bekannte „Königsberger Brü-
ckenproblem". Ein Stadtrundgang durch
Königsberg, das die gleiche Struktur wie
unser Fürstentum besitzt, war den Bürgern
zur damaligen Zeit nicht möglich, so oft sie
es auch versuchten.

— Die Zahlenfabrik produziert Zahlen nacheinander und verbindet sie durch Additions-

gleichungen. Stimmen diese Gleichungen? Wie gehen die Gleichungen weiter?

- Die Summenmacherin macht aus fünf Zahlen Summen, wobei sich die Zahlen immer um drei unterscheiden. Sie macht die Summe 30 und versucht nun die Summe 50 zu machen. Kann sie auch die Summe 60 machen? Kann sie jede Summe machen? Wie ist es, wenn sich die Zahlen nicht um drei sondern nur um zwei oder um vier oder um fünf unterscheiden? Welche Summen kann sie dann machen?

- Der Labyrinthbauer baut Labyrinthe aus einem Kreuz und vier Punkten. Er geht hierbei in einer bestimmen Weise vor. Könnt ihr sie herausfinden? Könnt ihr eigene Labyrinthe bauen? Sind es Labyrinthe oder gibt es immer genau einen Weg?

- Die Zahlenreihen $2 \cdot 2 - 1 \cdot 1 = 2 + 1$, $3 \cdot 3 - 2 \cdot 2 = 3 + 2$ etc. sollen fortgesetzt werden. Stimmt das Schema immer? Hat es immer die gleiche Struktur?

- Die Spiegelzahlen werden von der Spiegelzählerin addiert und subtrahiert. Ergeben sich dabei bestimmte Muster? Sind Regelmäßigkeiten zu erkennen? Kann ich vorher schon sagen, wie groß die Summe ist? Wie groß die Differenz ist? Die Textaufgaben sind Knobelaufgaben, die sich nicht direkt berechnen lassen, sondern bei denen ausprobiert werden muss.

- Der Bänderschneider schneidet lange Bänder durch. Er schneidet Bänder durch, die nicht verzwirnt sind, aber auch welche, die einmal oder doppelt verdreht sind. Was passiert wenn er sie auseinanderschneidet? Prüft nach und macht die Bänder selbst.

- Der Würfelbauer baut Würfelnetze, die manchmal stimmen und manchmal nicht stimmen. Welche der abgebildeten Netze lassen sich zu einem Würfel bauen? Welche funktionieren nicht? Welche gibt es noch darüber hinaus, die sich zu einem Würfel falten lassen? In diesem Fall müsste von den Kindern geklärt werden, ob spiegel- und drehsymmetrische Netze als verschieden anzusehen sind. Es ist einfacher, wenn dies nicht als verschieden betrachtet wird, da sich sonst zu viele Netze ergeben.

- Bei dem Spruch vom Nikolaus sind Figuren gezeichnet, die in einem Zug gezeichnet werden können oder auch nicht. Die Kinder sollten untersuchen, welche Figuren in einem Zug durchlaufen werden können und ob es vielleicht bestimmte Regeln gibt, um das herauszufinden.

- Die Mühle treibt über die Zahnräder und Bänder die Kirchturmuhr an. Kann die Uhr in dieser Weise laufen, funktioniert sie auch wirklich?

- Die Uhrmacherin baut Uhren nach einer bestimmten Regel. Findet ihr die Regel heraus? Könnt ihr die Reihe fortsetzen? Könnt ihr eine eigene Regel finden und sie den anderen vorlegen?

- Die Saufze sind Zahlen, die sich als Summe von aufeinanderfolgenden Zahlen darstellen lassen. Also ist 15 ein Saufz, denn $15 = 4 + 5 + 6$. Welche Zahlen sind Saufze, welche Zahlen sind keine Saufze?

- Finde die Regel: Das Sternzeichen verbindet die Zahlen in einer bestimmten Weise miteinander, wie es das Ergebnis darstellt. (Es handelt sich hierbei um die Regel „Multiplikation der beiden Zahlen und dann $+1$").

- Die Zahlenpaare sollen immer die gleiche Summe haben. Die Kinder müssen sich überlegen, dass die Summe 11 sein muss, da man $10 + 1$, $9 + 2$, $8 + 3$ etc. bilden kann.

- Bei der Suche nach der Anzahl der Dreiecke in dem Quadrat müssen die Kinder beachten, dass es verschieden große Dreiecke gibt, die eine unterschiedliche Lage zueinander haben. Insgesamt gibt es vier verschieden große Dreiecke in unterschiedlichen Anzahlen.

- Das Quadrat in zwei kongruente Teile zu teilen geht auf verschiedene Weise. Die Kinder werden sofort die triviale Lösung finden, genau in der Mitte durchzuschneiden. Es gibt aber auch noch andere, sehr schöne Möglichkeiten. Diese sollten die Kinder zu finden versuchen.

Die Schüler sollten bei dieser Seite vor allen Dingen Spaß haben und Untersuchungen anstellen. Richtige Ergebnisse sind nur ein Mittel, um Regeln zu finden, die Aufgaben zu erweitern, neue Probleme zu untersuchen und so fort.

Leitidee dieser Doppelseite ist: „Rechnen kann man in vielen verschiedenen Situationen, auch in lustigen".

Da sich die Schüler die Aufgaben aussuchen und in verschiedener Bearbeitungstiefe lösen können, sollten keine Probleme auftauchen. Die Doppelseite sollte den Kindern Freude bereiten, und sie sollten auf neue, bislang unbekannte Sachverhalte stoßen. Insbesondere sollten wieder Zusammenhänge zwischen arithmetischen und geometrischen Sachverhalten erforscht werden. Beide Gebiete stellen Werkzeuge bereit, um die Umwelt zu erschließen, und sie ergänzen sich beide.

5 Anhang mit Kopiervorlagen

5.1 Lernstandskontrollen

Passend zum MATHEMATIKUS werden insgsamt 4 Lernstandskontrollen
in jeweils 2 Versionen (Gruppe A und Gruppe B) angeboten. Ihr möglicher
Einsatz richtet sich natürlich nach dem ganz konkreten Unterrichtsfortgang.
Als ganz grobe zeitliche Einordnungen seien genannt die 10., 20., 30. und
40. Unterrichtswoche.

1.

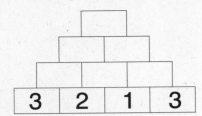

3 2 1 3

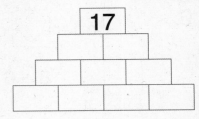

2.

....

....

....

....

....

....

....

3.

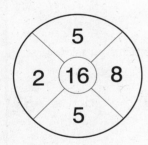   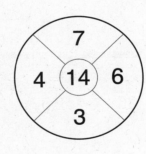   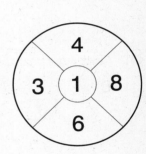   (fourth circle)

....

4.   **Schreibe die Plus- und die Malaufgaben.**

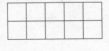

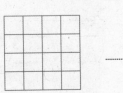

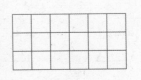

5.

D	4	9	2		5		50	7		
				60		16			12	50

6. ⌢ oder ♡ oder ☐ ?

☐   8 + 6 = ...   _____

☐   6 + 9 = ...   _____

☐   7 + 8 = ...   _____

7. ⌢ oder ♡ oder ☐ ?

☐   15 − 8 = ...   _____

☐   17 − 9 = ...   _____

☐   13 − 6 = ...   _____

8.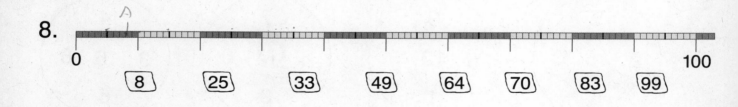

0   100

⟨8⟩   ⟨25⟩   ⟨33⟩   ⟨49⟩   ⟨64⟩   ⟨70⟩   ⟨83⟩   ⟨99⟩

9.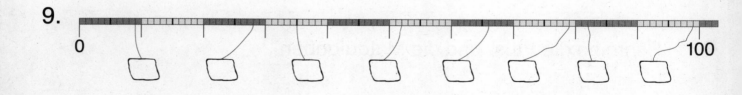

0   100

10.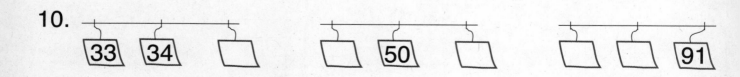

⟨33⟩ ⟨34⟩ ☐   ☐ ⟨50⟩ ☐   ☐ ☐ ⟨91⟩

11.   < oder > ?

42 ☐ 89   37 ☐ 73   39 + 24 ☐ 50   22 + 11 ☐ 50

64 ☐ 46   61 ☐ 58   17 + 19 ☐ 50   43 + 30 ☐ 50

1.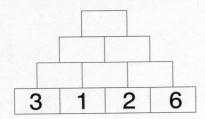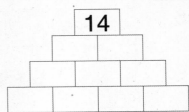

2.

....

....

....

....

....

....

....

3.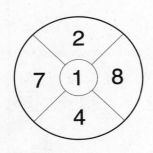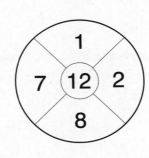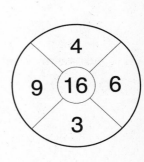

....

4. **Schreibe die Plus- und die Malaufgaben.**

   ....

....

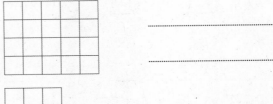   ....

....

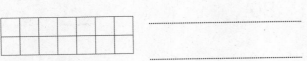   ....

....

   ....

....

5.
D	3	8	6		7	50		25	
				80		18		8	30

6. 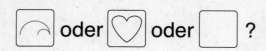 oder ♡ oder ☐ ?

☐   5 + 9 = ...   _____

☐   6 + 7 = ...   _____

☐   8 + 5 = ...   _____

7.  oder ♡ oder ☐ ?

☐   16 − 9 = ...   _____

☐   13 − 7 = ...   _____

☐   12 − 5 = ...   _____

8.

0 ⎡9⎤ ⎡23⎤ ⎡39⎤ ⎡48⎤ ⎡60⎤ ⎡72⎤ ⎡89⎤ ⎡95⎤ 100

9.

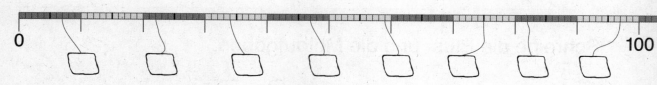

0   100

10.

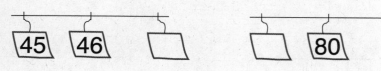

⎡45⎤ ⎡46⎤ ☐   ☐ ⎡80⎤ ☐   ☐ ☐ ⎡61⎤

11.   < oder > ?

67 ☐ 39   81 ☐ 18   24 + 12 ☐ 50   37 + 27 ☐ 50

34 ☐ 43   89 ☐ 92   48 + 20 ☐ 50   16 + 18 ☐ 50

1. Gehe in Zehnersprüngen.

   6, 16, 26, ... , ... , ... , ... , ... , ... , ...

   93, 83, ... , ... , ... , ... , ... , ... , ... , ...

2.

   50 + 4 = ...   43 − 3 = ...   26 + ... = 30
   60 + 8 = ...   35 − 5 = ...   72 + ... = 80
   30 + 1 = ...   84 − 4 = ...   51 + ... = 60

3. ♡ 68 + 7 = ... _____

   ♡ 51 − 5 = ... _____

4.

   ....

   ....

5.

   1 Uhr   ....   3 Uhr   ....   7 Uhr
   ....

                18 Uhr   24 Uhr
   ....

6.

   1. Zeit   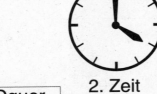   2. Zeit   1. Zeit   Dauer   2. Zeit
              Dauer   ....
              ....   h
                   h

   ....

7. Wie rechnest du?

ZE oder ⌢⌢ oder ⌢ oder ☐ ?

☐ 25 + 38 = ... _____

☐ 46 + 47 = ... _____

☐ 54 + 29 = ... _____

8. Wie rechnest du?

ZE oder ⌢⌢ oder ⌢ oder ☐ ?

☐ 62 − 23 = ... _____

☐ 53 − 39 = ... _____

☐ 84 − 47 = ... _____

9. Wie viel Geld ist im Portmonee?

....

10. Marina hat 11€ mit einem Schein und 3 Münzen gelegt.

11. Alles kostet die Hälfte:

18€ 46€ 23€ 72€

1. Gehe in Zehnersprüngen.

4, 14, 24, _____ , _____ , _____ , _____ , _____ , _____ , _____

97, 87, _____ , _____ , _____ , _____ , _____ , _____ , _____ , _____

2.

40 + 3 = _____   52 − 2 = _____   81 + _____ = 90
70 + 5 = _____   97 − 7 = _____   49 + _____ = 50
20 + 8 = _____   66 − 6 = _____   24 + _____ = 30

3.

♡   47 + 6 = _____   _____

♡   72 − 7 = _____   _____

4.

_____   _____   _____   _____   _____

_____   _____   _____   _____   _____

5.

2 Uhr   11 Uhr   _____   12 Uhr   _____

_____   _____   15 Uhr   _____   17 Uhr

6.

1. Zeit | Dauer _____ h | 2. Zeit   1. Zeit | Dauer _____ h | 2. Zeit

_____   _____   _____   _____

7. Wie rechnest du?

ZE oder oder oder ☐ ?

☐   48 + 24 = _____   _____

☐   65 + 18 = _____   _____

☐   34 + 39 = _____   _____

8. Wie rechnest du?

ZE oder oder oder ☐ ?

☐   75 − 48 = _____   _____

☐   63 − 34 = _____   _____

☐   92 − 59 = _____   _____

9. Wie viel Geld ist im Portmonee?

....

10.   Jonas hat 12€ mit zwei Scheinen und 3 Münzen gelegt.

11.   Alles kostet die Hälfte:

16€   68€   56€   21€

1. Ordne die Zahlen nach der Größe.

27, 68, 73, 15, 46, 17, 23, 52 _____

36, 84, 97, 17, 79, 63, 82, 28 _____

2. Trage die Zahlen ein.

| 92 | 75 | 25 | 6 | 51 |

0 _____ 100

3. Wie viele Würfel fehlen?

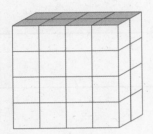 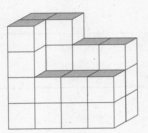 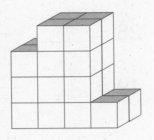 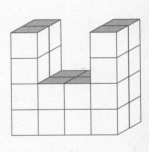

_____   _____   _____

4.

44 + 12 = ...	67 + 10 = ...	81 − 12 = ...	53 − 8 = ...
44 + 8 = ...	67 + 9 = ...	81 − 9 = ...	53 − 12 = ...
44 + 11 = ...	67 + 12 = ...	81 − 10 = ...	53 − 9 = ...
44 + 10 = ...	67 + 11 = ...	81 − 8 = ...	53 − 10 = ...
44 + 9 = ...	67 + 8 = ...	81 − 11 = ...	53 − 11 = ...

5. Wie viele Fliesen passen in die Rechtecke?
Schreibe die Malaufgaben hin.

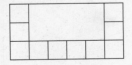 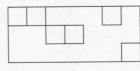 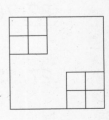

_____   _____   _____

6. 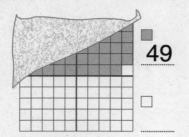 49

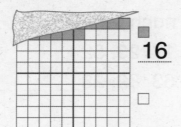 16

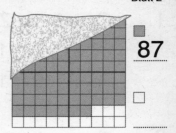 87

7.

100	
67	

100	
	24

100	
38	

100	
71	

100	
	15

100	
	52

8. Wie rechnest du?

ZE oder oder oder ☐ ?

☐ 56 + 28 = ... _____

☐ 37 + 49 = ... _____

9. Wie rechnest du?

ZE oder oder oder ☐ ?

☐ 92 − 29 = ... _____

☐ 63 − 36 = ... _____

Regel

10. 6, 11, 16,

82, 78, 74,

27, 33, 39,

75, 72, 69,

1. Ordne die Zahlen nach der Größe.

64, 28, 89, 14, 45, 72, 41, 63 _____

75, 47, 87, 16, 71, 43, 56, 55 _____

2. Trage die Zahlen ein.

| 75 | | 7 | | 48 | | 91 | | 25 |

0 ——————————————————————————— 100

3. Wie viele Würfel fehlen?

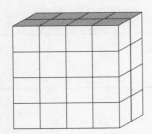 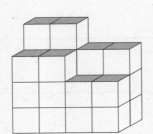 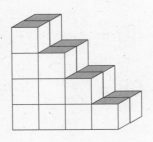 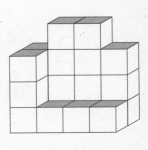

_____   _____   _____

4.

74 + 8 = ...	36 + 9 = ...	63 − 12 = ...	85 − 9 = ...
74 + 11 = ...	36 + 12 = ...	63 − 10 = ...	85 − 12 = ...
74 + 10 = ...	36 + 8 = ...	63 − 8 = ...	85 − 10 = ...
74 + 9 = ...	36 + 10 = ...	63 − 9 = ...	85 − 11 = ...
74 + 12 = ...	36 + 11 = ...	63 − 11 = ...	85 − 8 = ...

5. Wie viele Fliesen passen in die Rechtecke?
Schreibe die Malaufgaben hin.

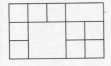 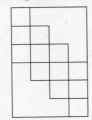 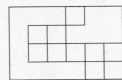

_____   _____   _____   _____

6.

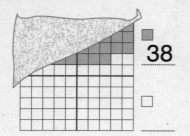 38

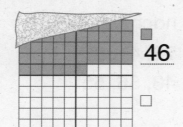 46

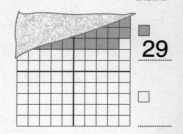 29

7.

100		100		100		100		100		100	
34			52	27			65		89		18

8. Wie rechnest du?

ZE oder oder oder ⬜ ?

⬜ 44 + 49 = ... _____

⬜ 26 + 68 = ... _____

9. Wie rechnest du?

ZE oder 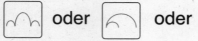 oder oder ⬜ ?

⬜ 93 – 39 = ... _____

⬜ 64 – 46 = ... _____

Regel

10. 8, 13, 18, ... ⬜

63, 59, 55, ... ⬜

46, 53, 60, ... ⬜

81, 72, 63, ... ⬜

1.

....

2. Trage die Zeit ein.

17.30 Uhr   10.50 Uhr   7.10 Uhr   12.35 Uhr   21.20 Uhr

3.

$46 + 29 =$	$39 + 53 =$	$63 - 25 =$	$52 - 22 =$
$47 + 30 =$	$38 + 55 =$	$64 - 24 =$	$51 - 23 =$
$48 + 31 =$	$37 + 57 =$	$65 - 23 =$	$50 - 24 =$
$49 + 32 =$	$36 + 59 =$	$66 - 22 =$	$49 - 25 =$
$50 + 33 =$	$35 + 61 =$	$67 - 21 =$	$48 - 26 =$

4. Was kostet das Teil?

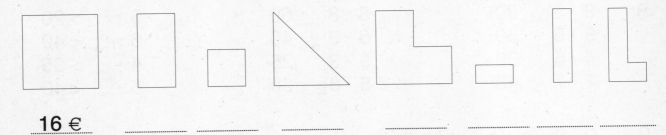

16 €   ....

5.

$5 \cdot 8 =$	$5 \cdot 7 =$	$10 \cdot 6 =$	$10 \cdot 6 =$
$2 \cdot 8 =$	$1 \cdot 7 =$	$2 \cdot 6 =$	$1 \cdot 6 =$
$7 \cdot 8 =$	$6 \cdot 7 =$	$8 \cdot 6 =$	$9 \cdot 6 =$

6.

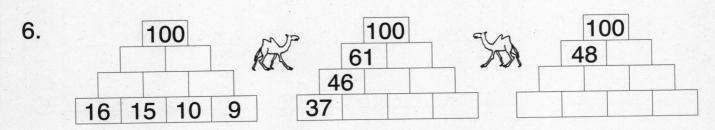

7.

1 Stück	1 Schälchen	1 Stück	1 kg	1 kg
2,50 €	1,20 €	0,40 €	2,00 €	1,50 €

Was kostet es?

500 g Pflaumen ....   4 kg Bananen ....

3 Ananas ....   2 Schälchen Erdbeeren ....

3 Zitronen ....   1 Ananas u. 2 Zitronen ....

Ich kaufe:	Preis:	Ich gebe:	Ich bekomme zurück:
2 Schälchen Erdbeeren 3 Zitronen		10 €	
3 Ananas 2 kg Bananen		20 €	
3 Schälchen Erdbeeren 1 Zitrone 2 kg Pflaumen		5 €	

8.

$3 \cdot 8 \boxed{} 20$ $8 \cdot 8 \boxed{} 60$ $3 \cdot \underline{\quad} > 20$

$9 \cdot 5 \boxed{} 50$ $6 \cdot 5 \boxed{} 40$ $6 \cdot \underline{\quad} < 40$

$4 \cdot 6 \boxed{} 30$ $9 \cdot 3 \boxed{} 25$ $4 \cdot \underline{\quad} > 35$

$7 \cdot 7 \boxed{} 40$ $5 \cdot 8 \boxed{} 30$ $5 \cdot \underline{\quad} < 40$

9.   Zeichne und rechne aus.

12 : 3 = ...	
18 : 6 = ...	
16 : 4 = ...	

1.

_____   _____   _____   _____   _____

2. Trage die Zeit ein.

11.45 Uhr   17.35 Uhr   9.30 Uhr   22.20 Uhr   14.05 Uhr

3.

47 + 34 = ___	55 + 19 = ___	74 − 34 = ___	82 − 55 = ___
46 + 36 = ___	56 + 20 = ___	73 − 35 = ___	83 − 54 = ___
45 + 38 = ___	57 + 21 = ___	72 − 36 = ___	84 − 53 = ___
44 + 40 = ___	58 + 22 = ___	71 − 37 = ___	85 − 52 = ___
43 + 42 = ___	59 + 23 = ___	70 − 38 = ___	86 − 51 = ___

4. Was kostet das Teil?

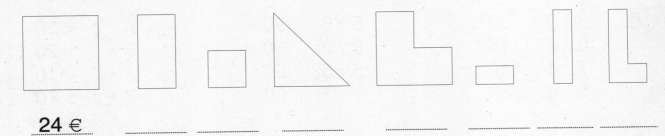

24 €   _____   _____   _____   _____

5.

5 · 6 = ___	5 · 8 = ___	10 · 9 = ___	10 · 7 = ___
2 · 6 = ___	1 · 8 = ___	2 · 9 = ___	1 · 7 = ___
7 · 6 = ___	6 · 8 = ___	8 · 9 = ___	9 · 7 = ___

6.

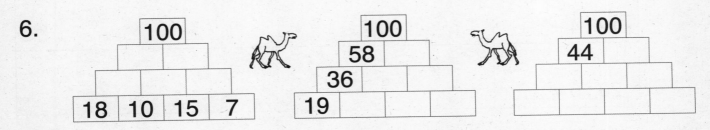

7.

1 Stück	1 Schälchen	1 Stück	1 kg	1 kg
3,50 €	1,50 €	0,60 €	3,00 €	1,40 €

Was kostet es?

500 g Pflaumen ....   3 kg Bananen ....

2 Ananas ....   3 Schälchen Erdbeeren ....

2 Zitronen ....   1 Ananas u. 2 Schälchen
Erdbeeren ....

Ich kaufe:	Preis:	Ich gebe:	Ich bekomme zurück:
2 Ananas 1 kg Bananen		10 €	
3 Schälchen Erdbeeren 1 Zitrone		20 €	
5 kg Pflaumen 2 kg Bananen		20 €	

8.

8 · 3 ☐ 30   5 · 6 ☐ 30   4 · ...... < 30

9 · 2 ☐ 15   9 · 9 ☐ 80   5 · ...... > 20

7 · 4 ☐ 40   5 · 5 ☐ 50   3 · ...... < 10

6 · 6 ☐ 30   7 · 7 ☐ 80   7 · ...... > 40

Zeichne und rechne aus.

9.

15 : 3 = ...	
12 : 4 = ...	
20 : 5 = ...	

5.2 Schnellrechentests

Auch diese 8 Tests werden in 2 Versionen (Gruppe A und Gruppe B) angeboten. Jeder Schüler soll dabei versuchen, so viele Aufgaben wie möglich in 10 Minuten zu lösen. Die Kontrolle hierbei sollte durch die Kinder selbst oder durch den Partner erfolgen.

45 Aufgaben in 10 Minuten

$8 + 5 =$	$2 + 7 =$	$6 + 3 =$ ......
$4 + 2 =$	$3 + 5 =$	$1 + 0 =$ ......
$5 + 3 =$	$6 + 8 =$	$8 + 6 =$ ......
$3 + 6 =$	$9 + 2 =$	$4 + 4 =$ ......
$7 + 7 =$	$0 + 8 =$	$7 + 8 =$ ......

$1 + 4 =$	$4 + 7 =$	$5 + 7 =$ ......
$3 + 10 =$	$2 + 10 =$	$9 + 3 =$ ......
$5 + 6 =$	$8 + 4 =$	$3 + 7 =$ ......
$8 + 3 =$	$9 + 7 =$	$7 + 2 =$ ......
$2 + 6 =$	$3 + 2 =$	$6 + 4 =$ ......

$7 +$ ...... $= 17$	$7 +$ ...... $= 11$	$3 +$ ...... $= 11$
$4 +$ ...... $= 10$	$4 +$ ...... $= 14$	$9 +$ ...... $= 13$
$5 +$ ...... $= 12$	$9 +$ ...... $= 17$	$2 +$ ...... $= 12$
$6 +$ ...... $= 11$	$3 +$ ...... $= 9$	$5 +$ ...... $= 13$
$3 +$ ...... $= 5$	$6 +$ ...... $= 15$	$8 +$ ...... $= 17$

Ich habe _____ Aufgaben geschafft.

Name: _____

45 Aufgaben in 10 Minuten

2 + 4 = ...	4 + 9 = ...	3 + 3 = ...
7 + 9 = ...	5 + 7 = ...	8 + 8 = ...
4 + 3 = ...	9 + 9 = ...	4 + 5 = ...
6 + 7 = ...	3 + 4 = ...	1 + 9 = ...
8 + 1 = ...	7 + 5 = ...	9 + 0 = ...

5 + 8 = ...	8 + 7 = ...	7 + 3 = ...
0 + 6 = ...	0 + 9 = ...	2 + 8 = ...
6 + 2 = ...	2 + 3 = ...	6 + 1 = ...
9 + 7 = ...	7 + 4 = ...	3 + 9 = ...
3 + 8 = ...	5 + 4 = ...	5 + 2 = ...

8 + ... = 17	9 + ... = 14	5 + ... = 5
3 + ... = 9	7 + ... = 13	6 + ... = 12
1 + ... = 8	4 + ... = 11	2 + ... = 11
5 + ... = 14	8 + ... = 10	9 + ... = 15
4 + ... = 12	6 + ... = 6	7 + ... = 8

Ich habe _____ Aufgaben geschafft.

45 Aufgaben in 10 Minuten

$15 - 5 = \ldots$	$8 - 1 = \ldots$	$6 - 5 = \ldots$
$11 - 3 = \ldots$	$14 - 4 = \ldots$	$12 - 8 = \ldots$
$7 - 4 = \ldots$	$12 - 3 = \ldots$	$9 - 0 = \ldots$
$10 - 10 = \ldots$	$13 - 5 = \ldots$	$14 - 8 = \ldots$
$4 - 3 = \ldots$	$3 - 2 = \ldots$	$11 - 7 = \ldots$

$12 - 6 = \ldots$	$11 - 9 = \ldots$	$16 - 10 = \ldots$
$5 - 4 = \ldots$	$9 - 9 = \ldots$	$13 - 6 = \ldots$
$16 - 6 = \ldots$	$8 - 5 = \ldots$	$11 - 4 = \ldots$
$7 - 3 = \ldots$	$18 - 8 = \ldots$	$14 - 6 = \ldots$
$10 - 8 = \ldots$	$6 - 3 = \ldots$	$17 - 9 = \ldots$

$8 - \ldots = 4$	$13 - \ldots = 9$	$10 - \ldots = 1$
$11 - \ldots = 3$	$5 - \ldots = 2$	$17 - \ldots = 7$
$19 - \ldots = 10$	$9 - \ldots = 7$	$11 - \ldots = 5$
$14 - \ldots = 5$	$9 - \ldots = 6$	$12 - \ldots = 7$
$7 - \ldots = 2$	$9 - \ldots = 2$	$19 - \ldots = 10$

Ich habe _____ Aufgaben geschafft.

45 Aufgaben in 10 Minuten

$11 - 1 =$	$12 - 5 =$	$10 - 5 =$ ......
$14 - 9 =$	$17 - 7 =$	$8 - 3 =$ ......
$7 - 6 =$	$15 - 7 =$	$15 - 10 =$ ......
$13 - 7 =$	$5 - 2 =$	$9 - 8 =$ ......
$6 - 2 =$	$11 - 10 =$	$3 - 1 =$ ......

$14 - 7 =$	$12 - 4 =$	$11 - 5 =$ ......
$10 - 8 =$	$8 - 6 =$	$5 - 5 =$ ......
$20 - 10 =$	$15 - 9 =$	$17 - 9 =$ ......
$7 - 0 =$	$10 - 6 =$	$7 - 2 =$ ......
$12 - 7 =$	$8 - 2 =$	$4 - 2 =$ ......

$11 -$ ...... $= 9$	$13 -$ ...... $= 10$	$14 -$ ...... $= 9$
$9 -$ ...... $= 3$	$11 -$ ...... $= 3$	$2 -$ ...... $= 0$
$16 -$ ...... $= 8$	$10 -$ ...... $= 6$	$18 -$ ...... $= 9$
$9 -$ ...... $= 2$	$12 -$ ...... $= 2$	$4 -$ ...... $= 4$
$11 -$ ...... $= 5$	$16 -$ ...... $= 7$	$10 -$ ...... $= 7$

Ich habe .... Aufgaben geschafft.

45 Aufgaben in 10 Minuten

$5 + 8 =$	$6 + 7 =$	$9 - 3 =$ ......
$13 - 8 =$	$4 + 6 =$	$12 - 3 =$ ......
$10 + 10 =$	$15 - 6 =$	$9 + 9 =$ ......
$17 - 8 =$	$9 + 6 =$	$4 + 9 =$ ......
$10 + 6 =$	$10 - 3 =$	$8 - 8 =$ ......

$8 + 6 =$	$9 + 2 =$	$9 - 0 =$ ......
$16 - 7 =$	$5 + 6 =$	$6 + 10 =$ ......
$11 - 6 =$	$19 - 10 =$	$7 - 4 =$ ......
$3 + 9 =$	$9 - 4 =$	$6 + 9 =$ ......
$10 - 7 =$	$8 - 7 =$	$11 - 4 =$ ......

$4 +$ ...... $= 9$	$7 +$ ...... $= 14$	$3 +$ ...... $= 7$
$9 -$ ...... $= 1$	$7 +$ ...... $= 15$	$14 -$ ...... $= 9$
$6 +$ ...... $= 13$	$13 -$ ...... $= 7$	$10 -$ ...... $= 3$
$20 -$ ...... $= 10$	$10 +$ ...... $= 13$	$5 +$ ...... $= 14$
$6 +$ ...... $= 16$	$15 -$ ...... $= 7$	$5 +$ ...... $= 10$

Ich habe _____ Aufgaben geschafft.

45 Aufgaben in 10 Minuten

18 − 9 = ...	5 + 8 = ...	9 + 6 = ...
13 − 10 = ...	11 − 5 = ...	9 − 5 = ...
8 + 8 = ...	4 + 8 = ...	10 + 4 = ...
3 + 10 = ...	16 − 9 = ...	13 − 9 = ...
9 − 6 = ...	6 + 5 = ...	6 + 8 = ...

6 + 6 = ...	7 − 1 = ...	7 + 6 = ...
18 − 9 = ...	5 + 7 = ...	14 − 10 = ...
9 + 7 = ...	12 − 2 = ...	4 + 7 = ...
11 − 3 = ...	3 + 3 = ...	17 − 7 = ...
13 − 10 = ...	15 − 8 = ...	10 − 2 = ...

9 + ... = 9	15 − ...... = 8	19 − ...... = 10
8 − ...... = 0	9 + ... = 13	9 + ... = 16
12 − ...... = 6	10 − ...... = 9	8 − ...... = 5
11 − ...... = 7	10 + ... = 18	14 − ...... = 7
4 + ... = 7	5 + ... = 11	10 − ...... = 3

Ich habe _____ Aufgaben geschafft.

45 Aufgaben in 10 Minuten

60 + 30 = ...	40 + 60 = ...	30 + 50 = ...
20 + 60 = ...	20 + 40 = ...	10 + 90 = ...
10 + 70 = ...	10 + 30 = ...	80 + 10 = ...
20 + 30 = ...	70 + 20 = ...	30 + 70 = ...
50 + 40 = ...	30 + 40 = ...	40 + 40 = ...

70 − 20 = ...	40 − 10 = ...	80 − 60 = ...
50 − 40 = ...	90 − 80 = ...	50 − 30 = ...
90 − 30 = ...	20 − 10 = ...	70 − 10 = ...
30 − 30 = ...	70 − 60 = ...	90 − 40 = ...
60 − 50 = ...	10 − 10 = ...	40 − 40 = ...

70 + 30 = ...	70 − 50 = ...	30 + 10 = ...
80 − 80 = ...	20 + 80 = ...	70 − 30 = ...
50 + 50 = ...	80 − 20 = ...	50 + 10 = ...
100 − 40 = ...	90 − 20 = ...	80 − 50 = ...
40 + 10 = ...	30 + 70 = ...	60 + 40 = ...

Ich habe ....Aufgaben geschafft.

Name: _____

45 Aufgaben in 10 Minuten

40 + 50 = ...   60 + 20 = ...   20 + 50 = ...
30 + 20 = ...   10 + 50 = ...   50 + 20 = ...
10 + 40 = ...   90 + 10 = ...   20 + 20 = ...
20 + 70 = ...   30 + 60 = ...   40 + 30 = ...
70 + 30 = ...   50 + 30 = ...   80 + 20 = ...

30 – 10 = ...   40 – 30 = ...   20 – 20 = ...
60 – 40 = ...   90 – 70 = ...   90 – 50 = ...
80 – 40 = ...   30 – 20 = ...   80 – 30 = ...
50 – 20 = ...   60 – 30 = ...   50 – 50 = ...
90 – 60 = ...   40 – 20 = ...   50 – 10 = ...

100 – 30 = ...   60 + 10 = ...   50 + 40 = ...
40 + 20 = ...   80 – 70 = ...   90 – 10 = ...
70 – 40 = ...   90 – 90 = ...   30 + 40 = ...
10 + 80 = ...   70 + 20 = ...   100 – 60 = ...
80 – 10 = ...   100 – 50 = ...   70 – 70 = ...

Ich habe _____ Aufgaben geschafft.

45 Aufgaben in 10 Minuten

$30 + 5 = \ldots$	$30 - 5 = \ldots$	$60 + 4 = \ldots$
$80 + 3 = \ldots$	$80 - 3 = \ldots$	$20 - 6 = \ldots$
$50 + 8 = \ldots$	$50 - 8 = \ldots$	$90 - 9 = \ldots$
$70 + 2 = \ldots$	$70 - 2 = \ldots$	$70 + 5 = \ldots$
$40 + 1 = \ldots$	$40 - 1 = \ldots$	$40 - 7 = \ldots$

$27 + \ldots = 30$	$24 - \ldots = 20$	$36 - \ldots = 30$
$47 + \ldots = 50$	$47 - \ldots = 40$	$45 + \ldots = 50$
$38 + \ldots = 40$	$38 - \ldots = 30$	$51 + \ldots = 60$
$56 + \ldots = 60$	$56 - \ldots = 50$	$84 - \ldots = 80$
$61 + \ldots = 70$	$61 - \ldots = 60$	$27 - \ldots = 20$

$76 \ \square \ \ldots = 70$	$28 \ \square \ \ldots = 30$	$47 \ \square \ \ldots = 50$
$53 \ \square \ \ldots = 50$	$60 \ \square \ \ldots = 60$	$55 \ \square \ \ldots = 50$
$39 \ \square \ \ldots = 40$	$33 \ \square \ \ldots = 30$	$63 \ \square \ \ldots = 60$
$65 \ \square \ \ldots = 70$	$51 \ \square \ \ldots = 50$	$89 \ \square \ \ldots = 80$
$44 \ \square \ \ldots = 50$	$47 \ \square \ \ldots = 10$	$33 \ \square \ \ldots = 40$

Ich habe _____ Aufgaben geschafft.

45 Aufgaben in 10 Minuten

20 + 4 = ...	20 − 4 = ...	70 − 9 = ...
60 + 7 = ...	60 − 7 = ...	80 + 2 = ...
90 + 6 = ...	90 − 6 = ...	30 − 3 = ...
40 + 9 = ...	40 − 9 = ...	50 − 5 = ...
10 + 8 = ...	10 − 8 = ...	40 + 4 = ...

57 + ... = 60	57 − ...... = 50	36 + ... = 40
82 + ... = 90	82 − ...... = 80	51 − ...... = 50
25 + ... = 30	25 − ...... = 20	44 + ... = 50
69 + ... = 70	69 − ...... = 60	87 − ...... = 80
74 + ... = 80	74 − ...... = 70	62 − ...... = 60

43 [ ] ...... = 50	23 [ ] ...... = 20	68 [ ] ...... = 70
38 [ ] ...... = 40	91 [ ] ...... = 90	44 [ ] ...... = 50
72 [ ] ...... = 70	47 [ ] ...... = 50	63 [ ] ...... = 60
85 [ ] ...... = 80	56 [ ] ...... = 60	80 [ ] ...... = 80
19 [ ] ...... = 20	34 [ ] ...... = 30	52 [ ] ...... = 60

Ich habe _____ Aufgaben geschafft.

45 Aufgaben in 10 Minuten

91 + ... = 100   34 + ... =100   98 + ... =100
42 + ... = 100   13 + ... =100   47 + ... =100
33 + ... = 100   75 + ... =100   21 + ... =100
10 + ... = 100   66 + ... =100   55 + ... =100
62 + ... = 100   28 + ... =100   84 + ... =100

65 + ... = 100   56 + ... =100   46 + ... =100
24 + ... = 100   87 + ... =100   23 + ... =100
16 + ... = 100   94 + ... =100   76 + ... =100
78 + ... = 100   68 + ... =100   88 + ... =100
54 + ... = 100   48 + ... =100   37 + ... =100

45 + ... = 100   29 + ... =100   58 + ... =100
18 + ... = 100   67 + ... =100   27 + ... =100
95 + ... = 100   44 + ... =100   63 + ... =100
43 + ... = 100   89 + ... =100   15 + ... =100
52 + ... = 100   4 + ... =100   93 + ... =100

Ich habe _____ Aufgaben geschafft.

Name:

45 Aufgaben in 10 Minuten

92 + ... = 100   2 + ... =100   19 + ... =100
61 + ... = 100   30 + ... =100   74 + ... =100
36 + ... = 100   82 + ... =100   9 + ... =100
77 + ... = 100   17 + ... =100   87 + ... =100
12 + ... = 100   69 + ... =100   39 + ... =100

64 + ... = 100   72 + ... =100   89 + ... =100
8 + ... = 100   7 + ... =100   3 + ... =100
41 + ... = 100   97 + ... =100   79 + ... =100
83 + ... = 100   50 + ... =100   44 + ... =100
25 + ... = 100   26 + ... =100   32 + ... =100

49 + ... = 100   57 + ... =100   22 + ... =100
73 + ... = 100   95 + ... =100   84 + ... =100
38 + ... = 100   1 + ... =100   59 + ... =100
91 + ... = 100   35 + ... =100   40 + ... =100
51 + ... = 100   78 + ... =100   14 + ... =100

Ich habe................ Aufgaben geschafft.

Name:

45 Aufgaben in 10 Minuten

$2 \cdot 5 =$	$4 \cdot 3 =$	$3 \cdot 3 =$ ......
$4 \cdot 4 =$	$10 \cdot 5 =$	$6 \cdot 1 =$ ......
$6 \cdot 2 =$	$2 \cdot 0 =$	$2 \cdot 3 =$ ......
$1 \cdot 8 =$	$5 \cdot 5 =$	$7 \cdot 10 =$ ......
$3 \cdot 10 =$	$1 \cdot 1 =$	$4 \cdot 1 =$ ......
$5 \cdot 4 =$	$0 \cdot 7 =$	$5 \cdot 2 =$ ......
$10 \cdot 2 =$	$2 \cdot 9 =$	$10 \cdot 4 =$ ......
$2 \cdot 4 =$	$5 \cdot 3 =$	$2 \cdot 7 =$ ......
$7 \cdot 3 =$	$3 \cdot 4 =$	$4 \cdot 2 =$ ......
$1 \cdot 6 =$	$6 \cdot 0 =$	$1 \cdot 3 =$ ......
$3 \cdot 1 =$	$1 \cdot 5 =$	$7 \cdot 2 =$ ......
$4 \cdot 10 =$	$6 \cdot 3 =$	$2 \cdot 1 =$ ......
$2 \cdot 2 =$	$2 \cdot 8 =$	$3 \cdot 5 =$ ......
$8 \cdot 0 =$	$10 \cdot 10 =$	$9 \cdot 10 =$ ......
$4 \cdot 5 =$	$3 \cdot 2 =$	$2 \cdot 6 =$ ......

Ich habe _____ Aufgaben geschafft.

Name: _____

45 Aufgaben in 10 Minuten

6 · 1 = ...	5 · 4 = ...	2 · 9 = ...
7 · 3 = ...	6 · 3 = ...	7 · 2 = ...
1 · 6 = ...	4 · 1 = ...	10 · 5 = ...
5 · 2 = ...	2 · 2 = ...	3 · 5 = ...
4 · 10 = ...	3 · 4 = ...	5 · 3 = ...

5 · 5 = ...	4 · 4 = ...	0 · 7 = ...
1 · 3 = ...	2 · 4 = ...	3 · 1 = ...
2 · 8 = ...	4 · 3 = ...	1 · 8 = ...
2 · 5 = ...	10 · 4 = ...	8 · 0 = ...
2 · 1 = ...	2 · 3 = ...	4 · 5 = ...

7 · 10 = ...	6 · 0 = ...	1 · 1 = ...
1 · 5 = ...	10 · 2 = ...	6 · 2 = ...
3 · 10 = ...	2 · 7 = ...	10 · 10 = ...
3 · 2 = ...	2 · 0 = ...	3 · 3 = ...
2 · 6 = ...	4 · 2 = ...	9 · 10 = ...

Ich habe _____ Aufgaben geschafft.

45 Aufgaben in 10 Minuten

$5 \cdot 3 = \dots$	$10 \cdot 2 = \dots$	$2 \cdot 6 = \dots$
$1 \cdot 3 = \dots$	$10 \cdot 7 = \dots$	$1 \cdot 8 = \dots$
$10 \cdot 4 = \dots$	$1 \cdot 5 = \dots$	$0 \cdot 0 = \dots$
$2 \cdot 9 = \dots$	$5 \cdot 2 = \dots$	$5 \cdot 9 = \dots$
$10 \cdot 10 = \dots$	$2 \cdot 0 = \dots$	$10 \cdot 6 = \dots$
$5 \cdot 5 = \dots$	$2 \cdot 7 = \dots$	$2 \cdot 2 = \dots$
$1 \cdot 4 = \dots$	$5 \cdot 1 = \dots$	$10 \cdot 1 = \dots$
$2 \cdot 5 = \dots$	$1 \cdot 7 = \dots$	$1 \cdot 2 = \dots$
$10 \cdot 3 = \dots$	$10 \cdot 8 = \dots$	$5 \cdot 10 = \dots$
$1 \cdot 6 = \dots$	$2 \cdot 8 = \dots$	$1 \cdot 9 = \dots$
$5 \cdot 6 = \dots$	$5 \cdot 7 = \dots$	$2 \cdot 10 = \dots$
$2 \cdot 3 = \dots$	$1 \cdot 10 = \dots$	$2 \cdot 1 = \dots$
$5 \cdot 4 = \dots$	$5 \cdot 0 = \dots$	$5 \cdot 8 = \dots$
$1 \cdot 0 = \dots$	$10 \cdot 5 = \dots$	$1 \cdot 1 = \dots$
$10 \cdot 9 = \dots$	$2 \cdot 4 = \dots$	$10 \cdot 0 = \dots$

Ich habe _____ Aufgaben geschafft.

45 Aufgaben in 10 Minuten

$2 \cdot 10 =$ ...... $\qquad$ $5 \cdot 5 =$ ...... $\qquad$ $10 \cdot 1 =$ ......

$5 \cdot 6 =$ ...... $\qquad$ $1 \cdot 9 =$ ...... $\qquad$ $2 \cdot 5 =$ ......

$1 \cdot 8 =$ ...... $\qquad$ $2 \cdot 4 =$ ...... $\qquad$ $5 \cdot 3 =$ ......

$10 \cdot 8 =$ ...... $\qquad$ $1 \cdot 4 =$ ...... $\qquad$ $1 \cdot 6 =$ ......

$1 \cdot 5 =$ ...... $\qquad$ $10 \cdot 7 =$ ...... $\qquad$ $5 \cdot 1 =$ ......

$5 \cdot 4 =$ ...... $\qquad$ $2 \cdot 1 =$ ...... $\qquad$ $2 \cdot 7 =$ ......

$1 \cdot 0 =$ ...... $\qquad$ $5 \cdot 7 =$ ...... $\qquad$ $10 \cdot 2 =$ ......

$10 \cdot 0 =$ ...... $\qquad$ $1 \cdot 3 =$ ...... $\qquad$ $5 \cdot 9 =$ ......

$2 \cdot 9 =$ ...... $\qquad$ $10 \cdot 9 =$ ...... $\qquad$ $10 \cdot 4 =$ ......

$5 \cdot 2 =$ ...... $\qquad$ $2 \cdot 6 =$ ...... $\qquad$ $1 \cdot 1 =$ ......

$5 \cdot 0 =$ ...... $\qquad$ $2 \cdot 2 =$ ...... $\qquad$ $5 \cdot 10 =$ ......

$2 \cdot 3 =$ ...... $\qquad$ $0 \cdot 0 =$ ...... $\qquad$ $10 \cdot 3 =$ ......

$10 \cdot 10 =$ ...... $\qquad$ $10 \cdot 5 =$ ...... $\qquad$ $2 \cdot 8 =$ ......

$1 \cdot 7 =$ ...... $\qquad$ $5 \cdot 8 =$ ...... $\qquad$ $1 \cdot 10 =$ ......

$2 \cdot 0 =$ ...... $\qquad$ $1 \cdot 2 =$ ...... $\qquad$ $10 \cdot 6 =$ ......

Ich habe _____ Aufgaben geschafft.

Beobachtungen in der Klasse ....

Name	Woche 1-4			Woche 5-8			Woche 9-12			Woche 13-16		
	EA	PA	GA	EA	PA	GA	EA	PA	GA	EA	PA	GA

EA ..Einzelarbeit, PA ..Partnerarbeit, GA ..Gruppenarbeit

Beobachtungen in der Klasse ....

Name	Woche 17-20			Woche 21-24			Woche 26-28			Woche 29-32		
	EA	PA	GA	EA	PA	GA	EA	PA	GA	EA	PA	GA

EA ..Einzelarbeit, PA ..Partnerarbeit, GA ..Gruppenarbeit

Beobachtungen in der Klasse ....

Name	Woche 33-36			Woche 37-40			Bemerkungen
	EA	PA	GA	EA	PA	GA	

EA ..Einzelarbeit, PA ..Partnerarbeit, GA ..Gruppenarbeit